U0891466

辽宁省一流本科课程教材
科学出版社“十四五”普通高等教育本科规划教材
物流管理专业新形态精品系列教材

物流信息化与自动化

薄洪光　鲁　渤　主编

科 学 出 版 社
北　京

内 容 简 介

物流管理专业教材对实践性方面要求较高。本教材主要从物流管理实践问题和基于信息化、自动化建设的需求出发，详细地介绍物流信息化与自动化的定义、相关概念、关键技术、实现原理、应用案例等，内容涵盖了物流信息识别技术、物流空间信息技术、物流信息化管理系统、物流自动化装备、物流自动化系统、新一代物流两化融合案例等。

本书适用于物流管理及相关专业本科大学二或三年级学生、硕士一年级学生；也适用于工业工程、电子商务、信息管理与信息系统、工商管理等相关专业大学三年级学生；也可供从事物流信息管理、物流自动化系统建设、物流领域两化融合建设的管理、技术人员以及物流分析师等职业资格考试人员参考。

图书在版编目（CIP）数据

物流信息化与自动化/薄洪光，鲁渤主编. —北京：科学出版社，2023.12

辽宁省一流本科课程教材　科学出版社“十四五”普通高等教育本科规划教材　物流管理专业新形态精品系列教材

ISBN 978-7-03-073466-2

Ⅰ. ①物…　Ⅱ. ①薄…　②鲁…　Ⅲ. ①物流-信息化-高等学校-教材②物流-自动化系统-高等学校-教材　Ⅳ. ①F253.9

中国版本图书馆 CIP 数据核字（2022）第 195507 号

责任编辑：方小丽/责任校对：任苗苗

责任印制：张　伟/封面设计：楠竹文化

科学出版社出版

北京东黄城根北街 16 号

邮政编码：100717

http://www.sciencep.com

北京中石油彩色印刷有限责任公司印刷

科学出版社发行　各地新华书店经销

*

2023 年 12 月第　一　版　开本：787 × 1092 1/16

2023 年 12 月第一次印刷　印张：11 1/4

字数：267 000

定价：48.00 元

（如有印装质量问题，我社负责调换）

前　言

信息技术及自动化是现代物流的发展驱动力。随着信息技术的发展，仓储、运输等各个环节的信息互联互通，当物流的各功能性作业可以自动化运作时，现代物流发展进入供应链管理阶段，物流成了供应链的一部分。物流信息化与自动化是一门综合性的学科，是一门基础理论及实践密切结合的课程，涉及信息技术、自动化技术、空间技术等相关学科知识和技术。这些相关学科的研究和发展，也促进了物流的发展。

党的二十大报告阐述的实现高质量发展这一关键点为我国物流行业的新发展提供了明确的指导。要追求物流行业的高质量发展，意味着不仅要提高物流效率，还要提高服务质量。例如，可以通过使用信息化、智能化的技术提高物流效率，通过提供多样化、定制化、一站式的服务提高服务质量。随着物联网发展，人工智能、大数据、云计算、机器学习等技术推动了“物流大脑”完善，催生了智慧物流。物流互联网让农业、制造业、商贸流通业等实体商品实现全面互通并融为一体，智慧物流开始成为连接经济社会生态系统的基础设施，这一切都离不开物流信息化及自动化技术。

党的二十大报告强调，加快建设制造强国、质量强国、航天强国、交通强国、网络强国、数字中国。而这需要深入推动数字经济和物流运输的高效融合，进而凸显了物流行业的重要性。近几年，随着互联网、人工智能等科学技术的高速发展，物流管理从观念到技术都产生了重大的变革，出现了一系列新的物流技术和方法。本书在编写过程中引入了这些新思想，力求反映物流信息化与自动化最新的研究成果、典型案例和发展方向。

大连理工大学从 1980 年的中美工商管理教育合作开始，到 1985 年设置经济管理学院，到 2003 年开设物流专业，物流自动化课程作为专业必修课，经过了几十年的发展，培育了一大批会理论、懂技术的物流人才，2019 年工商管理入选辽宁省一级本科专业。但是在实际的教学过程中，缺乏结合企业案例和思政案例来系统性地讲解物流信息化与自动化知识的教材，相关的课程知识大多“散落”在物流信息管理、物流自动化或相关领域的不同教材之中，一般缺少企业案例特别是思政案例的支撑。本书面向国家重大需求和国民经济主战场，聚焦装备供应链、智慧商务、食品配送等热点物流问题，结合我国企业管理案例和思政讲解，引导学生关联物流信息化与自动化理论知识点，运用智慧物流系统分析框架，归纳总结现代化物流系统的运作机制和内在机理。

本书在内容上着重于现代物流信息化与自动化系统的关键使能技术和集成技术，以及装备制造产业链供应链体系中的物流信息化和自动化实现技术。本书主要从物流管理实践问题和基于信息化、自动化建设的需求出发，详细地介绍物流信息化与自动化的定义、相关概念、关键技术、实现原理、应用案例等，内容涵盖了物流信息识别技术、物流空间信息技术、物流信息化管理系统、物流自动化装备、物流自动化系统、新一代物流两化融合案例等。

本书强调课程思政融入教学案例、"理论—案例"交互提升，同时强调物流信息化与自动化技术在实际物流工作中的应用，教师可通过理论知识、背景知识、SPOC（small private online course，小规模限制性在线课程）知识点、应用案例等系列资料对学生进行教学指导，学生可通过"线上+线下"学习、案例分析讨论相融合的一体化方式进行学习，掌握现代物流信息化与自动化管理和技术方法。通过理论学习和案例分析讨论，学生可进一步参加校内外实验实践、大学生创新创业训练项目、"互联网+"大学生创新竞赛等，将理论知识与案例应用示范深入结合，将学习能力转化为思维创新能力和解决问题能力。

在编写过程中，本书学习和参考了夏火松的《物流管理信息系统》、郑少锋的《现代物流信息管理与技术》以及张烨的《物流自动化系统》等教材，还参考和引用了相关教材、论文中的资料，这些作者的研究成果丰富了教材的内容。硕士生韩鹏、马奔、唐佳宁、黄诗雁等参与了本书的编辑整理工作。在此表示衷心的感谢。

由于编者知识范围和学术水平所限，书中难免存在不足之处，恳请有关专家、学者批评指正。

编　者

2023 年 9 月

目录

第1章

物流信息化技术与系统概述

电子物流（e-logistics）也可称为物流电子化或物流信息化，是指利用电子化的手段，尤其是利用互联网技术来完成物流全过程的协调、控制和管理，实现从网络前端到最终客户端的所有中间过程服务，其最显著的特点是各种软件与物流服务的融合应用。电子物流的目的就是通过物流组织、交易、服务、管理方式的电子化，使物流商务活动能够方便、快捷地进行，以实现物流的速度、安全、可靠、低费用。

人类最早采取“以物易物”的交换方式，当时没有资金流，商品所有权的转换是紧紧伴随物流的转换而发生的。随着货币的产生，人类的交易链上出现了第一层中介——货币，人们开始用钱来买东西，不过这时是“一手交钱，一手交货”，商品所有权的转换仍然是紧随物流的（只不过是以货币为中介），这个阶段由于生产力的发展和社会分工的出现，信息流开始表现出来，并开始发挥作用。

再后来，随着社会分工的日益细化和商业信用的发展，专门为货币作中介服务的第二层中介出现了。它们是一些专门的机构，如银行，它们所从事的是货币中介服务和货币买卖，由于有了它们，物流和资金流开始分离，产生了多种交易方式：交易前的预先付款，交易中的托收、支票、汇票，交易后的付款如分期付款、延期付款。这就意味着商品所有权的转换和物流的转换脱离开来，在这种情况下，信息流的作用就突出出来了。因为这种分离带来了一个风险问题，要规避这种风险就得依靠尽可能多的信息，如对方的商品质量信息、价格信息、支付能力、支付信誉等。总结来说，在这一阶段，商流与资金流分离，信息流的作用日益重要。

随着网络技术和电子技术的发展，电子中介作为一种工具被引入了生产、交换和消费中，人类进入了电子商务时代。在这个时代，人们做贸易的顺序并没有改变，还是要有交易前、交易中和交易后几个阶段，但进行交流和联系的工具变了，从纸面单证变为现在的电子单证。这个阶段的一个重要特点就是信息流发生了变化（电子化），更多地表现为票据资料的流动。此时的信息流处于一个极为重要的地位，它贯穿于商品交易过程的始终，在一个更高的位置对商品流通的整个过程进行控制，记录整个商务活动的流程，是分析物流、导向资金流、进行经营决策的重要依据。在电子商务时代，由于电子工具和网络通信技术的应用，交易各方的时空距离几乎为零，有利地促进了信息流、商流、资金流、物流 “四流”的有机结合。对于某些可以通过网络传输的商品和服务，甚至可以做到“四流”的同步处理，如通过上网浏览、查询、挑选、点击，用户可以完成对某一电子软件的整个购物过程。

聚焦党的二十大报告，制造强国离不开制造业物流高质量发展，在“交通强国”中物流也是重要内容。通过不断加强技术创新以及在大数据的支持下，利用移动互联网、大数据等新技术，打造一个数字化、标准化和智能化的智慧物流生态平台，促进全网互联互通，为智慧化物流发展赋能，充分释放网络平台的发展动能，建设满足经济社会发展新需求的现代流通体系，推动物流业和制造业深度融合。

物流信息化表现出的特点如下：物流信息的商品化；物流信息收集的自动化；物流信息处理的电子化和计算机化；物流信息传递的标准化和实时化；物流信息存储的数字化等。信息化是一切的基础，没有物流的信息化，任何先进的技术设备都不可能应用于物流领域。物流自动化的基础是信息化，核心是机电一体化，外在表现是物流活动的程序化批处理。物流自动化可以扩大物流作业能力，提高劳动生产率，减少物流作业的差错等，进而达到省人、省力的效果。物流自动化的设施非常多，如条码、射频自动识别系统、货物自动分拣与自动存取系统、自动导向车及货物自动跟踪系统等。物流网络化是物流配送系统的计算机信息网络，包括物流配送中心与供应商或制造商的联系要通过计算机网络，另外与下游顾客之间的联系也要通过计算机网络通信，如物流配送中心向供应商提出订单这个过程，就可以使用计算机通信方式，借助增值网上的电子订货系统和电子数据交换（electronic data interchange，EDI）技术来自动实现，物流配送中心通过计算机网络收集下游客户订单的过程也可以自动完成。物流智能化是物流自动化、信息化的一种高层次应用，物流作业过程大量的运筹和决策，如库存水平的确定、运输（搬运）路径的选择、自动导向车的运行轨迹和作业控制、自动分拣机的运行、物流配送中心经营管理的决策支持等都需要借助大量的支持才能解决。在物流自动化的进程中，物流智能化是不可回避的技术难题。

1.1 现代物流系统

现代物流系统是指以传统物流系统为基础，以现代科学技术和先进的科学理论为支撑的物流系统。现代科学技术包括硬技术和软技术两个方面，硬技术指组织物资实物流动所涉及的各种机械设备、运输工具、仓储建筑以及服务的计算机、通信设备网络，如集装系统机械制造技术、自动货架系统制造技术、旋转数码选址技术等；软技术是指为组成高效率的物流系统而使用的系统工程技术、技术经济技术、价值工程技术和信息技术等。推动传统物流向现代物流转变的先进科学管理理论主要有供应链管理理论、集成化物流管理理论和物流管理整合理论，这些理论都为现代物流的产生和发展起到了巨大的推动和催化作用。

互联网技术为现代企业接触更多的顾客创造了极其方便的条件，又向企业提出了新的挑战，即如何向如此之多的顾客有效地配送货物呢？网络商店对顾客的服务能力和效率超过现实世界的零售商店的关键在于网络商店的商品配送系统——物流系统。

物流是指物品从供应地向接收地的实体流动过程，是根据实际需要，将运输、储存、装卸、搬运、包装、流通加工、配送、信息处理等基本功能进行有机结合。现代物流是以满足顾客的需求为目标，将制造、运输、销售等市场情况统一起来考虑的一种战略措施，追求的是降低成本、提高效率与服务水平进而增强企业竞争力。随着社会大生产的扩大和专业化分工的深化，专业化的第三方物流应运而生。第三方物流（third party logistics，3PL 或 TPL）是 20 世纪 80 年代中期由欧美国家提出的。

进入 20 世纪 90 年代末，全世界的制造者和分销商继续承受着各种压力，其中包括：产品订单更小、更频繁，产品需求不断变化，用户化和服务价值更高等。经营者必须使工厂的运行适应订单的混合、更短的订单周转时间和更高的生产能力。必须采取一定的策略来适应不断提高要求的库存管理、运行的柔性，以及各种过程集成的程度。在供应链中集中对一些过程进行转移、结合或消除，使得工厂及仓库的物流和信息流更加有效。在这些变化的要求下现代物流技术从各个方面显示出一些新的发展趋势。

从广义上讲，物流泛指物质实体及其载体场所（或位置）的转移和时间占用，即指物质实体的物理流动过程。它是在生产和消费从时间及空间上被分离并日益扩大的形势下为有机地衔接“供”和“需”，保证社会生产顺利地进行，并取得良好的经济效益而发展起来的一门科学。物流所要解决的问题是物流活动的机械化、自动化和合理化，以实现物流系统的时间和空间效益。

物流系统是指在一定的时间和空间里，由所需输送的物料和包括有关设备、输送工具、仓储设备、人员以及通信联系等若干相互制约的动态要素构成的具有特定功能的有机整体。随着计算机科学和自动化技术的发展，物流管理系统也从简单的方式迅速向自动化管理演变，其主要标志是自动物流设备［如自动导引车（automated guided vehicle，AGV），自动存储、提取系统（automated storage/retrieve system，AS/RS），空中单轨自动车，堆垛机（stacker crane）］以及物流计算机管理与控制系统的出现。

发展至今，物流系统是典型的现代机械与电子相结合的系统。现代物流系统由半自动化、自动化以及具有一定智能的物流设备、计算机物流管理和控制系统组成。任何一种物流设备都必须接收物流系统计算机的管理控制，接收计算机发出的指令，完成其规定的动作，反馈动作执行的情况或当前所处的状况。

现代物流设备是在计算机科学和电子技术的基础上，结合传统的机械学科发展来的机电一体化设备。从物流系统的管理和控制来看，计算机网络和数据库技术的采用是整个系统得以正常运行的前提。仿真技术的应用使物流系统设计处于更高的水平。物流已经成为并行工程的基础和 CIMS（computer integrated manufacturing systems，计算机集成制造系统）的组成部分。

物流系统技术是先进制造技术中的重要组成部分，从其广义内涵分析可以看出它已从以前的简单的物料搬运发展到今天的集机械设计、计算机科学、管理学和自动化控制技术等于一身的综合技术。

1.1.1 现代物流系统的特征

1. 专业化与集成化相结合

物流技术的日新月异和分工的细化，导致物流系统的专业化，尽管传统的物流系统里也存在分工，也有技术的应用，但是与现代物流系统相比，这种分工与技术力量显得非常的薄弱。在现代物流系统中，分工非常详细，一个系统被分为若干子系统，子系统继续被分解，直至不能再被细分。例如，物流配送系统是物流系统的子系统，它又被分为配送计划、仓库管理、分拣、装卸、传输、包装、运输、客户管理子系统，其中的运输再被细分为车辆驾驶、信息反馈、卫星定位技术分系统。高度专业化使得每项物流作业运作精确化和高效率化。

物流系统的集成化是指物流系统内不同的物流功能，集成化能够导致物流系统的简化，以减少物流环节和物流作业量，从而降低物流成本，提高资源利用率和作业处理效率。MRP（material requirement planning，物料需求计划）和 DRP（distribution resource planning，分销资源计划）的集成就是一个典型的例子，它可以实现企业内外数据的共享，节约企业资源，提高工作效率，产生更高的利润回报。

专业化从技术的角度实现了物流运作效率的提高，集成化从经济的角度实现了资源的充分利用，提高了利润回报率。专业化为实现集成化打下了坚实的基础，集成化解决了专业化可能会造成系统纷繁复杂的后顾之忧，两者相辅相成、互为补充，共同提高了物流系统的现代化程度。

2. 自动化与网络化相结合

随着计算机水平的进步与物流技术软件的开发，现代物流系统已经由传统的以人为主导的系统变为以计算机网络为主导的高度自动化系统。库存水平的确定、运输路径的选择、自动导向车的运行轨迹，甚至一些物流配送中心的经营决策问题在现代物流系统中都能够实现自我运作，而不用纷繁复杂的人工来解决。随着机器人等相关技术成果的出现，现代物流系统逐步向智能化水平前进，智能化是物流自动化和信息化的一种高层次应用，是物流领域的又一大进步。

现代物流系统的网络化包括空间结构的网络化、逻辑结构的网络化和物流组织的网络化。空间结构的网络化如物流配送网络、分销网络和计算机系统网络等，逻辑结构的网络化如物流信息系统的功能结构、处理的逻辑结构的网络化等，物流组织的网络化保证了物流节点之间物流活动的系统性和一致性。现代物流系统的网络化能够提高系统的运作效率和稳定性，充分利用系统资源。

自动化可以以网络化为平台和基础，网络化以自动化和智能化作为发展目标，两者相互配合，为打造高度现代化的物流体系提供支撑。

3. 服务市场化和国际化

现代物流系统提供的服务更加市场化和国际化。市场化是指物流系统更加以市场为风向标，根据顾客的需求来生产和销售产品，无论自营物流还是外包物流，都以“服务—成本”的最佳配合为总目标。国际化是现代物流的发展趋势，由于物资资料的生产和贸易发展已经超越了一国或地区的界限，为其服务的物流也必然在世界范围展开。面对这种客观环境的变化和要求，现代物流系统也必须作出反应和调整，建立能够适应国际化生产和发展要求的现代化物流系统。

4. 系统的高度柔性化

系统的柔性化反映了系统适应内外部环境变化的能力，现代化的物流系统应能够根据内外部环境的变化迅速地作出反应，调整生产、订购和销售计划，以满足市场需求和减少环境的改变所造成的负面影响。柔性制造系统（flexible manufacturing system，FMS）、计算机集成制造系统（CIMS）、制造资源系统（manufacturing resource system，MRS）、企业资源计划（enterprise resource planning，ERP）以及供应链管理的概念和技术等都是建立柔性化物流系统的必备资源，这些概念和技术都要求根据需求组织安排生产活动、物流活动和销售活动，这大大有利于柔性化的实现。

1.1.2　现代物流系统的目标

1. 服务

物流业属于服务业，只有给客户提供其所需要的服务（service）才能实现物流业的价值，所以现代物流系统必须以客户为中心，树立客户第一的观念，与传统的物流系统相比，客户在系统中的地位更加重要，提供客户满意的产品和服务是物流业不变的追求。近年来出现了很多体现现代物流服务理念的管理技术和思想，如准时供货方式、柔性供货方式、固定时间内退货方式等，这些体现了现代物流的高水平和服务思想的地位。

2. 高效

高效（speed）是指现代物流系统的快速和及时，在供应链中，部分零售商和制造商采用零库存的方式，要求以小批量频繁的运送方式，将货物准时运达，这就提高了对现代物流系统反应速度的要求。为了应对这种要求，现代物流系统采用先进的配货技术、混合运输方式等来适应这种需要。

3. 节约

物流的过程并不会提高商品的使用价值，所以在物流过程中，缩短流通时间、减少流通中资源的消耗和提高物流作业效率是提高相对产出的重要手段，而节约（savings）、省力和低耗的目标必须有稳定可靠的物流系统来保证。

4. 规模效应

与生产系统相比，物流系统一般被看作辅助性系统，有稳定性差、综合性和复合性强的特点，所以很难形成标准的规模化模式，获得规模效应。但是规模效应是行业成长壮大的必经阶段，其对企业的持久发展也是非常有益的。传统的物流系统往往是单一分散的，很难形成规模效应，随着物流技术的进步和物流管理思想的发展，集约化和规模化逐步被应用于物流系统的建设之中，如大型物流中心、配送中心、物流园区的建设都是规模效应的具体表现。

5. 库存调节

库存调节（stock control）是物流管理系统中资源配置的重要一环，是影响物流系统效益的重要因素之一，拥有良好的库存调节系统不仅能够保证企业和消费者的需求，还能够节约国家资源，实现企业的经济效益。确定正确的库存方式、库存数量、库存结构和库存分布是库存调节的主要任务。

现代物流系统必须以高标准的服务、及时快速的配送方式、科学的库存控制、集成化和规模化的模式以及平衡的成本—效益的最终目标来进行运作，使物流成为商品从生产到消费过程中的重要一环。

1.2 物流信息化技术与系统

1.2.1 信息技术的概念

信息技术（information technology，IT）是主要用于管理和处理信息所采用的各种技术的总称，一切与信息的获取、加工、表达、交流、管理和评价等有关的技术都可以称为信息技术。它主要是应用计算机科学和通信技术来设计、开发、安装和实施信息系统的应用软件。它也常被称为信息和通信技术（information and communications technology，ICT），主要包括传感技术、计算机技术和通信技术。

广义而言，信息技术是指充分利用与扩展人类信息器官功能的各种方法、工具与技能的总和。该定义强调的是从哲学上阐述信息技术与人的本质关系。中义而言，信息技术是指对信息进行采集、传输、存储、加工、表达的各种技术之和。该定义强调的是人们对信息技术功能与过程的一般理解。狭义而言，信息技术是指利用计算机、网络、广播电视等各种硬件设备及软件工具与科学方法，对文图声像各种信息进行获取、加工、存储、传输与使用的技术之和。该定义强调的是信息技术的现代化与高科技含量。

信息技术的应用包括计算机硬件和软件、网络和通信技术、应用软件开发工具等。计算机和互联网普及以来，人们日益普遍地使用计算机来生产、处理、交换和传播各种形式的信息（如书籍、商业文件、报刊、唱片、电影、电视节目、语音、图形、影像等）。

在企业、学校和其他组织中，信息技术体系结构是一个为达成战略目标而采用和发展信息技术的综合结构，包括管理和技术的成分。其管理成分包括使命、职能与信息需求、系统配置和信息流程；技术成分包括用于实现管理体系结构的信息技术标准、规则等。由于计算机是信息管理的中心，计算机部门通常被称为信息技术部门。有些公司称这个部门为信息服务或管理信息服务。另一些企业选择外包信息技术部门，以获得更好的效益。

物联网和云计算作为信息技术新的高度和形态被提出、发展。根据中国物联网校企联盟的定义，物联网为当下几乎所有其他技术与计算机互联网技术的结合，目的是让信息更快更准地收集、传递、处理并执行，是科技的最新呈现形式与应用。

按表现形态的不同，信息技术可分为硬技术（物化技术）与软技术（非物化技术）。硬技术指各种信息设备及其功能，如显微镜、电话机、通信卫星、多媒体计算机。软技术指有关信息获取与处理的各种知识、方法与技能，如语言文字技术、数据统计分析技术、规划决策技术、计算机软件技术等。

按工作流程中基本环节的不同，信息技术可分为信息获取技术、信息传递技术、信息存储技术、信息加工技术和信息标准化技术。信息获取技术包括信息的搜索、感知、接收、过滤等，如显微镜、望远镜、气象卫星、温度计、钟表、互联网搜索器中的技术等。信息传递技术是指跨越空间共享信息的技术，又可分为不同类型，如单向传递和双向传递技术，单通道传递、多通道传递和广播传递技术。信息存储技术是指跨越时间保存信息的技术，如印刷术、照相术、录音术、录像术、缩微术、磁盘术、光盘术等。信息加工技术是对信息进行描述、分类、排序、转换、浓缩、扩充、创新等的技术。信息加工技术的发展已有两次突破：从人脑信息加工到使用机械设备（如算盘、标尺等）进行信息加工，再发展为使用电子计算机与网络进行信息加工。信息标准化技术是指使信息的获取、传递、存储、加工各环节有机衔接，以及提高信息交换共享能力的技术，如信息管理标准、字符编码标准、语言文字的规范化等。

日常用法中，按使用的信息设备不同，信息技术可以分为电话技术、电报技术、广播技术、电视技术、复印技术、缩微技术、卫星技术、计算机技术、网络技术等。按信息的传播模式不同，信息技术可以分为传者信息处理技术、信息通道技术、收者信息处理技术、信息抗干扰技术等。

按技术的功能层次不同，信息技术体系可以分为基础层次的信息技术（如新材料技术、新能源技术），支撑层次的信息技术（如机械技术、电子技术、激光技术、生物技术、空间技术等），主体层次的信息技术（如感测技术、通信技术、计算机技术、控制技术），应用层次的信息技术（如文化教育、商业贸易、工农业生产、社会管理中用以提高效率和效益的各种自动化、智能化、信息化应用软件与设备）。

随着信息化在全球的快速发展，世界对信息的需求快速增长，信息产品和信息服务对于各个国家、地区、企业、单位、家庭、个人都不可缺少。信息技术已成为支撑当今经济活动和社会生活的基石。在这种情况下，信息产业成为世界各国，特别是发达国家竞相投资、重点发展的战略性产业。目前，由电子信息制造业所形成的一系列产业，已成为集信息采集与加工，电子产品生产，成品检测，信息存储、转换与传递，产品分配及应用等于一体的产业群。2019 年以来，全球经济负向走势显现，地缘政治危机和逆全球化倾向日益显现，国际经济博弈进入新的调整期，世界经济蕴含的不确定性因素增多，对电子信息制造业的外部需求和动能形成一定抑制作用，但中国电子产品的产值、市场规模全球第一的地位依旧保持。

信息技术代表着当今先进生产力的发展方向，信息技术的广泛应用使信息的重要生产要素和战略资源的作用得以发挥，使人们能更高效地进行资源优化配置，从而推动传统产业不断升级，提高社会劳动生产率和社会运行效率。就传统的工业企业而言，信息技术在以下几个层面推动着企业升级：将信息技术嵌入到传统的机械产品中；计算机辅助设计技术、网络设计技术可显著提高企业的技术创新能力；利用信息系统实现企业经营管理的科学化，统一整合调配企业人力、物力和资金等资源；利用互联网开展电子商务。

信息技术在全球的广泛使用，不但深刻地影响着经济结构与经济效率，而且作为先进生产力的代表，对社会文化和精神文明产生着深刻的影响。

信息技术已引起传统教育方式的深刻变化。计算机仿真技术、多媒体技术、虚拟现实技术、远程教育技术以及信息载体的多样性，使学习者可以克服时空障碍，更加主动地安排自己的学习时间和速度。特别是借助互联网的远程教育，将开辟出通达全球的知识传播通道，实现不同地区的学习者、传授者之间的互相对话和交流，不但可以大大提高教育的效率，而且可以给学习者提供一个宽松的内容丰富的学习环境。远程教育的发展将在传统的教育领域引发一场革命，并促使人类知识水平的普遍提高。

互联网已经成为科学研究和技术开发不可缺少的工具。互联网拥有的 600 多个大型图书馆、400 多个文献库和 100 多万个信息源，成为科研人员可以随时进入并从中获取最新科技动态的信息宝库，大大节约查阅文献的时间和费用；互联网上信息传递的快捷性和交互性，使身处世界任何地方的研究者都可以成为研究伙伴，在网上进行实时讨论、协同研究，甚至使用网上的主机和软件资源，来完成自己的研究工作。

信息网络为各种思想文化的传播提供了更加便捷的渠道，大量的信息通过网络渗入社会各个角落，成为当今文化传播的重要手段。电子出版以光盘、磁盘和网络出版等多种形式，打破了以往信息媒体纸介质一统天下的局面。多媒体技术的应用和交互式界面的采用为文化、艺术、科技的普及开辟了广阔前景。网络等新型信息介质为各民族优秀文化的继承、传播，为各民族文化的交流、交融提供了崭新的可能性。网络改变着人与人之间的交往方式，改变着人们的工作方式和生活方式，也就必然会对文化的发展产生深远的影响，一种新的适应网络时代和信息经济的先进文化将逐渐形成。

信息技术推广应用的显著成效，促使世界各国致力于信息化，而信息化的巨大需求又驱使信息技术高速发展。当前信息技术发展的总趋势是以互联网技术的发展和应用为中心，从典型的技术驱动发展模式向技术驱动与应用驱动相结合的模式转变。

微电子技术和软件技术是信息技术的核心。集成电路的集成度和运算能力、性能价格比继续按每 18 个月翻一番的速度呈几何级数增长，支持信息技术达到前所未有的水平。每个芯片上包含上亿个元件，构成了“单片上的系统”（system on a chip，SOC），模糊了整机与元器件的界限，极大地提高了信息设备的功能，并促使整机向轻、小、薄和低功耗方向发展。软件技术已经从以计算机为中心向以网络为中心转变。软件与集成电路设计的相互渗透使得芯片变成“固化的软件”，进一步巩固了软件的核心地位。软件技术的快速发展使得越来越多的功能通过软件来实现，“硬件软化”成为趋势，出现了“软件无线电”“软交换”等技术领域。嵌入式软件的发展使软件走出传统的计算机领域，促使多种工业产品和民用产品的智能化。软件技术已成为推进信息化的核心技术。

三网融合和宽带化是网络技术发展的大方向。电话网、有线电视网和互联网的三网融合是指它们都在数字化的基础上在网络技术上走向一致，在业务内容上相互覆盖。电话网和有线电视网在技术上都要向互联网技术看齐，其基本特征是采用 IP 协议和分组交换技术；在业务上从话音为主或单向传输发展成交互式的多媒体数据业务为主。三网融合不能简单地理解为把三个网合成一个网，但它的确打破了原有的行业界限，将引起产业的重组与政策的调整。互联网上数据流量的迅猛增加，特别是多媒体信息的增加，对网络带宽的要求日益提高。增大带宽，是相当长时期内网络技术发展的主题。在广域网和城域网上，以密集波分复用（dense wavelength division multiplexing，DWDM）技术为代表的全光网络技术引人注目，带动了光信息技术的发展。宽带接入网技术多种方案展开了激烈的竞争。无线宽带接入技术和建立在第三代移动通信技术之上的移动互联网技术，正向信息个人化的目标前进。

互联网的应用开发也是一个持续的热点。一方面，电视机、手机、个人数字助理（personal digital assistant，PDA）等家用电器和个人信息设备都向网络终端设备的方向发展，形成了网络终端设备的多样性和个性化，打破了计算机上网一统天下的局面；另一方面，电子商务、电子政务、远程教育、电子媒体、网上娱乐技术日趋成熟，不断降低对使用者的专业知识要求和经济投入要求；互联网数据中心（Internet data center，IDC）、网门服务等技术的提出和服务体系的形成，构成了日益完善的互联网社会化服务体系，使信息技术日益广泛地进入社会生产、生活各个领域，从而促进网络经济的形成。

1.2.2 信息技术基础

1. 网络技术

网络技术是从 20 世纪 90 年代中期发展起来的新技术，它把互联网上分散的资源融为有机整体，实现资源的全面共享和充分协作。网络资源包括高性能计算机、存储资源、数据资源、信息资源、知识资源、专家资源、大型数据库、网络和传感器等。网络可以包括互联网、地区性的网络、企事业内部网络，甚至家庭网络。网络的根本特征并不一定是它的规模，而是资源共享，消除资源孤岛。

互联网的应用范围由最早的军事、国防，扩展到美国国内的学术机构，进而迅速覆盖了全球的各个领域，运营性质也由科研、教育为主逐渐转向商业化。

在科学研究中，经常碰到“种瓜得豆”的事情，互联网的出现也是如此：它的原型是 1969 年美国国防部远景研究规划局（Advanced Research Projects Agency，ARPA）为军事实验用而建立的网络，名为 ARPANET，初期只有四台主机，其设计目标是当网络中的一部分因战争原因遭到破坏时，其余部分仍能正常运行；20 世纪 80 年代初期，ARPA 和美国国防部通信局研制成功用于异构网络的 TCP/IP（transmission control protocol / internet protocol，传输控制协议/网际协议）并投入使用；1986 年，在美国国会科学基金会（National Science Foundation，NSF）的支持下，用高速通信线路把分布在各地的一些超级计算机连接起来，以 NSFNET 接替 ARPANET；进而又经过十几年的发展形成互联网。

20 世纪 90 年代初，中国作为第 71 个国家级网络加入互联网，目前已经开放了互联网，通过中国公用互连网络（ChinaNet）或中国教育科研计算机网（China Education and Research Network，CERNET）都可以与互联网联通。只要有一台微机、一部调制解调器和一部国内直拨电话就能够很方便地享受到互联网的资源，这是互联网逐步“爬”入普通人家的原因之一；友好的用户界面、丰富的信息资源、贴近生活的人性化感受使非专业的家庭用户既能应用自如，又能大饱眼福，甚至利用它为自己的工作、学习、生活锦上添花，真正做到“足不出户，可成就天下事，潇洒作当代人”，这是互联网逐步“爬”入普通人家的原因之二。

网络的神奇作用吸引着越来越多的用户加入，因此，网络的承受能力也面临着越来越严峻的考验：从硬件上、软件上、所用标准上……，各项技术都需要适应时势，对应发展，这正是网络迅速走向进步的催化剂。到了今天，互联网能够负担如此众多用户的参与，说明我们的网络技术已经成长到了相当成熟的地步，用户自己也能耳闻目睹不断涌现的新名词、新概念。但这还不是终结，是历史长河的一段新纪元的开始而已。

网络的关键技术有网络节点、宽带网络系统、资源管理和任务调度工具、应用层的可视化工具。网络节点是网络计算资源的提供者，包括高端服务器、集群系统、MPP（massive parallel processor，大规模并行处理）系统大型存储设备和数据库等；宽带网络系统是在网络计算环境中提供高性能通信的必要手段；资源管理用来解决资源的描述、组织和管理等关键问题，任务调度工具根据当前系统的负载情况对系统内的任务进行动态调度，提高系统的运行效率；网络计算主要是科学计算，它往往伴随着海量数据，如果把计算结果转换成直观的图形信息，能帮助研究人员摆脱理解数据的困难，这需要开发能在网络计算中传输和读取，并提供友好用户界面的可视化工具。

网络技术的应用领域很广，主要有以下几个方面。

（1）分布式超级计算将分布在不同地点的超级计算机用高速网络连接起来，并用网络中间软件“粘合”起来，形成比单台超级计算机强大得多的计算平台。

（2）分布式仪器系统使用网络管理分布在各地的贵重仪器系统，提供远程访问仪器设备的手段，提高仪器的利用率，方便用户的使用。

（3）数据密集型计算并行计算技术往往是由一些计算密集型应用推动的，特别是一些带有巨大挑战性质的应用，大大促进了对高性能并行体系结构、编程环境、大规模可视化等领域的研究。数据密集型计算的应用比计算密集型的应用多得多，它对应的数据网络更侧重数据的存储、传输和处理，计算网络更侧重计算能力的提高。在这个领域独占鳌头的项目是欧洲核子中心开展的数据网络（DataGrid）项目，其目标是处理 2005 年建成的大型强子对撞机源源不断产生的 PB/s 量级实验数据。

（4）远程沉浸：一种特殊的网络化虚拟现实环境。它是对现实或历史的逼真反映，是对高性能计算结果或数据库的可视化。沉浸是指人可以完全融入其中：各地的参与者通过网络聚集在同一个虚拟空间里，既可以随意漫游，又可以相互沟通，还可以与虚拟环境交互，使之发生改变。已经开发出几十个远程沉浸应用，包括虚拟历史博物馆、协同学习环境等。远程沉浸可以广泛应用于交互式科学可视化、教育、训练、艺术、娱乐、工业设计、信息可视化等许多领域。

（5）信息集成网络最初是以集成异构计算平台的身份出现的，接着进入分布式海量数据处理领域。信息网络通过统一的信息交换架构和大量的中间件，向用户提供“信息随手可得”式的服务。网络信息集成将更多应用在商业上，分布在世界各地的应用程序和各种信息通过网络能进行无缝融合和沟通，从而形成崭新的商业机会。

信息集成如信息网络、服务网络、知识网络等，是近几年网络流行起来的应用方向。2002 年，Globus 联盟和 IBM（International Business Machines Corporation，国际商业机器公司）在全球网络论坛上发布了开放性网络服务架构及其详细规范，把 Globus 标准与支持商用的万维网服务标准结合起来。2004 年，Globus 联盟、IBM 和惠普（Hewlett-Packard，HP）等又联合发布了新的网络标准草案，把开放性网络服务架构详细规范 I 转换成 6 个用于扩展万维网服务的规范，网络服务已与万维网服务彻底融为一体，标志着网络商用化时代的来临。

网络技术的发展，标准是关键。就像 TCP/IP 协议是因特网的核心一样，构建网络计算也需要对核心——标准协议和服务进行定义。一些标准化团体正在积极行动。迄今为止，网络计算虽还没有正式的标准，但在核心技术上，相关机构与企业已达成一致，由美国阿贡国家实验室与南加州大学信息科学学院合作开发的 Globus 计算工具软件已成为网络计算实际的标准，已有 12 家著名的计算机和软件厂商宣布将采用 Globus 计算工具软件。作为一种开放架构和开放标准基础设施，Globus 计算工具软件提供了构建网络应用所需的很多基本服务，如安全、资源发现、资源管理、数据访问等。所有重大的网络项目都是基于 Globus 计算工具软件提供的协议与服务。

除了标准，安全和可管理性、人才的缺乏也是网络计算亟待解决的问题，否则它将无法成为企业的商业架构。在真正实现商业应用之前，还需要解决许多问题。即便如此，构建全球网络的前景仍是无法抗拒的。

此外，网络技术的应用还催生了网络语言学。这门新兴学科是由周海中于 2000 年首先提出的。在《一门崭新的语言学科——网络语言学》一文中，他对网络语言学的研究对象、研究方法、研究任务、学科属性和定位问题等作了精辟阐述；此后，网络语言学引起了国际学术界的关注。

2. 数据库技术

数据库技术是计算机科学技术的一个重要分支。从 20 世纪 50 年代中期开始，计算机应用从科学研究部门扩展到企业管理及政府行政部门，人们对数据处理的要求也越来越高。1968 年，第一个商业化的信息管理系统（information management system，IMS）诞生，从此，数据库技术得到了迅猛发展。在互联网广泛应用的今天，互联网上海量的数据又使数据库技术的重要性更加凸显。如今数据库已经成为信息管理、办公自动化、计算机辅助设计等应用的主要软件工具之一，帮助人们处理各种各样的信息数据，如工程数据库、统计数据库、科学数据库、空间数据库、地理数据库等。

数据库技术研究和管理的对象是数据，所以数据库技术所涉及的具体内容主要包括：通过对数据的统一组织和管理，按照指定的结构建立相应的数据库和数据仓库；利用数据库管理系统和数据挖掘系统设计出能够实现对数据库中的数据进行添加、修改、删除、处理、分析、理解、报表和打印等多种功能的数据管理和数据挖掘应用系统；利用应用管理系统最终实现对数据的处理、分析和理解。

数据库技术是信息系统的一个核心技术，是一种计算机辅助管理数据的方法，研究如何组织和存储数据，如何高效地获取和处理数据。数据库技术是通过研究数据库的结构、存储、设计、管理以及应用的基本理论和实现方法，并利用这些理论来实现对数据库中的数据进行处理、分析和理解的技术。也就是说，数据库技术是一门研究、管理和应用数据库的软件科学。

数据库技术是现代信息科学与技术的重要组成部分，是计算机数据处理与信息管理系统的核心。数据库技术致力于研究和解决计算机信息处理过程中大量数据有效地组织和存储的问题，以求在数据库系统中减少数据存储冗余、实现数据共享、保障数据安全、高效地检索和处理数据。

从 20 世纪 60 年代末期到如今，数据库技术已经发展了 60 多年。在这 60 多年的历程中，人们在数据库技术的理论研究和系统开发上都取得了辉煌的成就，而且已经对新一代数据库系统进行了深入研究。数据库系统已经成为现代计算机系统的重要组成部分。

数据库最初在大公司或大机构中用作大规模事务处理的基础。后来随着个人计算机的普及，数据库技术被移植到 PC 机（personal computer，个人计算机）上，提供单用户个人数据库应用。接着，由于个人计算机在工作组内连成网，数据库技术就移植到工作组级。如今，数据库正在互联网和内联网中广泛使用。

20 世纪 60 年代中期，数据库技术是用来解决文件处理系统问题的。当时的数据库处理技术还很脆弱，常常发生应用不能提交的情况。20 世纪 70 年代，关系模型的诞生为数据库专家提供了构造和处理数据库的标准方法，推动了关系数据库的发展和应用。1979 年，Ashton-Tate 公司引入了微机产品 dBase Ⅱ，并称为关系数据库管理系统，从此数据库技术移植到了个人计算机上。20 世纪 80 年代中期到后期，终端用户开始使用局域网技术将独立的计算机连接成网络，终端之间共享数据库，形成了一种新型的多用户数据处理，称为客户机/服务器数据库结构。如今，数据库技术正在被用来同互联网技术相结合，以便在机构内联网、部门局域网甚至万维网上发布数据库数据。

数据管理技术是对数据进行分类、组织、编码、输入、存储、检索、维护和输出的技术。数据管理技术的发展大致经过了三个阶段：人工管理阶段，文件系统阶段，数据库系统阶段。

（1）人工管理阶段：20 世纪 50 年代以前，计算机主要用于数值计算。从当时的硬件看，外存只有纸带、卡片、磁带，没有直接存取设备；从软件看（实际上，当时还未形成软件的整体概念），没有操作系统以及管理数据的软件；从数据看，数据量小，数据无结构，由用户直接管理，而且数据间缺乏逻辑组织，数据依赖于特定的应用程序，缺乏独立性。

（2）文件系统阶段：20 世纪 50 年代后期到 60 年代中期，出现了磁鼓、磁盘等数据存储设备。新的数据处理系统迅速发展起来。这种数据处理系统是把计算机中的数据组织成相互独立的数据文件，系统可以按照文件的名称对其进行访问，对文件中的记录进行存取，并实现对文件的修改、插入和删除，这就是文件系统。文件系统实现了记录内的结构化，即给出了记录内各种数据间的关系。但是，文件从整体来看却是无结构的。

其数据面向特定的应用程序，因此数据共享性、独立性差，且冗余度大，管理和维护的代价也很大。

（3）数据库系统阶段：20 世纪 60 年代后期至今，出现了数据库这样的数据管理技术。数据库的特点是数据不再只针对某一特定应用，而是面向全组织，具有整体的结构性，共享性高，冗余度小，具有一定的程序与数据间的独立性，并且实现了对数据的统一控制。

3. 信息安全技术

计算机信息安全技术是一门由密码技术、网络安全技术、数据灾难和数据恢复技术、操作系统维护技术、网络组网和维护技术等组成的计算机综合应用学科。信息安全本身包括的范围很大，其中包括如何防范商业或企业机密的泄露、如何防范青少年对不良信息的浏览、如何防范个人信息的泄露等。网络环境下的信息安全体系是保证信息安全的关键，包括计算机安全操作系统、各种安全协议、安全机制（数字签名、消息认证、数据加密等），甚至安全系统，如 DLP（data leakage prevention，数据泄密防护）系统等，只要存在安全漏洞便可以威胁全局安全。

目前常用的信息安全技术主要有信息加密技术、信息确认技术、网络控制技术。信息加密技术是利用数学或物理手段对电子信息在传输过程中和存储器内进行保护，以防止信息泄露的技术。保密通信、计算机密钥、防复制软盘等都属于信息加密技术。通信过程中的加密主要是采用密码（在数字通信中可利用计算机采用加密算法），改变负载信息的数码结构等方法。计算机信息保护则以软件加密为主。目前世界上最流行的几种加密体制和加密算法有 RSA（Rivest, Shamir, Adleman，提出者名字的首字母缩写）算法和 CCEP（commercial COMSEC endorsement program，商业通信保密担保计划）算法等。为防止破密，加密软件还常采用硬件加密和加密 U 盘。信息加密技术是保障信息安全的最基本、最重要的技术，是用众多的加密算法实现的。例如，世界上最早被公认的密码算法标准（data encryption standard，DES）就是采用 56 比特长的密钥将 64 比特长的数据加密成等长的密文的技术。在多数情况下，信息加密被认为是保证信息机密性的唯一方法。它的特点是用最小的代价获得最大的安全保护。

信息确认技术是通过严格限定信息的共享范围来达到防止信息被伪造、篡改和假冒的技术。通过信息确认，合法的接收者应该能够验证他所收到的信息是否真实；发信者无法抵赖他发信的事实；使除了合法的发信者之外，别人无法伪造信息。一个安全的信息确认方案应该达到以下几点：其一，合法的接收者能够验证他收到的消息是否真实；其二，发信者无法抵赖自己发出的信息；其三，除了合法发信者，别人无法伪造消息；其四，发生争执时可由第三人仲裁。按照其具体目的，信息确认系统可分为消息确认、身份确认和数字签名三部分。

常用的网络控制技术包括防火墙技术、审计技术、访问控制技术和安全协议等。其中，防火墙技术是一种允许获得授权的外部人员访问网络，而又能够识别和抵制非授权者访问网络的安全技术，它起到指挥网上的信息安全、合理、有序流动的作用。审计技术能自动记录网络中机器的使用时间、敏感操作和违纪操作等，是对系统事故分析的主要依据之一。访问控制技术是能识别用户对其信息库有无访问的权利，并对不同的用户赋予不同访问权利的一种技术。访问控制技术还可以使系统管理员跟踪用户在网络中的活动，及时发现并拒绝“黑客”的入侵。安全协议则是实现身份鉴别、密钥分配、数据加密等的安全机制。整个网络系统的安全强度实际上取决于所使用的安全协议的安全性。

4. 物联网技术

物联网技术（Internet of Things，IoT）的核心和基础仍然是下一代互联网技术，是在互联网技术基础上的延伸和扩展的一种网络技术。物联网技术的定义是通过射频识别（radio frequency identification，RFID）、红外感应器、全球定位系统（global positioning system，GPS）和激光扫描器等信息传感设备按约定的协议将任何物品与互联网相连接，进行信息交换和通信，以实现智能化识别、定位、追踪、监控和管理的一种网络技术。

物联网应用涉及国民经济和人类社会生活的方方面面，因此，物联网被称为继计算机和互联网之后的第三次信息技术革命。

由于物联网具有实时性和交互性，因此物联网的主要应用领域如下。

1）城市管理

（1）智能交通（公路、桥梁、公交、停车场等）。物联网技术可以自动检测并报告公路、桥梁的“健康状况”，还可以避免过载的车辆经过桥梁，并能够根据光线强度对路灯进行自动开关控制。

在交通控制方面，可以通过检测设备，在道路拥堵或特殊情况时自动调配红绿灯，并可以向车主预告拥堵路段、推荐最佳行驶路线。

在公交方面，物联网技术构建的智能公交系统通过综合运用网络通信、GIS（geographical information system，地理信息系统）、GPS 及电子控制等手段集智能运营调度、电子站牌发布、IC（integrated circuit，集成电路）卡收费和 BRT（bus rapid transit，快速公交系统）管理等于一体。公交公司通过该系统可以详细地掌握每辆公交车每天的运行状况。另外，在公交候车站台上通过 GPS 可以准确地显示等候下一趟公交车需要的时间，还可以通过公交查询系统查询最佳的公交换乘方案。

停车难的问题在现代城市中已经引发社会各界的广泛关注，应用物联网技术可以帮助人们更好地找到车位。智能化的停车场通过采用超声波传感器、摄像感应、地感性传感器、太阳能供电等技术在第一时间感应到车辆停入，然后立即反馈到公共停车智能管理平台，显示当前的停车位数量。同时将周边地段的停车场信息整合到一起，作为市民的停车向导，这样能够大大缩短找车位的时间。

（2）智能建筑（绿色照明、安全检测等）。通过感应技术，建筑物内的照明灯能自动调节光亮度，实现节能环保，建筑物的运作状况也能通过物联网及时发送给管理者。同时，建筑物与 GPS 实时连接，在电子地图上准确、及时地反映出建筑物空间地理位置、安全状况和人流量等信息。

（3）文物保护和数字博物馆。数字博物馆采用物联网技术，通过对文物保存环境的温度、湿度、光照、灰尘和有害气体等进行长期监测和控制，建立长期的藏品环境参数数据库，研究文物藏品和环境影响因素之间的关系，创造最佳的文物保存环境，实现对文物损坏的有效控制。

（4）古迹、古树实时监测。物联网可以采集古迹、古树的年龄、气候和损毁等状态信息，及时做出数据分析和保护措施。在古迹保护上，实时监测能选择性地将有代表性的景点图像传递到互联网上，让景区对全世界做现场直播，达到扩大知名度和广泛吸引游客的目的。另外，还可以实时建立景区内部的电子导游系统。

（5）数字图书馆和数字档案馆。使用 RFID 设备的图书馆/档案馆，从文献的采访、分编、加工到流通、典藏和读者证/卡，RFID 标签和阅读器已经完全取代了原有的条码和磁条等传统设备。将 RFID 技术和图书馆数字化系统相结合，能够实现架位标识、文献定位导航和智能分拣等。应用物联网技术的自助图书馆，借书和还书都是自助的。借书时只要把身份证或借书卡插进读卡器里，再把要借的书在扫描器上扫一下就可以了。还书过程更简单，只要把书投进还书口，传送设备就会自动把书送到书库。同样通过扫描装置，工作人员能迅速地知道书的类别和位置，以进行分拣。

2）数字家庭

如果简单地将家庭里的消费电子产品连接起来，只是用一个多功能遥控器控制所有终端，仅仅实现了电视与计算机、手机的连接，这不是发展数字家庭产业的初衷。只有在连接家庭设备的同时通过物联网与外部的服务连接起来，才能真正实现服务与设备互动。有了物联网，就可以在办公室控制家庭电器的操作运行，实现这些场景：在下班回家的途中，家里的饭菜已经煮熟，洗澡的热水已经烧好，个性化电视节目将会准点播放，家庭设施能够自动报修，冰箱里的食物能够自动补货。

3）导航定位

物联网与卫星定位技术、GSM（global system for mobile communication，全球移动通信系统）/GPRS（general packet radio service，通用分组无线服务技术）/CDMA（code division multiple access，码分多址）移动通信技术、GIS 相结合，能够在互联网和移动通信网络覆盖范围内使用 GPS 技术，导航定位设备使用和维护成本大大降低，并能实现端到端的多向互动。

4）现代物流管理

通过在物流商品中植入传感芯片（节点），供应链上的购买、生产制造、包装/装卸、堆栈、运输、配送/分销、出售、服务每一个环节都能准确无误地被感知和掌握。这些感知信息与后台的 GIS/GPS 数据库无缝结合，成为强大的物流信息。

5）食品安全控制

食品安全是国计民生的重中之重。通过标签识别和物联网技术可以随时随地地对食品生产过程进行实时监控，对食品质量进行联动跟踪，对食品安全事故进行有效预防，极大地提高食品安全的管理水平。

6）零售

RFID 取代零售业的传统条码系统（barcode），使物品识别的穿透性（主要指穿透金属和液体）、远距离以及商品的防盗和跟踪有了极大改进。

7）数字医疗

以 RFID 为代表的自动识别技术可以帮助医院实现对患者不间断的监控、会诊和共享医疗记录，以及对医疗器械的追踪等。物联网可将这种服务扩展至全世界范围。RFID 技术与医院信息系统（hospital information system，HIS）及药品物流系统的融合是医疗信息化的必然趋势。

8）防入侵系统

通过成千上万个覆盖地面、栅栏和低空探测的传感节点，可以防止入侵者的翻越、偷渡、恐怖袭击等攻击性入侵。上海机场和上海世界博览会已成功采用了该技术。据预测，到 2035 年前后，中国的物联网终端将达到数千亿个。随着物联网技术的应用普及，形成我国的物联网标准规范和核心技术成为业界发展的重要举措，解决好信息安全技术是物联网发展面临的迫切问题。

9）云计算

云计算（cloud computing）基于互联网的相关服务的增加、使用和交互模式，通常涉及通过互联网来提供动态易扩展且经常是虚拟化的资源。云是网络、互联网的一种比喻说法。过去往往用云来表示电信网，后来也用来表示互联网和底层基础设施的抽象。云计算甚至可以让用户体验每秒 10 万亿次的运算能力，拥有强大的计算能力可以模拟核爆炸、预测气候变化和市场发展趋势。

10）大数据技术

大数据（big data）又称巨量数据，指的是所涉及的数据量规模巨大到无法通过目前主流软件工具在合理时间内撷取、管理、处理，并整理成为帮助企业经营决策的数据。在舍恩伯格及库克耶所撰写的《大数据时代》中，大数据指不用随机分析法（抽样调查）这样的捷径，而采用所有数据进行分析处理。大数据具有的 4V 特点为 Volume（大量）、Velocity（高速）、Variety（多样）和 Value（价值）。

1.2.3 物流信息技术

物流信息技术（logistics information technology）是现代信息技术在物流各个作业环节中的综合应用，是现代物流区别于传统物流的根本标志，也是物流技术中发展最快的领域，尤其是计算机网络技术的广泛应用使物流信息技术达到了较高的应用水平。

物流信息技术是物流现代化的重要标志，也是物流技术中发展最快的领域，从数据采集的条形码系统，到办公自动化系统中的微机、互联网，各种终端设备等硬件以及计算机软件都在日新月异地发展。同时，物流信息技术的不断发展，产生了一系列新的物流理念和新的物流经营方式，推进了物流的变革。在供应链管理方面，物流信息技术的发展也改变了企业应用供应链管理获得竞争优势的方式，成功的企业通过应用信息技术来支持它的经营战略并选择它的经营业务。通过利用信息技术来提高供应链活动的效率性，增强整个供应链的经营决策能力。

物流信息技术的组成如下。

（1）条码技术是在计算机的应用实践中产生和发展起来的一种自动识别技术，提供了一种对物流中的货物进行标识和描述的方法。条形码技术具有输入速度快、可靠准确、成本低、信息量大等特点，条码是实现 POS（point of sale，销售时点）系统、EDI、电子商务、供应链管理的技术基础，是物流管理现代化、提高企业管理水平和竞争能力的重要技术手段。

（2）EDI 通过电子方式，采用标准化的格式，利用计算机网络进行结构化数据的传输和交换。构成 EDI 系统的三个要素是 EDI 软硬件、通信网络和数据标准化。工作方式大体如下：用户在计算机上进行原始数据的编辑处理，通过 EDI 转换软件（mapper）将原始数据格式转换为平面文件（flat file），平面文件是用户原始资料格式与 EDI 标准格式之间的对照性文件；通过翻译软件（translator）将平面文件变成 EDI 标准格式文件。然后在文件外层加上通信信封（envelope），通过通信软件[EDI 系统交换中心邮箱（mailbox）]发送到增值网络（value added network, VAN）或直接传送给对方用户，对方用户则进行相反的处理过程；最后成为用户应用系统能够接收的文件格式。

（3）RFID 技术是一种非接触式的自动识别技术，是基于电磁感应、无线电波或微波进行非接触双向通信，从而达到识别和交换数据的目的。识别工作无须人工干预，可工作于各种恶劣环境。短距射频产品不怕油渍、灰尘污染等恶劣的环境，可以替代条码，如用在工厂的流水线上跟踪物体。长距射频产品多用于交通上，识别距离可达几十米，如自动收费或识别车辆身份等。

（4）GIS 是多种学科交叉的产物，以地理空间数据为基础，采用地理模型分析方法，适时地提供多种空间的和动态的地理信息，是一种为地理研究和地理决策服务的计算机技术系统。其基本功能是将表格型数据（无论来自数据库、电子表格文件还是直接在程序中输入）转换为地理图形显示，然后对显示结果浏览、操作和分析。其显示范围可以从洲际地图到非常详细的街区地图，显示对象包括人口、销售情况、运输线路和其他内容。

（5）GPS 具有在海、陆、空进行全方位实时三维导航与定位能力。GPS 在物流领域可以应用于汽车自定位、跟踪调度，用于铁路运输管理以及军事物流。

（6）智能技术（intellectual technology）是利用计算机科学、脑科学、认知科学等方面的知识对物流信息进行分析处理的技术，物流中主要是人工智能、商业智能、专家系统和智能交通系统等。

1. 物流信息技术层次

物流信息技术可以分为以下四个层次。

（1）物流信息基础技术：即有关元件、器件的制造技术，是整个物流信息技术的基础，如微电子技术、光子技术、光电子技术、分子电子技术等。

（2）物流信息系统技术：即有关物流信息的获取、传输、处理、控制的设备和系统的技术，是建立在物流信息基础技术之上的，是整个信息技术的核心。其内容主要包括物流信息获取技术、物流信息传输技术、物流信息处理技术及物流信息控制技术。

（3）物流信息应用技术：即基于管理信息系统（management information system, MIS）技术、优化技术和计算机集成制造系统（CIMS）技术而设计出的各种物流自动化设备和物流信息管理系统，如自动化分拣与传输设备、AGV、集装箱自动装卸设备、仓库管理系统（warehouse management system，WMS）、运输管理系统（transportation management system，TMS）、配送优化系统、GPS、GIS 等。

（4）物流信息安全技术：即确保物流信息安全的技术，主要包括密码技术、防火墙技术、病毒防治技术、身份鉴别技术、访问控制技术、备份与恢复技术和数据库安全技术等。

2. 物流信息技术的应用现状

在国内，各种物流信息应用技术已经广泛应用于物流活动的各个环节，对企业的物流活动产生了深远的影响。

物流自动化设备技术的集成和应用的热门环节是配送中心，其特点是每天需要拣选的物品品种多、批次多、数量大。因此，国内超市、医药、邮包等行业的配送中心部分地引进了物流自动化拣选设备。一种是拣选设备的自动化应用，如北京市医药总公司配送中心，其拣选货架（盘）上配有可视的分拣提示设备，这种分拣货架与物流管理信息系统相连，动态地提示被拣选的物品和数量，指导着工作人员的拣选操作，提高了货物拣选的准确性和速度。另一种是物品拣选后的自动分拣设备。用条码或电子标签附在被识别的物体上（一般为组包后的运输单元），由传送带送入分拣口，然后由装有识读设备的分拣机分拣物品，使物品进入各自的组货通道，完成物品的自动分拣。分拣设备在国内大型配送中心有所使用。但这类设备及相应的配套软件基本上是由国外进口，也有的是进口国外机械设备，国内配置软件。立体仓库和与之配合的巷道堆垛机在国内发展迅速，在机械制造、汽车、纺织、铁路、卷烟等行业都有应用。例如，昆船集团生产的巷道堆垛机在红河卷烟厂等多家企业应用了多年。国产堆垛机在其行驶速度、噪声、定位精度等技术指标上有了很大的改进，运行也比较稳定。但是与国外著名厂家相比，在堆垛机的一些精细指标如最低货位极限高度、高速（80m/s 以上）运行时的噪声、电机减速性能等方面还存在一定的差距。

物流设备跟踪主要是指对物流的运输载体及物流活动中涉及的物品所在地进行跟踪。物流设备跟踪的手段有多种，可以用传统的通信手段如电话等进行被动跟踪，可以用 RFID 手段进行阶段性的跟踪，但目前国内用得最多的还是利用 GPS 技术跟踪。GPS 技术跟踪利用 GPS 物流监控管理系统，主要跟踪货运车辆与货物的运输情况，使货主及车主随时了解车辆与货物的位置与状态，保障整个物流过程的有效监控与快速运转。物流 GPS 监控管理系统的构成主要包括运输工具上的 GPS 定位设备、跟踪服务平台（含 GIS 和相应的软件）、信息通信机制和其他设备（如货物上的电子标签或条码、报警装置等）。在国内，部分物流企业为了提高企业的管理水平和提升对客户的服务能力也应用了这项技术，例如，沈阳等地方政府要求下属交通部门对营运客车安装 GPS 设备工作进行部署，从而加强对营运客车的监管。

企业竞争的全球化发展、产品生命周期的缩短和用户交货期的缩短等都对物流服务的可得性与可控性提出了更高的要求，实时物流理念也由此诞生。如何保证对物流过程的完全掌控，物流动态信息采集应用技术是必需的要素。动态的货物或移动载体本身具有很多有用的信息，如货物的名称、数量、重量、质量、出产地或者移动载体（如车辆、轮船等）的名称、牌号、位置、状态等一系列信息。这些信息可能在物流中反复使用，因此，正确、快速读取动态货物或载体的信息并加以利用可以明显地提高物流的效率。流行的物流动态信息采集技术应用中，一、二维条码技术应用范围最广，其次还有磁条（卡）、语音识别、视觉识别、接触式智能卡、PDT（portable data terminal，便携式数据终端）、RFID 等技术。

（1）一维条码技术。一维条码是由一组规则排列的条、空、相应的数字组成的，这种用条、空组成的数据编码可以供机器识读，而且很容易译成二进制数和十进制数。因此一维条码技术广泛地应用于物品信息标注中。因为符合条码规范且无污损的条码的识读率很高，所以一维条码结合相应的扫描器可以明显地提高物品信息的采集速度。加之条码系统的成本较低，操作简便，又是国内应用最早的识读技术，所以在国内有很大的市场，国内大部分超市都在使用一维条码技术。但一维条码表示的数据有限，条码扫描器读取条码信息的距离也要求很近，而且条码上损污后可读性极差，因此限制了它的进一步推广应用，同时一些其他的信息存储容量更大、识读可靠性更好的识读技术开始出现。

（2）二维条码技术。由于一维条码的信息容量很小，如商品上的条码仅能容纳几位或者十几位阿拉伯数字或字母，商品的详细描述只能依赖数据库提供，离开了预先建立的数据库，一维条码的使用就受到了局限。基于这个原因，人们发明了一种新的码制，除了具备一维条码的优点，还有信息容量大（根据不同的编码技术，容量是一维的几倍到几十倍，可以存放个人的自然情况及指纹、照片等信息）、可靠性高（在损污 50%时仍可读取完整信息）、保密防伪性强等优点。这就是在水平和垂直方向的二维空间存储信息的二维条码技术。二维条码继承了一维条码的特点，条码系统价格便宜、识读率强且使用方便，因此在国内银行、车辆等管理信息系统上开始应用。

（3）磁条（卡）技术。磁条（卡）技术以涂料形式把一层薄薄的由定向排列的铁性氧化粒子用树脂黏合在一起并粘在诸如纸或塑料这样的非磁性基片上。磁条从本质意义上讲和计算机用的磁带或磁盘是一样的，可以用来记载字母、字符及数字信息。优点是数据可多次读写，数据存储量能满足大多数需求，由于其黏附力强，在很多领域得到广泛应用，如信用卡、ATM（automated teller machine，自动取款机）卡、机票、公共汽车票、自动售货卡、会员卡等。但磁条卡的防盗、存储量等性能与一些新技术（如芯片类卡技术）相比还是有差距。

（4）语音识别技术。语音识别技术是一种通过识别语音达到转换成文字信息的技术，其最大特点就是不用手工录入信息，这对那些在采集数据的同时还要手脚并用的工作场合或键盘上打字能力低的人尤为适用。但语音识别的最大问题是识别率，要想连续地高效应用有难度。语音识别技术更适合语音句子量集中且反复应用的场合。

（5）视觉识别技术。视觉识别系统是一种通过对一些有特征的图像分析和识别系统，能够对限定的标志、字符、数字等图像内容进行信息的采集。视觉识别技术的应用障碍是对于一些不规则或不够清晰图像的识别率问题而且数据格式有限，通常要用接触式扫描器扫描。随着自动化的发展，视觉技术会朝着更细致、更专业的方向发展，并且还会与其他自动识别技术结合应用。

（6）接触式智能卡技术。智能卡是一种将具有处理能力、加密存储功能的集成电路芯片嵌装在一个与信用卡一样大小的基片中的信息存储技术，通过识读器接触芯片可以读取芯片中的信息。接触式智能卡的特点是具有独立的运算和存储功能，在无源情况下，数据也不会丢失，数据安全性和保密性都非常好，成本适中。智能卡与计算机系统相结合，可以方便地满足对各种各样信息的采集传送、加密和管理的需要，它在国内外的许多领域（如银行、公路收费、水表煤气收费等）得到了广泛应用。

（7）PDT 技术。PDT 一般包括一个扫描器、一个体积小但功能很强并有存储器的计算机、一个显示器和供人工输入的键盘，所以是一种多功能的数据采集设备，PDT 是可编程的，允许编入一些应用软件。PDT 存储器中的数据可随时通过射频通信技术传送到主计算机。

（8）RFID 技术。RFID 技术是一种利用射频通信实现的非接触式自动识别技术。RFID 标签具有体积小、容量大、寿命长、可重复使用等特点，可支持快速读写、非可视识别、移动识别、多目标识别、定位及长期跟踪管理。RFID 技术与互联网、通信等技术相结合，可实现全球范围内物品跟踪与信息共享。从上述物流信息技术的应用情况及全球物流信息化发展趋势来看，物流动态信息采集技术应用正成为全球范围内重点研究的领域。中国已在物流动态信息采集技术应用方面积累了一定的经验，如条码技术、接触式磁条（卡）技术的应用已经十分普遍，但在一些新型的前沿技术，如 RFID 技术等领域的研究和应用方面还相对落后。

专家分析认为，RFID 技术应用于物流行业，可大幅提高物流管理与运作效率，降低物流成本。另外，从全球发展趋势来看，随着 RFID 相关技术的不断完善和成熟，RFID 产业将成为一个新兴的高技术产业群，成为国民经济新的增长点。因此，RFID 技术有望成为推动现代物流加速发展的新品润滑剂。在全球供应链管理趋势下，及时掌握货物的动态信息和品质信息已成为企业盈利的关键因素。但是由于受到自然、天气、通信、技术、法规等方面的影响，物流动态信息采集技术的发展一直受到很大制约，远远不能满足现代物流发展的需求。借助新的科技手段，完善物流动态信息采集技术，成为物流领域下一个技术突破点。借助网络技术发展起来的物流信息技术，在享受网络飞速发展带来巨大好处的同时，也时刻面临可能遭受的安全危机，如网络黑客无孔不入的恶意攻击、病毒的肆虐、信息的泄密等。应用安全防范技术，保障企业的物流信息系统或平台安全、稳定地运行，是企业将长期面临的一项重大挑战。

1.3 我国现代物流信息化应用情况

1.3.1 我国物流业的发展现状与面临的形势

1. 我国物流业的发展现状

目前，随着中国产业结构日益走向规模化和专业化，以及信息技术的大量应用、电子商务的兴起和对成本控制要求的提升，物流行业也开始进入整合阶段，从无序走向有序，各种新的业态也开始涌现，如供应链管理、整车零担运输等，也涌现出很多具有很强竞争力和成长能力的公司。

物流业景气指数（logistics prosperity index，LPI）主要由业务总量、新订单、从业人员、库存周转次数、设备利用率、平均库存量、资金周转率、主营业务成本、主营业务利润、物流服务价格、固定资产投资完成额、业务活动预期12个分项指数和一个合成指数构成。物流业景气指数反映物流业经济发展的总体变化情况，以50%作为经济强弱的分界点，高于50%时，反映物流业经济扩张；低于50%时，反映物流业经济收缩。

中国物流与采购联合会发布的数据显示，2019年全年，我国物流业景气指数保持在49%~59%，反映我国物流业经济稳步扩张。2020年2月，我国物流业景气指数为26.2%，较2020年1月份回落23.7个百分点。2020年2月份，受新型冠状病毒疫情冲击影响，物流活动严重受阻，物流业景气指数出现大幅回落，各分项指数均有明显回落。物流费用占GDP（gross domestic product，国内生产总值）的比重是衡量物流业总体运行效率的重要指标之一。我国物流业近年来虽保持较快增长势头，但整体运行效率仍然较低。我国物流费用占GDP的比重从1991年的23.79%下降到2019年的16.9%。美国、日本物流费用占GDP的比重稳定在8%左右，我国与美国、日本相差超过8%。2018年社会物流总费用为13.3万亿元，同比增长9.8%，增速比2017年同期提高0.7个百分点。社会物流总费用与GDP的比率为14.8%，比2017年同期上升0.2个百分点。截至2019年全年中国社会物流总费用达到了14.6万亿元，累计增长7.3%，增速比2018年回落2.5个百分点。社会物流总费用与GDP的比率为14.7%，比2017年下降0.1个百分点。中国物流与采购联合会统计数据显示，2018年，全国社会物流总额为283.1万亿元，按可比价格计算，同比增长6.4%，增速比2017年同期回落0.2个百分点。分季度看，2018年一季度62.4万亿元，增长7.2%；2018年上半年131.1万亿元，增长6.9%；2018年前三季度204.1万亿元，增长6.7%，2018年社会物流总需求呈趋缓趋稳的发展态势。截至2019年全年全国社会物流总额达到了298.0万亿元，按可比价格计算，累计增长5.9%，增速比2018年同期回落0.5个百分点，其中2019年一季度增长6.4%，2019年上半年增长6.1%，2019年前三季度增长5.7%，2019年社会物流总费用呈缓中趋稳的发展态势，2019年四季度小幅回升。

2. 我国物流业面临的形势

当前，经济全球化趋势深入发展，网络信息技术革命带动新技术、新业态不断涌现，物流业发展面临的机遇与挑战并存。伴随着全面深化改革，工业化、信息化、新型城镇化和农业现代化进程持续推进，产业结构调整和居民消费升级步伐不断加快，我国物流业的发展空间越来越广阔。

（1）物流需求快速增长：农业现代化对大宗农产品物流和鲜活农产品冷链物流的需求不断增长。新型工业化要求加快建立规模化、现代化的制造业物流服务体系。居民消费升级以及新型城镇化步伐加快，迫切需要建立更加完善、便捷、高效、安全的消费品物流配送体系。此外，电子商务、网络消费等新兴业态快速发展，快递物流等需求也将继续快速增长。

（2）新技术、新管理不断出现：信息技术和供应链管理不断发展并在物流业得到广泛运用，为广大生产流通企业提供了越来越低成本、高效率、多样化和精益化的物流服务，推动制造业专注核心业务和商贸业优化内部分工，以新技术、新管理为核心的现代物流体系日益形成。随着城乡居民消费能力的增强和消费方式的逐步转变，全社会物流服务能力和效率持续提升，物流成本进一步降低，流通效率明显提高，物流业市场竞争加剧。

（3）资源环境约束日益加强：随着社会物流规模的快速扩大、能源消耗和环境污染形势的加重、城市交通压力的加大，传统的物流运作模式已难以为继。按照建设生态文明的要求，必须加快运用先进运营管理理念，不断提高信息化、标准化和自动化水平，促进一体化运作和网络化经营，大力发展绿色物流，推动节能减排，切实降低能耗、减少排放和缓解交通压力。

（4）国际竞争日趋激烈：随着国际产业转移步伐不断加快和服务贸易的快速发展，全球采购、全球生产和全球销售的物流发展模式正在日益形成，迫切要求我国形成一批深入参与国际分工、具有国际竞争力的跨国物流企业，畅通与主要贸易伙伴、周边国家便捷高效的国际物流大通道，形成具有全球影响力的国际物流中心，以应对日益激烈的全球物流企业竞争。

1.3.2 中国物流信息化发展的趋势

1. 建设物流信息平台工程

整合现有物流信息服务平台资源，形成跨行业和区域的智能物流信息公共服务平台；加强综合运输信息、物流资源交易、电子口岸和大宗商品交易等平台建设，促进各类平台之间的互联互通和信息共享；鼓励龙头物流企业搭建面向中小物流企业的物流信息服务平台，促进货源、车源和物流服务等信息的高效匹配，有效降低货车空驶率；以统一物品编码体系为依托，建设衔接企业、消费者与政府部门的第三方公共服务平台，提供物流信息标准查询、对接服务；建设智能物流信息平台，形成集物流信息发布、在线交易、数据交换、跟踪追溯和智能分析等功能于一体的物流信息服务中心；加快推进国家交通运输物流公共信息平台建设，依托东北亚物流信息服务网络等已有平台，开展物流信息化国际合作。

2. 物流新技术开发与应用

支持货物跟踪定位、无线射频识别、可视化技术、移动信息服务、智能交通和位置服务等关键技术攻关，研发推广高性能货物搬运设备和快速分拣技术，加强沿海和内河船型、商用车运输等重要运输技术的研发应用；完善物品编码体系，推动条码和智能标签等标识技术、自动识别技术以及 EDI 技术的广泛应用；推广物流信息编码、物流信息采集、物流载体跟踪、自动化控制、管理决策支持、信息交换与共享等领域的物流信息技术；鼓励新一代移动通信、道路交通信息通信系统、自动导引车辆、不停车收费系统以及托盘等集装单元化技术普及；推动北斗导航、物联网、云计算、大数据和移动互联等技术在产品可追溯、在线调度管理、全自动物流配送、智能配货等领域的应用。

第2章

物流信息识别技术及应用

2.1 条码识别技术

条码识别技术是20世纪中叶发展并广泛应用的集光、机、电和计算机技术于一体的高新技术，解决了计算机应用中数据采集的“瓶颈”，实现了信息快速、准确地获取和传递。就经济活动而言，物流和信息流是其重要的两个方面，条码解决了商品、产品和物流单元的标识，它为实物流和信息流的同步提供了技术手段，既经济又实用，近乎零成本，受到了人们的青睐。

20世纪70年代，条码识别技术为POS的自动扫描结算和信息的快速获取提供了方便、快捷、准确和可靠的途径，引领了一场商业革命。目前，在全球范围内已经有100多个国家采用条码识别技术实施商业POS结算，全球已有上百万家公司或企业采用了条码识别技术。条码识别技术已经作为一种关键的信息标识和信息采集技术，不仅在商业POS中得到应用，在全球各个行业也已经广泛应用，成为各国信息化建设中的重要组成部分。

本节将介绍一维和二维条码技术及其应用。

2.1.1 一维条码技术及应用

1. 一维条码简介

一维条码是由一个接一个的条和空排列组成的，条码信息靠条和空的不同宽度和位置来传递，信息量的大小是由条码的宽度和印刷的精度来决定的，条码越宽，包容的条和空越多，信息量越大；条码印刷的精度越高，单位长度内可以容纳的条和空越多，传递的信息量也就越大。这种条码技术只能在一个方向上通过条与空的排列组合来存储信息，所以称为“一维条码”。

一个完整的一维条码符号由两侧静区、起始字符、数据字符、校验字符（可选）和终止字符组成。条码符号结构如图2-1所示。

起始字符　　数据字符　　校验字符　　终止字符

(01)06901234567892(17)130131(21)1302011475

图 2-1　一维条码符号结构

（1）静区：没有任何印刷符或条形码信息，它通常是白的，位于条形码符号的两侧。静区的作用是提示阅读器（即扫描器）准备扫描条形码符号。

（2）起始字符：条形码符号的第一位字符是起始字符，它的特殊条、空结构用于识别一个条形码符号的开始。阅读器首先确认此字符的存在，然后处理由扫描器获得的一系列脉冲。

（3）数据字符：由条形码字符组成，用于代表一定的原始数据信息。

（4）终止字符：条形码符号的最后一位字符是终止字符，它的特殊条、空结构用于识别一个条形码符号的结束。阅读器识别到终止字符便可以知道条形码符号已扫描完毕。

（5）校验字符：在条形码制中定义了校验字符，有些码制的校验字符是必需的，有些码制的校验字符是可选的，校验字符是通过对数据字符进行一种算术运算而确定的。

2. 一维条码的分类

就一维条码来说，按条码的长度可分为定长条码和非定长条码；按排列方式可分为连续型条码和非连续型条码；按校验方式可分为自校验型条码和非自校验型条码等。

1）定长条码和非定长条码

定长条码是指仅能表示固定字符个数的条码，如商品条码 EAN-13 必须是 13 位，UPC-A 必须是 12 位。非定长条码是指能表示可变字符个数的条码，如 CODE-128 条码、CODE-39 条码等。

2）连续型条码和非连续型条码

条码符号的连续型是指每个条码字符之间不存在间隔；相反，非连续型是指每个条码字符之间存在间隔。从某种意义上讲，由于连续型条码不存在条码字符间隔，所以密度相对较高；非连续型条码的密度相对较低，但非连续型条码字符间隔会引起较大误差，一般规范不给出具体指标限制。另外，对连续型条码除了控制条空的尺寸误差，还需控制相邻条与条、空与空的相同边缘间的尺寸误差及每一条码字符的尺寸误差。

3）自校验型条码和非自校验型条码

自校验特性是指条码字符本身具有校验特性。若在一种条码符号中，一个印刷缺陷（如出现污点把一个窄条错认为宽条，相邻宽空错认为窄空）不会导致替代错误，那么这种条码就具有自校验功能。例如，39 条码、交插 25 条码都具有自校验功能，而 EAN 码、93 码等没有自校验功能，自校验功能只能校验出一个印刷缺陷。

3. 一维条码的应用

一维条码的种类众多，如图 2-2 所示，下面列举几种常见一维条码及其应用领域。

（1）EAN 码：国际通用的符号体系，是一种长度固定、无含义的条码，所表达的信息全部为数字，主要应用于商品标识。

（2）39 码和 128 码：目前国内企业内部自定义码制，可以根据需要确定条码的长度和信息，它编码的信息可以是数字，也可以包含字母，主要应用于工业生产线领域、图书管理等。

（3）93 码：一种类似于 39 码的条码，它的密度较高，能够替代 39 码。

（4）25 码：主要应用于包装、运输以及国际航空系统的机票顺序编号等。

（5）Codabar 码：应用于血库、图书馆、包裹等的跟踪管理。

Code 39　　Code 128　　EAN-13

图 2-2　常见的一维条码示例

2.1.2　二维条码技术及应用

1. 二维条码简介

二维条码技术是在一维条码无法满足实际应用需求的前提下产生的。一维条码通常是对物品的标识，二维条码是对物品的描述。信息量大、安全性高、读取率高和错误纠正能力强等是二维条码的主要特点。在水平和垂直方向的二维空间存储信息的条形码，称为二维条形码（2-dimensional bar code）。图 2-3 为二维条形码示例。二维条形码可用英文、中文、数字、符号、图形表示。二维条形码的特点：①储存数据量大，可存放 1KB 字符，可用扫描仪直接读取内容，无须另接数据库；②保密性高（可加密）；③安全级别最高时，损污 50%仍可读取完整信息。使用二维条形码可以解决如下问题：①表示包括汉字、照片、指纹、签字在内的小型数据文件；②在有限的面积上表示大量信息；③对“物品”进行精确描述；④防止各种证件、卡片及单证的仿造；⑤在远离数据库和不便联网的地方实现数据采集。

PDF417　堆积式二维条码

Data Matrix　矩阵式二维条码

BPO 4-State　邮政码

图 2-3　二维条形码示例

2. 二维条码的分类

二维条码根据构成原理和结构形状的差异可分为行排式二维条码、矩阵式二维条码和邮政码。

1）行排式二维条码

行排式二维条码（又称堆积式二维条码或层排式二维条码），其编码原理是建立在一维条码基础之上，按需要堆积成两行或多行。它在编码设计、校验原理和识读方式等方面继承了一维条码的一些特点，识读设备、条码印刷与一维条码技术兼容。具有代表性的行排式二维条码是 PDF417 条码，其示例如图 2-4 所示。

图 2-4　PDF417 二维条码示例

2）矩阵式二维条码

矩阵式二维条码（又称棋盘式二维条码），是在一个矩形空间通过黑、白像素在矩阵中的不同分布进行编码。在矩阵相应元素位置上，用点（方点、圆点或其他形状）的出现表示二进制“1”，点的不出现表示二进制的“0”，点的排列组合确定了矩阵式二维条码所代表的意义。矩阵式二维条码是建立在计算机图像处理技术、组合编码原理等基础上的一种新型图形符号自动识读处理码制。具有代表性的矩阵式二维条码有 QR Code、Data Matrix，MaxiCode、龙贝码等。

3）邮政码

邮政码是将宽度不等的多个黑条和空白，按照一定的编码规则排列，上方为条码，下方为数字，用以表达邮件的收件地、邮件类别等的一组信息。现行标准为新型“邮1101”。邮件收据编号的条形码的码制为“128 条形码”标准，是第三代邮件标识条形码系统（又称 ID 码），是可读 13 位结构数据。条形码符号除可读 13 位结构数据外，还包括起始符、集转符、校验符、终止符等。128 码条码袋牌（签）30 位码中的第 1~8 位为收寄局机构代码，第 9~16 位为寄达局机构代码，第 17 位为本转标志，第 18~20 位为总包代码，第 21~24 位为清单流水号，第 25~28 位为重量，第 29 位为容器型号代码，第 30 位为备注标志。

3. 二维条码的应用

1）条码在商品流通中的应用

超市中的商品流通包括收货、入库和出库、点仓、查价、销售、盘点等。

（1）收货。收货部员工手持无线手提终端，通过无线网与主机连接的无线手提终端上已有此次要收货品的名称、数量、货号等资料，通过扫描货物自带的条码确认货号，再输入此货物的数量，无线手提终端上便可马上显示此货物是否符合订单的要求。如果符合，便把货物送到入库步骤。

（2）入库和出库。入库和出库其实是仓库部门重复以上的步骤，增加这一步是为了方便管理，落实各部门的责任，也可防止有些货物收货后需直接进入商场而不入库所产生的混乱。

（3）点仓。点仓是仓库部门最重要，也是最必要的一道工序。仓库部员工手持无线手提终端（通过无线网与主机连接的无线手提终端上已经有各商品的货号、摆放位置、具体数量等资料）扫描货品的条码确认货号、数量。所有的数据都会通过无线网实时地传送到主机。

（4）查价。查价是超市的一项烦琐的任务，因为商品经常会有特价或调整，混乱较容易发生，所以售货员手提无线手提终端，腰挂小型条码打印机，按照无线手提终端上的主机数据检查商品的变动情况，对应变而没变的商品，马上通过无线手提终端连接小型条码打印机打印更改后的全新条码标签，贴于货架或商品上。顾客也可利用手机的条码扫描器软件查询商品的价格。

（5）销售。销售是超市的“命脉”，主要通过 POS 系统对产品条码的识别体现等价交换。

（6）盘点。盘点是超市收集数据的重要手段，也是超市必不可少的工作。以前的盘点，必须暂停营业进行手工清点，盘点期间对生意及对公司形象有一定的影响。目前还有超市利用非营业时间，要求员工加班加点进行盘点，这只是小型超市的管理模式，不适合长期使用，而且盘点周期长、效率低。很多世界性大型超市的盘点方式已进行了必要的完善，主要分为抽盘和整盘两部分：抽盘是指每天的抽样盘点，每天分几次，计算机主机将随意发指令让售货员到几号货架、清点什么货品，售货员只需手拿无线手提终端，按照通过无线网传过来的主机指令到几号货架，扫描指定商品的条码，确认商品后对其进行清点，然后把资料通过无线手提终端传输至主机，主机再进行数据分析；整盘顾名思义就是整店盘点，是一种定期的盘点，超市分成若干区域，分别由不同的售货员负责，也是通过无线手提终端得到主机上的指令，按指定的路线、指定的顺序清点货品，然后不断把清点资料传输回主机，盘点期间根本不影响超市的正常运作。因为平时做的抽盘和定期的整盘加上所有的其他工作都是实时性地和主机进行数据交换，所以主机上资料的准确性很高，整个超市的运作也一目了然。

2）条码在食品安全溯源过程中的应用

针对当前各国尤其是发达国家对于食品安全跟踪和追溯的强烈要求，并结合条码技术自身的特点，运用条码自动识别技术可以对食品进行有效的标识、保存相关的信息，从而对食品生产、加工、储藏、运输和销售等环节进行全程跟踪和追溯，建立“从农场到餐桌”食品供应链跟踪和追溯体系，实现食品的安全溯源。

利用条码技术进行食品溯源，具体实施过程包括两个方面的追踪：一是从上往下进行跟踪，即从农场、食品原材料供应商—加工商—运输商—销售商—销售点，这种方法主要用于查找出现质量问题的原因，确定产品的原产地和特征；二是从下往上进行追溯，也就是消费者在销售点购买的食品发现了安全问题，可以向上层进行追溯，最终确定问题所在，这种方法主要用于问题产品的召回。

条码技术应用的原则就是提高食品产业链的信息化程度，以条码技术作为关键的信息标识和采集手段对产品的全过程跟踪，需要在供应链各个环节实现无缝链接，达到物流与信息流的统一，从而使供应链处于透明的状态，而信息标识是其中的关键和基础。

为使信息流顺利实现，应该对供应链中饲养、屠宰、加工、包装、储藏、运输和销售等环节的产品进行条码标识，而且必须采用唯一的标识代码准确记录。在整个食品供应链及最后市场的销售过程中，各个环节都要进行信息化管理，各环节信息系统间要以EDI的方式共享信息。

3）二维条码在物流快递中的应用

在包裹或快递单中使用二维条码可以实现包裹或快件的全程追踪，不再需要手工重复录入数据，不需要和数据库连接就可随时获取客户的详细信息，由此带来高品质的服务。

2.2 射频识别技术

RFID的原理为阅读器与标签之间进行非接触式的数据通信，达到识别目标的目的。RFID的应用非常广泛，典型应用有动物晶片、汽车晶片防盗器、门禁管制、停车场管制、生产线自动化、物料管理。无线射频识别即射频识别技术，是自动识别技术的一种，通过无线射频方式进行非接触双向数据通信，利用无线射频方式对记录媒体（电子标签或射频卡）进行读写，从而达到识别目标和数据交换的目的，其被认为是21世纪最具发展潜力的信息技术之一。

本节将介绍射频识别技术原理以及射频识别技术应用系统。

2.2.1 射频识别技术原理

1. 发展进程

1940～1950年：雷达技术的发展和进步衍生出了RFID技术，1948年，RFID的理论基础诞生。

1950～1960年：人们开始对RFID技术进行探索，但是并没有脱离实验室研究。

1960～1970年：相关理论不断发展，并且在实际中开始运用。

1970～1980年：RFID技术不断更新，产品研究逐步深入，对于RFID的测试进一步加速，实现了对相关系统的应用。

1980～1990年：RFID技术和相关产品被开发并且应用在市场中，出现了多个领域的运用。

1990～2000年：人们开始对RFID的标准化问题给予重视，并且在生活的多个领域可以见到RFID系统的身影。

2000年后：人们普遍认识到标准化问题的重要意义，RFID产品的种类进一步丰富，无论有源、无源还是半有源电子标签都开始发展起来，相关生产成本进一步下降，应用领域逐渐增加。

RFID 的技术理论得到了进一步的丰富和发展，人们研发单芯片电子标签、多电子标签识读、无线可读可写、适应高速移动物体的 RFID 技术不断发展，相关产品也走入我们的生活，并开始广泛应用。

2. 基本工作原理

RFID 技术的基本工作原理并不复杂：标签进入阅读器后，通过天线接收阅读器发出的射频信号，凭借感应电流所获得的能量发送出存储在芯片中的产品信息（passive tag，无源标签或被动标签），或者由标签主动发送某一频率的信号（active tag，有源标签或主动标签），阅读器读取信息并解码后，送至中央信息系统进行有关数据处理。RFID 技术的工作原理如图 2-5 所示。

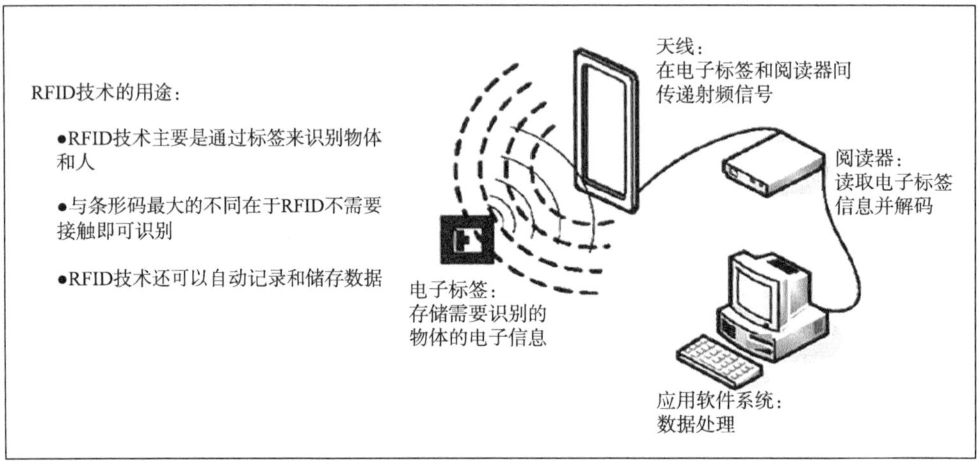

图 2-5　RFID 技术的工作原理

一套完整的 RFID 系统，至少由阅读器、电子标签（即应答器）及应用软件系统三个部分所组成的，其工作原理是阅读器发射一特定频率的无线电波能量，用以驱动电路将内部的数据送出，此时阅读器便依序接收解读数据，送给应用程序做相应的处理。

以 RFID 卡片阅读器及电子标签之间的通信及能量感应方式来看，大致上可以分成感应耦合及后向散射耦合两种。一般低频的 RFID 大都采用感应耦合方式，而较高频大多采用后向散射耦合方式。

阅读器根据使用的结构和技术不同可以是读或读/写装置，是 RFID 系统信息控制和处理中心。阅读器通常由耦合模块、收发模块、控制模块和接口单元组成。阅读器和标签之间一般采用半双工通信方式进行信息交换，同时阅读器通过耦合给无源标签提供能量和时序。在实际应用中，可进一步通过 Ethernet 或 WLAN 等实现对物体识别信息的采集、处理及远程传送等管理功能。

3. RFID 技术分类

RFID 技术依据其标签的供电方式可分为三类，即无源 RFID、有源 RFID 和半有源 RFID。

1）无源 RFID

在三类 RFID 产品中，无源 RFID 出现时间最早，最成熟，其应用也最为广泛。在无源 RFID 中，电子标签通过接收射频识别阅读器传输来的微波信号，以及通过电磁感应线圈获取能量来对自身短暂供电，从而完成此次信息交换。因为省去了供电系统，所以无源 RFID 产品的体积可以达到厘米量级甚至更小，而且自身结构简单，成本低，故障率低，使用寿命较长。但作为代价，无源 RFID 的有效识别距离通常较短，一般用于近距离的接触式识别。无源 RFID 主要工作在较低频段（125kHz、13.56MHz 等），其典型应用包括公交卡、二代身份证、食堂餐卡等。

2）有源 RFID

有源 RFID 兴起的时间不长，但已在各个领域，尤其是在高速公路电子不停车收费系统中发挥着重要作用。有源 RFID 通过外接电源供电，主动向射频识别阅读器发送信号。其体积相对较大，但也因此拥有了较长的传输距离与较高的传输速度。一个典型的有源 RFID 标签能在百米之外与射频识别阅读器建立联系，读取率可达 1700read/s。有源 RFID 主要工作在 900MHz、2.45GHz、5.8GHz 等较高频段，且具有可以同时识别多个标签的功能。有源 RFID 的远距性、高效性，使得它在一些需要高性能、大范围的射频识别应用场合必不可少。

3）半有源 RFID

无源 RFID 自身不供电，但有效识别距离太短。有源 RFID 识别距离足够长，但需外接电源，体积较大。半有源 RFID 就是为这一矛盾而妥协的产物。半有源 RFID 又称为低频激活触发技术。在通常情况下，半有源 RFID 产品处于休眠状态，仅对标签中保持数据的部分进行供电，因此耗电量较小，可维持较长时间。当标签进入射频识别阅读器识别范围后，阅读器先以 125kHz 低频信号在小范围内精确激活标签使之进入工作状态，再通过 2.4GHz 微波与其进行信息传递。也就是说，先利用低频信号精确定位，再利用高频信号快速传输数据。其通常应用场景为：在一个高频信号所能所覆盖的大范围中，在不同位置安置多个低频阅读器用于激活半有源 RFID 产品。这样既完成了定位，又实现了信息的采集与传递。

4. 发展趋势

（1）射频识别标签趋势。随着标准的制定、应用领域的扩大、应用数量的增加、工艺的不断提高、技术的飞速进步（如在图书方面，在封面或版权页上用导电油墨直接印制射频识别天线），其成本会更低；识别距离会更远，即使是无源射频识别标签也能达到几十米；体积也将更小。

（2）高频化。超高频射频识别系统与低频系统相比，识别距离更远、数据交换速度更快、伪造难度更高、对外界的抗干扰能力更强、体积更小巧，且随着制造成本的降低和高频技术的进一步完善，超高频系统的应用将会更加广泛。

（3）网络化。部分应用场合需要将不同系统（或多个阅读器）所采集的数据进行统一处理，然后提供给用户使用，如使用二代身份证在自动取票机取火车票，这就需要将射频识别系统网络化管理，来实现系统的远程控制与管理。

（4）多能化。随着移动计算技术的不断提高和普及，射频识别阅读器设计与制造的发展趋势是向多功能、多接口、多制式，以及模块化、小型化、便携式、嵌入式方向发展；同时，多阅读器协调与组网技术将成为未来发展方向之一。

2.2.2 射频识别技术应用系统

1. RFID 系统的组成部分

完整的 RFID 系统由阅读器、电子标签和应用软件系统三部分组成。以下介绍前两部分。

1）阅读器

阅读器是将标签中的信息读出，或将标签所需要存储的信息写入标签的装置。在 RFID 系统工作时，由阅读器在一个区域内发送射频能量形成电磁场，区域的大小取决于发射功率。在阅读器覆盖区域内的标签被触发，发送存储在其中的数据，或根据阅读器的指令修改存储在其中的数据，并能通过接口与计算机网络进行通信。阅读器的基本构成通常包括收发天线、频率产生器、锁相环、调制电路、微处理器、存储器、解调电路和外设接口等。

（1）收发天线：发送射频信号给标签，并接收标签返回的响应信号及标签信息。

（2）频率产生器：产生系统的工作频率。

（3）锁相环：产生所需的载波信号。

（4）调制电路：把发送至标签的信号加载到载波并由射频电路送出。

（5）微处理器：产生要发送往标签的信号，同时对标签返回的信号进行译码，并把译码所得的数据回传给应用程序，若是加密的系统还需要进行解密操作。

（6）存储器：存储用户程序和数据。

（7）解调电路：解调标签返回的信号，并交给微处理器处理。

（8）外设接口：与计算机进行通信。

2）电子标签

电子标签由收发天线、AC/DC 电路、解调电路、逻辑控制电路、存储器和调制电路组成。电子标签的本质是一种数据载体，主要功能是携带物品的信息，并提供接口，以便读卡器自动识别这些信息。

（1）收发天线：接收来自阅读器的信号，并把所要求的数据送回给阅读器。

（2）AC/DC 电路：利用阅读器发射的电磁场能量，经稳压电路输出为其他电路提供稳定的电源。

（3）解调电路：从接收的信号中去除载波，解调出原信号。

（4）逻辑控制电路：对来自阅读器的信号进行译码，并依阅读器的要求回发信号。

（5）存储器：作为系统运作及存放识别数据的位置。

（6）调制电路：逻辑控制电路所送出的数据经调制电路后加载到天线送给阅读器。

2. RFID 技术的特点

RFID 技术的特点：非接触识别（识读距离可以从 10cm 至几十米），可识别高速运动物体，抗恶劣环境，保密性强，可同时识别多个识别对象等。RFID 应用的领域非常广泛，除了物流管理、医疗领域、货物和危险品的监控追踪管理、民航的行李托运及路桥的不停车收费等方面，图书馆、洗衣房、各种票务机构、邮政包裹识别、行李识别、动物身份标识、电子门票、RFID 门禁控制识别、企事业单位员工识别等的发展都离不开 RFID 技术。RFID 技术与其他自动识别技术的比较见表 2-1。

表 2-1　RFID 技术与其他自动识别技术的比较

比较项目	识别技术				
	条码	光字符	磁卡	IC 卡	RFID
信息载体	纸或物质表面	物质表面	磁条	存储器	存储器
信息量	小	小	较小	大	大
读写性	只读	只读	读/写	读/写	读/写
读取方式	光电扫描转换	光电转换	磁电转换	电路接口	无线通信
人工识读性	受制约	简单容易	不可能	不可能	不可能
保密性	无	无	一般	最好	最好
智能化	无	无	无	有	有
受污染/潮湿影响	很严重	很严重	可能	可能	没有影响
光遮盖	全部失效	全部失效	—	—	没有影响
受方向和位置影响	很小	很小	—	单向	没有影响
识读速度	低（约 4s）	低（约 2s）	低（约 4s）	很快（约 0.5s）	—
识读距离	近	很近	接触	接触	远
使用寿命	较短	较短	短	长	最长
国际标准	有	无	有	不全	制定中
价格	最低	—	低	较高	较高

3. RFID 技术的应用领域

1）物流

物流仓储是 RFID 最有潜力的应用领域之一，UPS、DHL、Fedex 等国际物流巨头都在积极实验 RFID 技术，以期在将来大规模应用于提升其物流能力。可应用的过程包括：物流过程中的货物追踪、信息自动采集、仓储管理应用、港口应用、邮政包裹、快递等。

2）交通

RFID 技术在交通领域的应用主要包括出租车管理、公交车枢纽管理、铁路机车识别等，已有不少较为成功的案例。

3）身份识别

RFID 技术由于具有快速读取与难伪造性，所以广泛应用于个人的身份识别证件中。如开展的电子护照项目、我国的第二代身份证、学生证等其他各种电子证件。

4）防伪

RFID 具有很难伪造的特性，但是如何应用于防伪还需要政府和企业的积极推广。可以应用的领域包括贵重物品（烟、酒、药品）的防伪和票证的防伪等。

5）资产管理

RFID 可应用于各类资产的管理，包括贵重物品、数量大相似性高的物品或危险品等。随着标签价格的降低，RFID 几乎可以管理所有的物品。

6）食品

RFID 可应用于水果、蔬菜、生鲜、食品等的管理，在农产品质量管理与安全追溯中的研究也取得了一定进展，同时，该领域的应用需要在标签的设计及应用模式上有所创新。

7）信息统计

随着 RFID 技术的运用，信息统计就变成了一件既简单又快速的工作。由档案信息化管理平台的查询软件传出统计清查信号，阅读器迅速读取馆藏档案的数据信息和相关储位信息，并智能返回所获取的信息与中心信息库内的信息进行校对。例如，针对无法匹配的档案，由管理者用阅读器展开现场核实，调整系统信息和现场信息，进而完成信息统计工作。

8）查阅应用

在查询档案信息时，档案管理者借助查询管理平台找出档号，系统按照档号在中心信息库内读取数据资料，核实后，传出档案出库信号，储位管理平台的档案智能识别功能模块会结合档号对应相关储位编号，找出该档案保存的具体部位。管理者传出档案出库信号后，储位点上的指示灯立即亮起。资料出库时，RFID 阅读器将获取的信息反馈至管理平台，管理者再次核实，对出库档案和所查档案核查相同后出库。而且，系统将记录信息出库时间。若反馈档案和查询档案不相符，安全管理平台内的警报模块就会传输异常预警。

9）安全控制

安全控制系统能实现对档案馆的及时监控和异常报警等功能，以避免档案损毁、失窃等。档案在被借阅归还时（特别是实物档案，常常用作展览、评价检查等），管理者还应对归还的档案仔细检查，并和档案借出以前的信息核实，能及时发现档案是否受损、缺失等。

2.3 物流信息识别应用案例

农产品物流精确溯源——服务中国乡村振兴

你见过凌晨 4 点的物流城吗？2018 年 12 月 11 日凌晨 4 点，大部分人仍在梦乡，位于中牟县西部的河南万邦国际农产品物流城内已经非常热闹了。“高峰时，一天走货 20

多个集装箱，40 多万公斤。今年销售额有望突破 15 亿元人民币”，看着窗外火热的交易现场，陈氏阳光公司董事长陈雪梅自豪地说。在这个农产品交易市场，类似陈雪梅这样把生意做遍全球的商户还有很多。同年，乌兹别克斯坦客人来访时，深入考察了河南万邦国际农产品物流股份有限公司下属企业万邦千禾农场和万邦国际农产品物流城，万邦国际集团董事长杨广立陪同乌兹别克斯坦考察团就农业种植引进深入交流。考察团对万邦千禾农场先进的种植技术与管理理念大加赞赏，对万邦国际集团的高效生态农业种植、农业科技成果和全国领先的近千亿农产品交易规模赞不绝口。在万邦的发展规划里，一个更大的蓝图正徐徐展开。河南首个“一带一路”农产品专列，已经从乌兹别克斯坦发往万邦国际农产品物流城。

近年来，随着互联网与电商行业的快速发展，我国非常重视农业电子商务的发展，国家出台了一系列支持农业电子商务发展的政策措施。万邦国际以此为机遇，于 2016 年投资创办了线上线下结合的 B2B2C（business to business to consumer）模式农产品电子商务平台——万邦千禾商城，通过“互联网+农产品”整合万邦农产品市场及涉农企业优质资源，打造一站式农产品批发零售在线交易平台，为消费者购买和批发农产品提供了极大的便利，获得了一致好评，同时也体现出了其为解决全国人民的生活问题而努力奋斗的企业使命。

1. 农产品电商遇到的问题

尽管农村电商发展迅速，但部分地区还存在农产品买难卖难和农产品难以满足消费者需求的现象。“农商互联”致力于推动农产品生产流通企业与电子商务企业全面对接，线上线下深度融合，打造以电子商务企业为主体，上联生产、下联消费的新型农产品供应链，提升农产品流通的信息化、标准化、集约化水平。

（1）市场良莠不齐。近年来，农产品电商数量还在不断增加，出现了竞争无序，农产品品质和质量参差不齐、食品安全无法保证、经营亏损、建站与关站并存等问题。比如，产品标识不规范，网络食品市场中很多进口食品没有合格的中文标签，许多为预包装食品，违反了《中华人民共和国食品安全法》中禁止生产经营无标签的预包装食品的规定，网购食品有安全问题。再如，有的时候食品质量无法得到保证，网购不是面对面经销模式，消费者无法对食品进行真实性鉴别，无论品牌、厂家还是生产日期、保质期等信息，消费者都只能得到卖家的口头承诺，食品质量无法得到切实保障。另外就是农产品欺诈、售假比较严重。

（2）物流成为农产品电商最大瓶颈。农村电商由于高配送成本、分散化等现实问题，一直处于看上去很美但却不能走出亏损的尴尬局面。Fastdata 极数数据显示，2020 年上半年生鲜电商交易额达到 1821.2 亿元，同比增长 137.6%，已超过 2019 年全年，这一比例虽然增长速度很快，但总体占比仍然不高，表明农产品电商的发展仍有很大的空间，同时也仍面临很多需要破解的制约因素。

2. 万邦集团创立——瞄准农产品市场

近年来，我国农产品市场供应总体较为宽裕，市场运行保持基本平稳，价格水平在

2017年下跌后温和恢复。与此同时，农村的农产品电子商务快速发展，网上交易额达到两位数增长。在未来，可以预期的是，农产品市场将继续保持增长，乡村不断振兴，农民收入不断提高。

农产品是我们生活中必不可少的一部分，万邦国际通过不断变化的农业发展方式调整自己的企业营销方式，进一步加大与互联网的结合，实现农产品电商转型。

（1）发展自营冷链物流，打造一站式物流农产品市场综合体。对于任何市场来说，物流的发展都是至关重要的一环。物流服务是提高竞争优势的重要因素，直接影响企业的整体运作水平。农产品自身具有的鲜活性、难储存、易腐坏的特点，决定了生鲜农产品不同于一般物品的运输，为了保障生鲜农产品的质量，冷链物流应运而生。冷链物流使冷藏冷冻类食品一直处于低温环境下，保证食品的质量和新鲜度。

万邦作为一个大型农产品交易市场，抓准时机，在全国冷链物流发展初期就迈出步伐，建构了属于自己的冷链物流。

（2）建立可追溯平台。万邦想要打造高端品牌，最不可忽视的就是农产品的质量问题。民以食为天，食品安全问题重于泰山。消费者为什么要选择去万邦购买农产品？因为信任万邦。为了让城乡居民吃上放心肉、放心菜，万邦物流园区设有农产品质量安全速检室、定量综合分析室，实行严格的农产品进场检测制度，坚持做到“逢进必检”。确保把每个环节的信息记录和存档，全面提升市场信息化建设水平。农产品质量可以追溯，保证了产品生产各个环节的透明度，使客户可以更安心地购买，肉菜流通追溯流程示意图见图2-6。

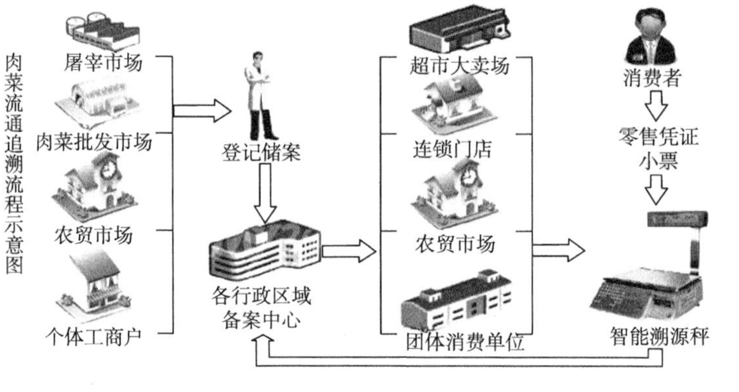

图2-6 肉菜流通追溯流程示意图

（3）产销结合，精准扶贫，服务振兴。“万邦帮扶模式”是中牟县农委在脱贫攻坚工作中根据中牟实际情况整合资源、因地制宜探索出的具有中牟特色的扶贫新模式。以“农民就近就业主平台、精准扶贫主要素、统筹城乡发展产业主支撑”的发展战略为引领，借助郑州万邦农产品公司千禾农场生态农业观光示范园，建立“基地+农户”、产供销一体化的运作模式，集中精力把园区打造成为全县农民三创园（创意、创新、创业）、扶贫开发产业园和农村产业融合发展试点园，示范引领全县都市生态农业提档升级，助力脱贫工作，服务乡村振兴战略。

思考题：

1. 农产品物流存在哪些困难与挑战？
2. 万邦是如何进行物流溯源的？有何保障措施？
3. 农产品物流溯源给乡村发展带来了哪些好处？

第3章

物流定位与地理信息系统应用

3.1 北斗定位系统/GPS

3.1.1 北斗卫星导航系统

1. 北斗卫星导航系统概述

北斗卫星导航系统（以下简称北斗系统）是中国着眼于国家安全和经济社会发展需要，自主建设运行的全球卫星导航系统，是为全球用户提供全天候、全天时、高精度的定位、导航和授时服务的国家重要时空基础设施。

北斗系统提供服务以来，已在交通运输、农林渔业、水文监测、气象测报、通信授时、电力调度、救灾减灾、公共安全等领域得到广泛应用，服务国家重要基础设施，产生了显著的经济效益和社会效益。基于北斗系统的导航服务已被电子商务、移动智能终端制造、位置服务等厂商采用，广泛进入中国大众消费、共享经济和民生领域，应用的新模式、新业态、新经济不断涌现，深刻改变着人们的生产生活方式。中国将持续推进北斗应用与产业化发展，服务国家现代化建设和百姓日常生活，为全球科技、经济和社会发展做出贡献。

北斗系统秉承“中国的北斗、世界的北斗、一流的北斗”的发展理念，愿与世界各国共享北斗系统建设发展成果，促进全球卫星导航事业蓬勃发展，为服务全球、造福人类贡献中国智慧和力量。北斗系统为经济社会发展提供了重要时空信息保障，是中国改革开放 40 余年来取得的重要成就之一，是中华人民共和国成立以来重大科技成就之一，是中国贡献给世界的全球公共服务产品。中国将一如既往地积极推动国际交流与合作，实现与世界其他卫星导航系统的兼容与互操作，为全球用户提供更高性能、更加可靠和更加丰富的服务。

2. 北斗系统基本组成

北斗系统由空间段、地面段和用户段三部分组成。

（1）空间段由若干地球静止轨道卫星、倾斜地球同步轨道卫星和中圆地球轨道卫星组成。

（2）地面段包括主控站、时间同步/注入站和监测站等若干地面站，以及星间链路运行管理设施。

（3）用户段包括北斗及兼容其他卫星导航系统的芯片、模块、天线等基础产品，以及终端设备、应用系统与应用服务等。

3. 北斗系统增强系统

北斗系统增强系统包括北斗地基增强系统和北斗星基增强系统。

北斗地基增强系统是北斗系统的重要组成部分，按照“统一规划、统一标准、共建共享”的原则，整合国内地基增强资源，建立以北斗为主、兼容其他卫星导航系统的高精度卫星导航服务体系。利用北斗/GNSS（global navigation satellite system，全球卫星导航系统)高精度接收机，通过地面基准站网，利用卫星、移动通信、数字广播等播发手段，在服务区域内提供 1~2m、分米级和厘米级实时高精度导航定位服务。系统建设分两个阶段实施，一期为 2014 年到 2016 年底，主要完成框架网基准站、区域加强密度网基准站、国家数据综合处理系统，以及国土资源、交通运输、中国科学院、地震、气象、测绘地理信息等 6 个行业数据处理中心等建设任务，建成基本系统，在全国范围提供基本服务；二期为 2017 年至 2018 年底，主要完成区域加强密度网基准站补充建设，进一步提升系统服务性能和运行连续性、稳定性、可靠性，具备全面服务能力。

北斗星基增强系统（BeiDou satellite based augmentation system，BDSBAS）是北斗系统的重要组成部分，通过地球静止轨道卫星搭载卫星导航增强信号转发器，可以向用户播发星历误差、卫星钟差、电离层延迟等多种修正信息，实现对于原有卫星导航系统定位精度的改进。按照国际民航组织标准，开展北斗星基增强系统设计、试验与建设。已完成系统实施方案论证，固化了系统在下一代双频多星座（dual-frequency multi-constellation，DFMC）SBAS 标准中的技术状态，进一步巩固了北斗星基增强系统作为星基增强服务供应商的地位。

3.1.2 全球定位系统

全球定位系统（GPS）是一种以人造地球卫星为基础的高精度无线电导航的定位系统，它在全球任何地方以及近地空间都能够提供准确的地理位置、车行速度及时间信息。GPS 自问世以来，就以其高精度、全天候、全球覆盖、方便灵活吸引了众多用户。GPS 不仅是汽车的守护神，也是物流行业管理的智多星。随着物流业的快速发展，GPS 有着举足轻重的位置，成为继汽车市场后的第二大主要消费市场。GPS 由美国从 20 世纪 70 年代开始研制，历时 20 余年，耗资 200 亿美元，于 1994 年全面建成，是具有在海、陆、空进行全方位实时三维导航与定位功能的新一代卫星导航与定位系统。

以下将从物流定位技术原理与物流定位技术系统两个方面来介绍北斗定位系统/GPS。

3.1.3 物流定位技术原理

物流定位技术原理是卫星不间断地发送自身的星历参数和时间信息，物流用户接收到这些信息后，经过计算求出接收机的三维位置、三维方向以及运动速度和时间信息。GPS 定位包括伪距单点定位、载波相位定位和实时差分定位。

1. 伪距测量及伪距单点定位

伪距测量就是测定卫星到接收机的距离，即由卫星发射的测距码信号到达 GPS 接收机的传播时间乘以光速所得的距离。伪距单点定位就是利用 GPS 接收机在某一时刻测定与 4 颗以上 GPS 卫星的伪距，以及从卫星导航电文中获得的卫星瞬时坐标，采用距离交会法求出天线在 WGS-84 坐标系中的三维坐标。

2. 载波相位测量及载波相位定位

载波相位测量是测定 GPS 卫星载波信号到接收机天线之间的相位延迟。GPS 卫星载波上调制了测距码和导航电文，接收机接收到卫星信号后，先将载波上的测距码和卫星电文去掉，重新获得载波，称为重建载波。GPS 接收机将卫星重建载波与接收机内由振荡器产生的本振信号通过相位计比相，即可得到相位差。

3. 实时差分定位

GPS 实时差分定位的原理是在已有的精确地心坐标点上安放 GPS 接收机（称为基准站），利用已知的地心坐标和星历计算 GPS 观测值的校正值，并通过无线电通信设备（称为数据链）将校正值发送给运动中的 GPS 接收机（称为流动站）。流动站利用校正值对自己的 GPS 观测值进行修正，以消除上述误差，从而提高实时定位精度。GPS 动态差分方法有多种，主要有位置差分、伪距差分（pseudo range difference/ real time difference，RTD）、载波相位实时差分（real time kinematic，RTK）和广域差分等。

GPS 由以下三部分组成：空间部分（GPS 卫星）、地面监控部分和用户部分。GPS 卫星可连续向用户播发用于进行导航定位的测距信号和导航电文，并接收来自地面监控系统的各种信息和命令以维持系统的正常运转。地面监控部分的主要功能是：跟踪 GPS 卫星，对其进行距离测量，确定卫星的运行轨道及卫星钟改正数，进行预报后，再按规定格式编制成导航电文，并通过注入站送往卫星。地面监控部分还能通过注入站向卫星发布各种指令，调整卫星的轨道及时钟读数，修复故障或启用备用件等。用户部分则用 GPS 接收机来测定从接收机至 GPS 卫星的距离，并根据卫星星历所给出的观测瞬间卫星在空间的位置等信息求出自己的三维位置、三维运动速度和钟差等参数。目前，美国正致力于进一步改善整个系统的功能，如通过卫星间的相互跟踪来确定卫星轨道，以减少对地面监控系统的依赖程度，增强系统的自主性。GPS 卫星系统组成示意图如图 3-1 所示。

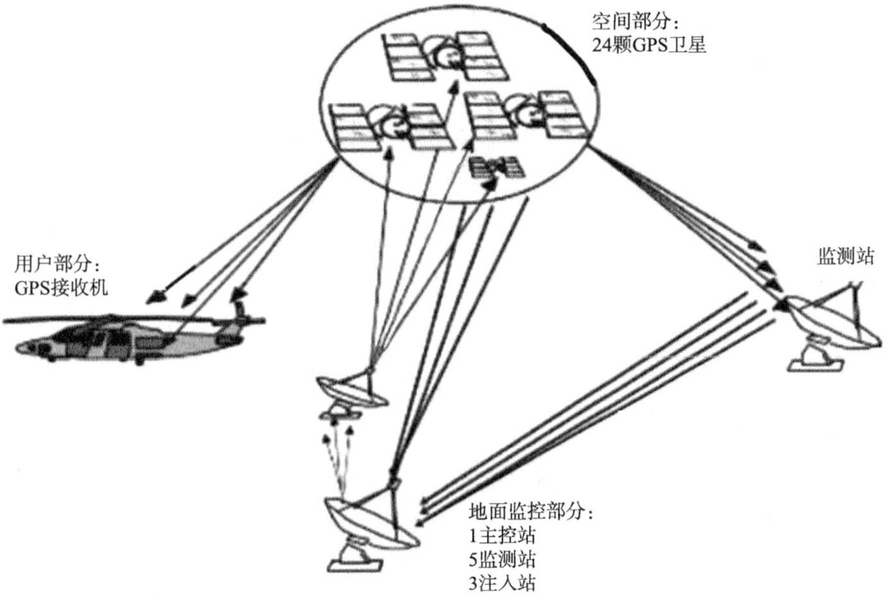

图 3-1　GPS 卫星系统组成示意图

3.1.4　物流定位技术系统

1. 中国北斗卫星定位系统

北斗系统接收器要确定当前设备的位置，需要四颗北斗卫星协助定位，所需要的信息如下。

（1）四颗卫星的空间位置坐标：根据星载时钟（原子时钟）所记录的时间在卫星星历中查出，每颗北斗卫星都实时向全球广播自己的空间位置信息。

（2）四颗卫星到北斗系统接收器的距离：通过记录卫星信号传播到用户所经历的时间（北斗系统接收器的时间减去北斗卫星发出信号时的时间），再将其乘以无线电波的速度（即光速）得到。

（3）由于无线电波速度会受到空中电离层的影响，北斗卫星广播自己的位置也可能有误差，北斗系统接收器使用的时钟与卫星星载时钟不可能总是同步，所以除了用户的三维坐标 X、Y、Z，还要引进一颗卫星与北斗系统接收器之间的时间差作为计算参数，以校正误差。

所以，如果想知道北斗系统接收器（即物流方）所处的位置，至少要能接收到四颗卫星的信号。

2. 美国 GPS

GPS 是利用卫星星座（通信卫星）、地面控制部分和信号接收机对对象进行动态定位的系统。GPS 能对静态、动态对象进行动态空间信息的获取，可快速、精度均匀、不受天气和时间限制地反馈空间信息。图 3-2 所示为 GPS 的组成，GPS 系统包括三大部分：

空间部分，即 GPS 卫星星座；地面控制部分，即地面监控系统；用户设备部分，即 GPS 信号接收机。

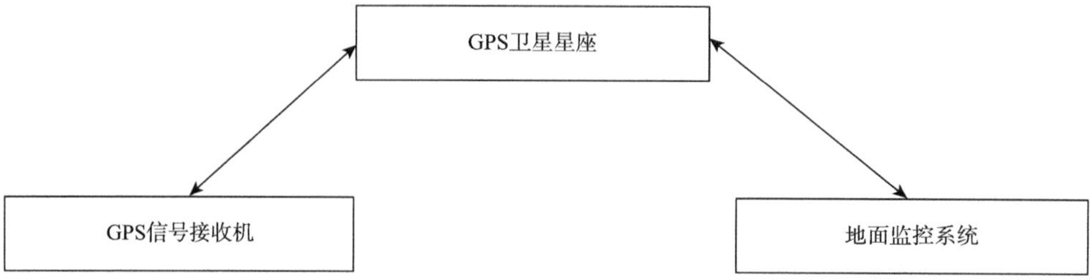

图 3-2 GPS 的组成

1）GPS 卫星星座

GPS 是由 21 颗工作卫星和 3 颗在轨备用卫星组成的 GPS 卫星星座，记作（21+3）GPS 星座。24 颗卫星均匀分布在 6 个轨道平面内，轨道倾角为 55°，各个轨道平面之间相距 60°，即轨道的升交点赤经各相差 60°。每个轨道平面内各颗卫星之间的升交角距相差 90°，轨道平面的卫星颗数随着时间和地点的不同而不同，最少可见到 4 颗，最多可以见到 11 颗。在用 GPS 信号导航定位时，为了得到三维坐标，必须观测 4 颗 GPS 卫星，称为定位星座。这 4 颗卫星在观测过程中的几何位置分布对定位精度有一定的影响。对于某地某时，甚至不能测得精确的点位坐标，这种时间段称为“间隙段”，但这种间隙段是很短暂的，并不影响全球绝大多数地方的全天候、高精度、连续实时的导航定位测量。

GPS 卫星的核心部件是高精度的时钟、导航电文存储器、双频发射和接收机以及微处理机。GPS 定位成功的关键在于高稳定度的频率标准，这种高稳定度的频率标准由高精确的时钟提供。因为每 10^{-9}s 误差将会引起 30 cm 的站星距离误差，所以每颗 GPS 工作卫星一般安设两台铯原子钟或两台铷原子钟，并计划未来采用更稳定的氢原子钟（其频率稳定度优于 10^{-14}）。GPS 卫星虽然发送几种不同频率的信号，但是它们均源于一个基准信号（其频率为 10.23 GHz），所以只需启用一台原子钟，其余作为备用。卫星钟由地面站检验，其钟差、钟速连同其他信息由地面站注入卫星后，再转给用户设备。

2）地面监控系统

GPS 工作卫星的地面监控系统包括一个主控站、三个注入站和五个监测站。主控站的任务是收集、处理本站和监测站收到的全部资料，得到每颗卫星的星历和 GPS 时间系统，将预测的卫星星历、钟差、状态数据以及大气传播改正编制成导航电文传送到注入站。主控站还负责纠正卫星的轨道偏离，必要时调度卫星，让备用卫星取代失效的工作卫星；另外还负责监测整个地面监测系统的工作，检验注入给卫星的导航电文，监测卫星是否将导航电文发送给用户。注入站的任务是将主控站发来的导航电文注入相应卫星的存储器，每天注入三次，每次注入 14 天的星历。此外，注入站能自动向主控站发射信号，每分钟报告一次自己的工作状态。五个监测站均用 GPS 信号接收机对每颗可见卫星每 6 分钟进行一次伪距测量和积分多普勒观测，采集气象要素等数据。在主控站的遥控下自动采集定轨数据并进行各项修正，每 15 分钟平滑一次观测数据，依此推算出每 2 分钟间隔的观测值，然后将数据发送给主控站。

3）GPS 信号接收机

GPS 信号接收机能够捕获到按一定卫星高度截止角所选择的待测卫星的信号，并跟踪这些卫星的运行，对所接收到的 GPS 信号进行变换、放大和处理，以便测量出 GPS 信号从卫星到接收机天线的传播时间，解译出 GPS 卫星所发送的导航电文，实时地计算出监测站的三维位置，甚至三维速度和时间。静态定位中，GPS 接收机在捕获和跟踪 GPS 卫星的过程中固定不变，接收机高精度地测量 GPS 信号的传播时间，利用 GPS 卫星在轨的已知位置，计算出接收机天线所在位置的三维坐标。动态定位则是 GPS 接收机测定一个运动物体的运行轨迹。

GPS 信号接收机所位于的运动物体称为载体（即物流方），载体上的 GPS 信号实时地测得运动载体的状态参数（瞬间三维位置和三维速度）。接收机硬件和机内软件以及 GPS 数据的后处理软件包，构成完整的 GPS 用户设备。GPS 接收机的结构分为天线单元和接收单元两大部分。对于测地型接收机来说，一般分成两个独立的部件，观测时将天线单元安置在监测站上，接收单元置于测站附近的适当地方，用电缆线将两者连接成一个整机。也有的将天线单元和接收单元制作成一个整体，观测时将其安置在监测站上。GPS 接收机一般用蓄电池作电源，同时采用机内外两种直流电源。设置机内电池的目的在于更换外电池时不中断连续观测。在用机外电源的过程中，机内电池自动充电。关机后，机内电池为 RAM（random access memory，随机存取存储器）供电，以防止丢失数据。

3.2　地理信息系统

地理信息系统（GIS）有时又称为“地学信息系统”，是一种特定的十分重要的空间信息系统，是在计算机硬、软件系统支持下，对整个或部分地球表层（包括大气层）空间中的有关地理分布数据进行采集、储存、管理、运算、分析、显示和描述的技术系统。

本节介绍物流 GIS 的原理及应用。

3.2.1　物流 GIS 的原理

GIS 是将计算机硬件、软件、地理数据以及系统管理人员组织而成的对任一形式的地理信息进行高效获取、存储、更新、操作、分析及显示的集成。

1. GIS 的基本概念

1）GIS 的定义

GIS 是由计算机系统、地理数据和用户组成的，管理和研究空间数据的人机信息系统。它可以对空间数据按地理坐标或空间位置进行各种处理、对数据进行有效管理、研究各种空间实体及相互关系。它通过对地理数据的集成、存储检索、操作和分析，生成并输入各种地理信息；通过对多因素的综合分析，迅速地获取满足应用需要的信息，并能以地图、图形或数据的形式表示处理的结果。

GIS 可简单定义为用于采集、模拟、处理、检索、分析和表达地理空间数据的计算机信息系统。GIS 能为土地利用、资源管理、环境监测、交通运输、经济建设、城市规划以及政府各部门行政管理提供新的知识，为工程设计和规划、管理决策服务。

GIS 要实现数据采集、分析、决策应用的全部过程，需要解决以下五类问题：①位置，位置可表示为地名、邮政编码、地理坐标等；②条件，即符合某些条件的实体在哪里的问题；③趋势，即某个地方发生的某个事件及其随时间的变化过程；④模式，即某个地方存在的空间实体的分布模式的问题，模式分析揭示了地理实体之间的空间关系；⑤模拟，即某个地方如果具备某种条件会发生什么的问题。GIS 的模拟是基于模型的分析。

2）地理数据

地理数据包括空间位置、属性和时域特征三部分。其中，空间位置数据描述的是地物或现象所在位置；属性数据，又可称为非空间数据，是属于一定地物或现象并描述其特征的定性或定量指标；时域特征是指地理数据采集或地理现象发生的时刻或时段。

3）地理信息

地理信息是指与空间地理分布有关的信息，它是地表物体和环境固有的数据、质量、分布特征与规律的数字、文字、图形、图像的总称。

4）地图与地理信息的区别

地图是运用一定的数学法则与地图语言，经过制图综合，将客观世界表现在平面上，实质上是公式化、符号化、抽象化地再现客观世界；地理信息属于空间信息，与一般信息的区别在于它具有区域性、多维性和动态性。

目前，世界上常用的 GIS 软件已达 400 多种。国外较著名的有 ARC/INFO，GENAMAP 和 MGE 等；国内较著名的有 MAP/GIS，GeoStar 和 TYSTAR 等。

2. GIS 的特征

GIS 具有以下三个方面的特征。

（1）具有采集、管理、分析和输出多种地理空间信息的能力，具有空间性和动态性。

（2）以地理研究和地理决策为目的，以地理模型方法为手段，具有区域空间分析、多要素综合分析和动态预测能力，产生高层次的地理信息。

（3）由计算机系统支持进行空间地理数据管理，并由计算机程序模拟常规的或专门的地理分析方法，作用于空间数据，产生有用信息，完成人类难以完成的任务。

3. GIS 的基本原理

一个典型的 GIS 应包括五个基本部分：计算机系统（硬件、软件）、GIS 的开发工具、硬件/网络平台的选择标准、地理数据库系统、GIS 的人员配置。

1）计算机系统

计算机系统可分为硬件系统和软件系统。

硬件系统包括计算机、数据输入设备（数字化仪、扫描仪等）、数据输出设备（图表终端、绘图仪、打印机、硬拷贝设备）和存储设备。

GIS 的软件系统由核心软件和应用软件组成。其中核心软件包括数据处理和管理、地图模拟及空间分析等部分，特殊的应用软件则紧紧地与核心模块相连，并面向一些特殊的应用问题，如网络分析、数字地形模型分析等。虽然 GIS 软件有些是通用的 DBMS（database management system，数据库管理系统），但大部分是专用的，仅限用于地理信息领域；有些 GIS 软件是面向特定硬件的，但大多数独立于特定硬件，为开放系统。

GIS 的软件包括数据输入软件、数据查询和分析软件、图像处理软件、网络管理软件和信息输出软件。

（1）数据输入软件包括基于矢量的地图数字化编辑软件和基于栅格的地图/影像扫描软件。数据输入软件常见的功能有交互式图表编辑、属性编辑、质量控制、误差检测、数据边界匹配。

（2）数据查询软件主要包括图形数据查询和非空间数据查询两种软件。数据分析软件分为数据预处理软件和信息分析软件。数据预处理软件包括地理坐标交换、数据格式转换、数据匹配与纠正、地理内插等功能。信息分析软件包括缓冲区分析、多边形叠加分析、线性网络分析、空间统计分析等空间信息基本分析软件以及基于地学领域各专业问题解决方案的预测模型、规划模型、决策模型等空间信息高级分析软件。

（3）图像处理软件主要包括影像增强、分类、识别和分析软件。

（4）网络管理软件用于实现 GIS 网络数据和设备的管理，常用功能有多用户数据库的数据管理、网络活动的监视、网络问题的诊断、打印和绘图管理。

（5）信息输出软件主要包括图表显示、表格显示、栅格影像的生成和显示、生成硬拷贝的地图和报表、按照比例尺输出和显示地图、曲线和图表的生成。

2）GIS 的开发工具

ArcView 是美国环境系统研究所（Environmental Systems Research Institute，ESRI）的 GIS 产品，也是流行的 GIS 平台软件，它有一个面向对象的编程工具——Avenue。

MapInfo 是美国 MapInfo 公司的 GIS 开发平台。MapBasic 是其提供的系统开发语言。

3）硬件/网络平台的选择标准

（1）性能基准线（performance baseline）。各种硬件平台的性能价格比都在迅速提高。性能基准线的选择也随着硬件平台的发展而提高。通常，内存配置大约为所需最小配置的两倍时，系统的性能将得到显著的改善。增加内存，将减少与硬盘交换有关的系统开销，从而改善系统总体性能。极端的情况是，当内存足够大，以至于内外存储器间的交换降为零时，系统的性能达到最佳。

（2）GIS 数据服务器配置。GIS 数据服务器的配置必须能支持最大的并发网络文件服务（或磁盘共享）客户数。

（3）网络配置。必须保证提供足够的带宽以满足 GIS 应用的需要。

（4）具有可视化与空间查询功能。利用 GIS，人们可以在数字地图、影像和其他图形的显示中来分析它们所表达的各种类型的空间关系。空间数据快速查询是 GIS 可视化功能的重要应用。GIS 中的可视化过程，包括图形图像的生成和空间数据的查询分析。图形图像包括用于数据显示的二维图和三维图，以及用于数据分析评价的可视化表达的散点图、直方图等。在视窗环境中同时建立某种地理对象的多种类型的图形对象，利用图形图像之间基于地理分析方法模式建立的动态关联，可以更清楚地表达地理对象分布模式及其不确定性。例如，将地图、图表、图形和扫描影像（如照片）等显示在同一视图中，并使它们彼此之间建立动态联系，通过图形图像的动态连接（热连接）与空间数据查询的结合，可以实现在一个图表图像中的对象选择，同时高亮显示另一个图形图像中的对应特征。GIS 数据库的空间查询包括基于空间特征的查询和基于属性特征的查询。基于空间特征的查询中，用户可以在屏幕上单击图形影像来检索发生在该位置上或距该位置一定距离的空间对象的属性特征信息；基于属性特征的查询中，用户可以在图形中找出符合一定距离的空间对象，被选中的对象区域可以在原视图中高亮显示。

（5）系统性能与投资的权衡。每个单位在规划系统时都必须根据自己的实际情况作具体的分析。忽略系统性能和投资比，单纯追求某一些指标而忽视另外的指标，从系统的角度看都是不恰当的。当然，每个系统的性质不同，其目标也不尽相同，如实时系统就较通常的管理系统更注重响应时间。

4）地理数据库系统

地理数据库系统的关键是空间数据。空间数据（几何数据）由点、线、面组成，它们的数据表达可采用栅格和矢量两种形式，用以表示地理空间实体的位置、大小、形状、方向以及拓扑几何关系。

地理数据库系统由数据库和地理数据库管理系统组成。地理数据库管理系统主要用于数据维护、操作和查询检索。另外，从系统中数据处理看，地理信息处理系统由数据输入子系统、数据存储与检索子系统、数据处理与分析子系统和输出子系统组成。①数据输入子系统，负责数据的收集、预处理和数据转换等。②数据存储与检索子系统，负责组织和管理数据库中的数据，以便于数据查询、更新与编辑处理。③数据处理与分析子系统，负责对系统中所存储的数据进行各种分析计算，如数据的集成与分析、参数估计、空间拓扑叠加、网络分析等。④输出子系统，以表格、图形或地图的形式将数据库的内容或系统分析的结果以屏幕显示或硬件拷贝方式输出。

5）GIS 的人员配置

GIS 的应用人员一般包括项目经理、数据库人员、空间信息采集与管理人员、系统操作员、软件开发人员等。其中，项目经理负责 GIS 应用实施规划、GIS 产品规划、软件硬件选择、用户讨论/协商、与用户通信/联系、资金预算与筹集、向顾问组和总经理汇报。数据库人员负责 GIS 数据库设计、数据库维护和更新、数据产品和地图产品规划、GIS 数据库产品规划、空间数据质量控制、数据获取规划。空间信息采集与管理人员负责现有源地图编译、地图数字化、非空间数据输入、野外摄影测量和遥感数据获取、数字化地图设计、数字化地图产品规划。系统操作员负责硬件、软件和其他外设的运行，物资管理，程序和数据文件备份，对软件库的管理，支持用户请求，用户权限管理。软件开发人员负责系统功能分析、现有软件功能分析、需要开发的功能规划设计、用户平台设计、应用功能开发方案设计、数据程序转换、应用分析软件编程、特定用户菜单开发、解决程序与数据文件之间的接口。

3.2.2　物流 GIS 的应用

GIS 能在运输路线的优化和车辆调度方面解决大量信息的查询、分析和处理问题，并在运输管理决策层面提供分析问题、建立模型、模拟决策过程的环境。因此，加大 GIS 在物流运输管理信息系统中的应用对物流企业实现智能管理、降低服务成本、提高作业效率至关重要。

1. 实时监控

车载 GPS 发射器的信号经过 GSM 网络的数字通道，将信号输送到车辆监控中心，车辆监控中心通过差分技术换算位置信息，然后通过 GIS 将位置信号用地图语言显示出来，货主、物流企业可以随时了解车辆的运行状况、任务执行和安排情况，不同地方的流动运输设备变得透明而且可控。另外，还可以通过远程操作，如断电锁车、超速报警对车辆行驶进行实时限速监管；偏移路线预警、疲劳驾驶预警、危险路段提示、紧急情况报警、求助信息发送等安全管理措施可保障驾驶员、货物、车辆及客户财产安全。

2. 指挥调度

客户经常会因突发性的变故而在车队出发后要求改变原定计划：公司有时在集中回程期间临时得到了新的货源信息，几个不同的物流项目有时要交叉调车。在上述情况下，监控中心借助 GIS 就可以根据车辆信息、位置和道路交通状况向车辆发出实时调度指令，达到充分调度货物及车辆的目的，降低空载率，提高车辆运作效率。

3. 规划车辆路径

目前主流的 GIS 应用开发平台大多集成了路径分析模块，运输企业可以根据送货车辆的装载量、客户分布、配送订单、送货线路交通状况等因素设定计算条件，利用该模块的功能，结合真实环境中所采集到的空间数据分析客、货流量的变化情况，对公司的运输线路进行优化处理，可以方便地实现以费用最小或路径最短等目标为出发点的运输路径规划。

4. 定位跟踪

结合 GPS 技术实现实时快速的定位，这对于现代物流的高效率管理来说是非常关键的。在主控中心的电子地图上选定跟踪车辆，将其运行位置在地图画面上保存，精确定位车辆的具体位置、行驶方向和瞬间时速，形成直观的运行轨迹，并任意放大、缩小、还原和换图，可以随目标移动，使目标始终保持在屏幕上，利用该功能可以对车辆和货物进行实时定位、跟踪，满足掌握车辆基本信息、对车辆进行远程管理的需要。另外，轨迹回放功能也是 GIS 和 GPS 相结合的产物，也可以作为车辆跟踪功能的一个重要补充。

5. 信息查询

货物发出以后，受控车辆所有的移动信息均被存储在控制中心计算机中——有序存档、方便查询；客户可以通过网络实时查询车辆运输途中的运行情况和所处的位置，了解货物在途中是否安全，是否能快速有效地到达。接货方根据发货方提供的相关资料和权限就可以通过网络实时查看车辆和货物的相关信息，掌握货物在途中的情况以及大概的到达时间，以此来提前安排货物的接收、存放以及销售等环节，货物的销售链可提前完成。

6. 辅助决策分析

在物流管理中，GIS 会提供历史的、现在的、空间的、属性的等全方位信息，并集成各种信息进行销售分析、市场分析、选址分析以及潜在客户分析等空间分析。另外，GIS 与 GPS 的有效结合，再辅以车辆路线模型、最短路径模型、网络物流模型、分配集合模型和设施定位模型等，可构建高度自动化、实时化和智能化的物流管理信息系统，这种系统不仅能够分析和运用数据，还能为各种应用提供科学的决策依据，使物流变得实时并且成本最优。

3.3 物流空间信息系统应用案例

物流定位/GIS 应用——服务国民经济主战场

每年的双 11 购物狂欢节，商家的销售订单会暴增，尤其是各大电商平台，而庞大订单背后的物流问题一直饱受诟病。苏宁物流用数据展示了其高效和速度。

1. 开放思维，打造社会化物流

受传统线下思维的约束以及线上竞争的冲击，苏宁的线上转型困难重重，其物流系统的延伸与再造也经历艰辛，但在自我服务和社会化发展的选择中，苏宁毅然选择了跟随社会化发展的潮流。2012 年，苏宁物流注册成立公司，成为第三方物流企业；2015 年，成立物流集团，依托于“物流云”信息服务平台，提升苏宁物流的大数据处理能力。在原有 B2C（business to customer，企业对消费者）物流架构的基础上，苏宁积极开展三方甚至四方业务，实现了基于供应链多赢的资源共享、网络共享、车辆共享、订单共享。

苏宁物流以客户为中心已打造出全链路的供应链物流服务能力，提供包括合同物流、TC （transfer center，运转中心）转运、仓储代运营、仓配一体、供应链金融、仓储租赁等在内的多元化的服务产品，涵盖行业从家用电器、信息通信，全面向快消、家装、母婴、汽配、体育器材、服装纺织等多个领域延伸，开放业务呈现增长态势，也在持续将物流资源向第三方合作伙伴以及物流企业开放、共享。

2. 智慧物流的根基：自建物流网

在仓储方面，经过 30 多年的用心织网，苏宁物流已经布局了目前中国零售企业中最大规模的自建仓储网，涵盖全国物流中心、区域物流中心、平行仓、产地仓，以高标准仓储体系，以社会化运营的模式，实现商品在全国快速流通的仓储网络。除了核心仓网之外，遍地开花的门店也属于仓储的一个重要组成部分，也是苏宁物流相比于其他电商企业一个独一无二的优势。它们既可以很好地满足苏宁一直以来的线下要求，也可作为网上订单的“小型仓库”，线上下单，门店提货。作为苏宁线下场景中最贴近用户的一环，如今主打快消、生鲜和互联网特色服务的苏宁小店承担了社区 O2O（online to offline，线上对线下）运营中最重要的角色，线上共享苏宁超市、苏宁生鲜供应链，线下结合苏宁物流推出的即时配送服务——“苏宁秒达”，可做到为周边社区 3 公里范围内的用户提供半小时、一小时送达的精准配送。苏宁物流搭建的仓储网可同时服务线上线下订单，给用户带来更快、更准的服务，又能够有效降低物流成本。如果将核心仓网比作仓储网络的“心脏”，那么门店同自提点、服务站等快递网点一道，组成仓储网络中的“毛细血管”，不断向下级市场延伸，真正发挥苏宁物流 O2O 的优势。

在运输方面，通过长期的物流运营和资源聚集，苏宁物流的运输网络连接全国物流节点的大动脉，全境 24 小时达为基础标准，将数万辆干支线班车进行精准的调配，保障仓到仓、城市到城市、节点到节点的无缝连接。此外，苏宁物流着力打造了以“共享经济”为核心的无车承运人管理平台（图 3-3），并拿下南京市第一批“无车承运人”牌照，通过平台集聚社会资源，提高车货信息匹配，创新服务内容。苏宁物流能拿下“无车承运人”牌照并没有那么简单。首先，无车承运人一般需要三年以上的货运行业经验，成立于 1990 年的苏宁物流绝对算是老资格。其次，由于无车承运人的范围和职责比传统货运代理更多更广，要预先垫付运费，并为货物在全程运输过程中的安全负责，这就要求其必须在供应链金融方面拥有一定的实力。苏宁物流无车承运人平台除了线下的车辆调度，还能够利用互联网技术对线上资源进行整合，实现货运产业从野蛮增长到集约式发展的转变，推动实现“线上资源合理配置、线下物流高效运行”，促进企业降本增效，提升综合运输服务品质。

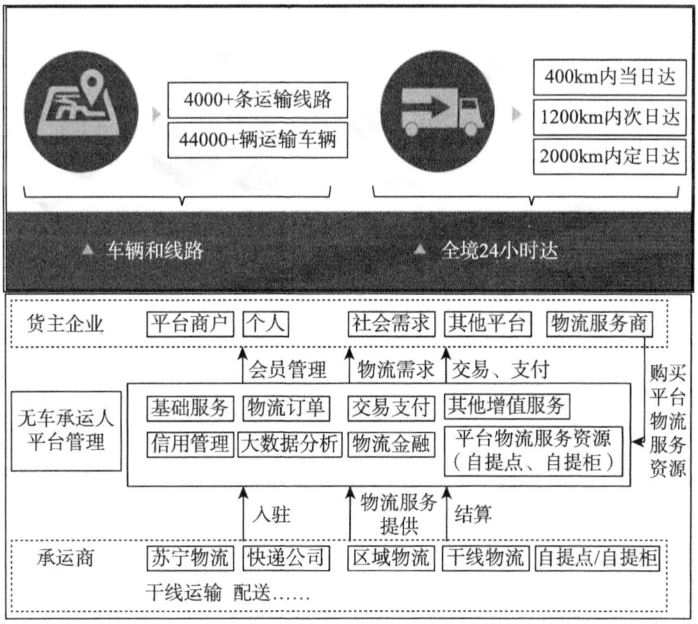

图 3-3　苏宁物流运输网络和无车承运人管理平台

在配送方面，社区快递点、门店自提点、易购校园店、智能自提柜、苏宁帮客家以及联合自提点，编织了一张全面渗透的末端配送服务网，拥有 25000 多个站点，涵盖最贴近消费者的全场景收货模式，提供全天候、全时段、全场景服务。乡镇覆盖 90%以上，如约送，不准就赔；准时达、当日达、次日达、预约送、夜间送等多样化的时效产品，还提供送装一体、代客检等服务，满足用户多样化需求。2017 年苏宁物流以 42.5 亿元收购天天快递，借此强化了苏宁物流网络协同和最后一公里配送能力。

3. 智慧物流的枢纽：科技创新+服务驱动

高密度物流网络的搭建，不仅缩短了商品与消费者间的距离、降低了物流成本，也大幅提升了时效性，推动苏宁物流向“智慧物流”转型发展。“自主研发技术”和“包裹的‘有温度交付’”则是苏宁智慧物流的法宝。苏宁物流建立强大的 IT 数据平台技术，包括积木型供应链物流信息管理——乐高平台，物流整体运营的数据管理——天眼平台，对全局和全链作业数据智能处理——神谕平台，实现全自动化运作、人机结合等多方式柔性生产——指南针系统。如果将自动化物流设备比作物流中心的“肌肉”，那么四大自主研发的信息系统就是智慧物流的“大脑”，这个中央控制平台为苏宁物流在行业中的服务管理提供了有效的科技竞争力，当然，“肌肉”扮演了智慧加成的角色，让仓库稳定运行的同时具备灵活的自控力。

思考题：

1. 你认为苏宁物流存在哪些优势与特色？
2. 苏宁的智慧物流是如何实现的？运用了哪些物流空间技术？
3. 苏宁物流对国民经济有何贡献？

第4章 物流信息化系统构建及应用

4.1 物流信息化管理系统概述

本节从物流信息化管理系统的概念和功能架构来介绍物流信息化管理系统。

4.1.1 物流信息化管理系统的概念

1. 管理信息系统

管理信息系统（MIS）是一个以人为主导，利用计算机硬件/软件、网络通信设备以及其他办公设备进行信息的收集、传输、加工、储存、更新、拓展和维护的系统。

2. 组成

物流信息化管理系统也称为物流信息系统，是由人员、计算机硬件/软件、网络通信设备及其他办公设备组成的人机交互系统，其主要功能是进行物流信息的收集、存储、传输、加工整理、维护和输出，为物流管理者及其他组织管理人员提供战略、战术及运作决策的支持，以达到组织的战略竞优，提高物流运作的效率和效益，如图 4-1 所示。

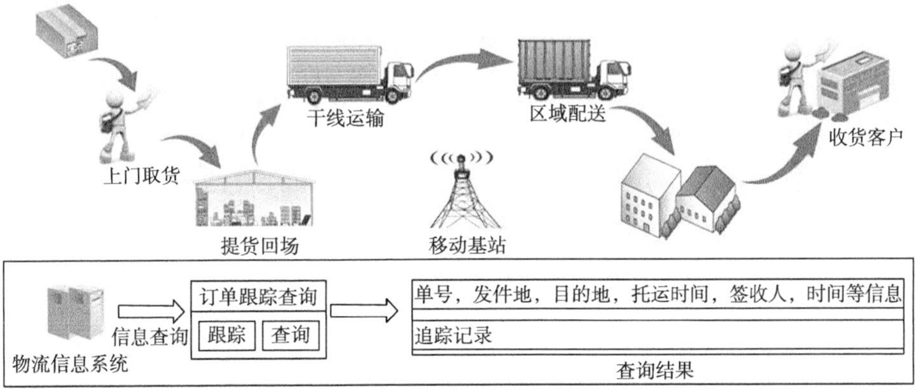

图 4-1　物流信息化管理系统

3. 物流管理信息化的意义

物流管理工作包括计划、组织、指挥、协调、控制等功能，是一项复杂的系统工程。物流管理信息化彻底改善了物流管理工作费时费力的状况，大大提高了物流管理工作的效率。建立物流信息化管理系统，可以使物流计划的制订更加科学合理，更加切合实际，并具有前瞻性。

组织职能也将大大优化，更有效率。指挥路线不再是自上而下的单向指挥，而是自上而下和自下而上的双向指挥，指挥的效果能够得到及时反馈，各部门的协调交流更加快捷、直接、通畅。控制职能将进一步发挥作用，特别是事前控制将发挥更大作用，各种误差事故将及时得到反馈和纠正。

4. 物流管理信息化的应用

管理信息化将覆盖物流管理的各个方面，主要是在物流管理的各个环节全过程的信息管理。对人、财、物、技术进行更加有效的管理，使之适应信息化管理的需要。建立人力资源、劳动工资、财务管理、成本核算、物耗能耗管理、技术管理等管理信息系统，使人流、财流、物流、技术流更加规范合理。彻底改变传统物流那种封闭的、强制的、分而治之的、以纵向层次组织为主体的信息流程，代之以开放的、民主的、组合分工的、以横向组织为主的信息化管理运作。

4.1.2 物流信息化管理系统的功能架构

1. 系统功能架构

物流信息化管理系统主要包括订单管理模块、仓库管理模块、运输与配送管理模块、客户关系与合同管理模块、财务管理模块、绩效管理模块、查询与报表管理模块、客户查询模块和企业内部管理模块。系统功能架构图如图 4-2 所示。

（1）订单管理模块。系统应当按照仓储、运输一体化管理的要求设计，满足客户“一票到底”的要求；通过权限管理实现总部或者网点接单；提供接收电子订单的功能。

（2）仓库管理模块包括仓储货位信息管理和库存物资信息管理。进出库流程应当清晰、合理、高效。仓储货物的管理方案要有利于实现仓库规划和合理布局，提高仓库面积利用率和库容利用率，满足不同的库位存放要求。库存物资管理方案要有利于满足客户查询需求、提高客户服务水平、降低库存成本、提高库存周转率。

（3）运输与配送管理模块包括运输调度、制订配送计划、运力采购管理、车辆跟踪、出险理赔管理等，即根据客户的需要，采购运力、调度车辆、制订配送计划、派车派司机进行运输与配送。运输与配送管理要有利于准确及时满足客户需要，节约运力、节约运费，提高经济效益。

（4）客户关系与合同管理模块包括客户信息、信用管理、对账功能、催收功能、合同管理等功能。

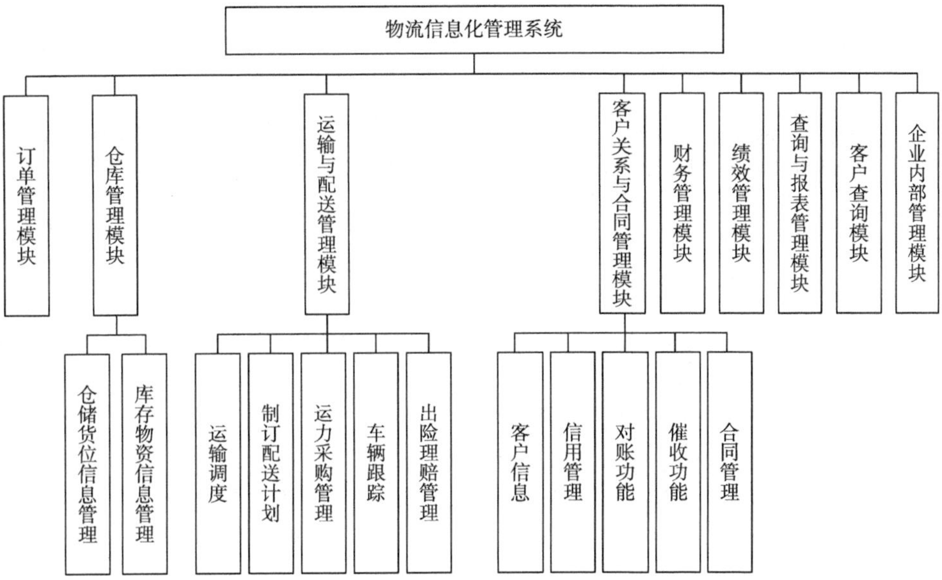

图 4-2　物流信息化管理系统功能架构图

（5）财务管理模块包括各种物流活动的成本记录、统计分析和费用结算。要求能够根据每笔业务生成相应的应收、应付记录，能够根据不同的作业网点、作业项目分段计费，并提供多样性的计费方式组合。

（6）绩效管理模块包括各种服务的绩效指标设定和分析、员工工作量的分析。

（7）查询与报表管理模块满足自定义各种报表、组合查询的要求，对于关键的表单实现打印安全的控制。

（8）客户查询模块支持客户进行网上物流信息（如货物状态、库存信息）的查询。

（9）企业内部管理模块通过企业内部网，实现公司有关部门的信息传递和数据共享，并与互联网建立起安全的自我保护性联系，包括内部文件流转、人事管理、电子邮件系统的建立。

2. 开发过程

物流信息化管理系统开发过程主要经历六个阶段：需求分析阶段、系统设计阶段、系统开发阶段、系统测试阶段、系统运行阶段和系统维护阶段。这六个阶段的具体目标和成果见表 4-1。

表 4-1　系统开发的各个阶段的具体目标和成果

阶段	目标	成果	备注
需求分析	提出系统开发要求	系统开发建议书	需求分析方法：开座谈会、跟班作业、填写调查表、查看业务票据和记录、个别交谈
	业务需求初步调研，调查分析用户的总体需求，了解新系统应达到的总体目标	主要业务需求说明书	
	可行性分析	可行性分析报告	

续表

阶段	目标	成果	备注
需求分析	业务需求详细调研，调查系统应达到的功能目标；调查新系统应用环境的现状，包括组织概况、组织环境、现行系统的状况，对新系统认识的基础、资源状况；调查新系统用户的人员状况，包括管理人员、技术人员、用户群数量	业务需求规范说明书	需求分析方法：开座谈会、跟班作业、填写调查表、查看业务票据和记录、个别交谈
	制订项目开发计划	项目开发计划书	
系统设计	业务流程设计	业务流程设计书（业务流程图）	
	系统功能设计，划分子系统和功能模块，设计详细功能	系统功能设计书（系统功能树形结构图）	
	系统数据结构设计，建立完整数据字典	数据库关系设计图、数据字典、数据流程图	主要技术手段是 E-R 图
系统开发	程序设计与编写	系统 Demo	
	系统调试，根据系统说明书和系统实施方案对程序设计的结果进行全面检查，找出并纠正其中的错误，把错误尽量在系统正式运行以前解决	新版本系统	
	编写系统使用说明书，包括系统运行环境的介绍、应用系统的介绍、操作说明、系统输出报表的相关说明、系统管理和维护说明等	系统使用说明书	
系统测试	系统培训，对使用系统的员工进行操作培训	员工具备系统基本操作能力	
	试运行	问题说明报告	
	系统修改	正式版本系统	
系统运行	系统正式运行		
	系统验收	验收报告	
系统维护	随着业务需求和流程的改变对系统进行维护和修改	新版本系统，业务变更报告	定期进行系统维护和修改

1）需求分析

需求分析主要是对开发的软件进行详细的调查和分析，充分理解用户的需求，确定哪些需求是可以满足的，明确这些需求的逻辑结构，并加以确切的描述，得出软件需求说明书或功能说明书及初步的系统用户手册。

2）系统设计

系统设计是软件工程的技术核心，其基本任务是将用户要求转化成一个具体的软件系统的设计方案。系统设计包括数据库设计、窗体与报表设计、运算过程及逻辑功能设计、网络及通信设计。

3）系统开发

系统开发是通过程序编写实现的，其过程是把系统设计转换成计算机可以接收的程序，即写成某一程序设计语言表示的“源程序清单”，写出来的程序应该是结构良好、清晰易读的，且与设计一致。

4）系统测试

测试是保证软件质量的重要手段，其任务是发现并排除错误。系统测试通常又可分为单元测试（或称模块测试）、组装测试和确认测试等步骤。测试最好由另一个独立的部门（不参加该软件系统的设计和编写的人员）来完成，这样可以提高测试的效率。经过测试修改就得到了可运行的软件系统，可交付用户使用。整个测试过程都要记录在测试分析报告中。

5）系统运行

已交付的软件投入正式使用便进入运行阶段。在运行阶段，需要对软件系统进行修改，其原因可能是：①运行中发现了错误需要修正；②变化了的软件工作环境需做适当的变更；③增强软件功能需做变更。每一项维护活动都应该准确地记录下来，作为正式的文档资料加以保存。

6）系统维护

系统维护是指为适应系统的环境和其他因素的各种变化、保证系统正常工作而对系统所进行的修改，包括系统功能的改进和解决系统在运行期间发生的问题。系统维护可分为更正性维护、适应性维护、完善性维护和预防性维护。

（1）更正性维护。众所周知，系统测试不可能发现系统中的所有错误，还有许多潜在的错误，只有在系统运行过程中具备一定的激发条件时才可能出现，人们把诊断和改正这类错误的维护工作称为更正性维护。

出现这些错误通常是由于遇到了调试阶段从未使用过的输入数据的某种逻辑组合或判断条件的某种组合，即没有测试到这些情况。在系统运行期间遇到的错误，有些可能不太重要或者很容易处理或回避，有些可能相当严重，甚至会使系统无法正常工作。无论错误的严重程度如何，都要设法改正。修改工作需要制订修改计划、提出修改要求，经领导审查批准后，在严格的管理和控制下进行系统的更正性维护。

（2）适应性维护。适应性维护是指信息系统的外部环境发生变化时需要进行的系统维护。计算机技术（包括硬件和软件）的发展速度非常快，一般的系统使用寿命都超过最初开发这个系统时的系统环境寿命。计算机硬件系统的不断更新，操作系统新版本的出现，都要求对系统做出相应的改动。此外，数据环境的变化（如数据库管理系统的版本升级、数据存储介质的变动等）也要求系统进行适应性维护。适应性维护也要制订维护计划，有步骤、分阶段地组织实施。

（3）完善性维护。当信息系统投入使用并成功运行以后，由于企业业务需求变化和扩展，用户可能会提出修改某些功能、增加新功能等要求，这种系统维护称为完善性维护。其目的是改善和加强信息系统的功能，满足用户对系统日益增长的需求。

此外，还有一些其他的完善性维护工作，如经过一段时间的运行，发现系统某些地方的运行效率太低而需要提高，或者某些功能界面的可操作性有待提高，或者需要增加一些新的安全措施等。

（4）预防性维护。预防性维护是一种主动性的预防措施，对一些使用时间较长、目前尚能正常运行，但可能要发生变化的部分模块进行维护，以适应将来的修改或调整。与前三种维护类型相比，预防性维护工作相对较少。

4.2 仓储信息化管理系统

本节从仓储信息化管理系统的概念和功能架构两个方面来介绍仓储信息化管理系统。

4.2.1 仓储信息化管理系统的概念

1. 定义

仓储信息化管理系统是在管理科学、系统科学和计算机科学等的基础上发展起来的综合性边缘科学。在21世纪信息高速发展的时代中，仓储信息化管理系统具有很重要的作用，它有预测和辅助决策的功能，即利用现代管理的决策和支持。仓储信息化管理系统是一个人机系统，同时又是一个一体化集成系统。仓储信息化管理系统是信息系统的一个子系统，以计算机技术、通信技术和软件技术为技术基础，同时将现代管理理论、现代管理方法及各级管理人员融为一体，最终为某个组织整体的管理与决策服务，仓储信息化管理系统是由人和计算机组成的能进行信息的收集、传递、存储、加工、维护和使用的系统。仓储信息化管理系统的基本结构可以概括为四大部件，即信息源、信息处理器、信息用户和信息管理者。因此，一个成功的管理信息系统应该具有可靠的硬件、实用的软件和强有力的现代化管理水平。具体来讲，管理信息系统的三大支柱是计算机网络、数据库和现代化的管理，这三大支柱称为管理信息系统的扩展部件。

2. 构成

仓储包括生产和供应领域中各种类型的储存仓库和配送中心，也包括普通仓库、物流仓库和货代仓库。

RF-WMS（radio frequency warehouse management system，条码仓库管理系统）包括软件、硬件、管理经验。传统的仓储信息化管理系统概念中存在管理经验和自动识别硬件的缺失。条码仓库管理系统中的软件指的是支持整个系统运作的软件部分，包括收货处理、上架管理、拣货作业、月台管理、补货管理、库内作业、越库操作、循环盘点、RF操作、加工管理、矩阵式收费等。条码仓库管理系统中的硬件旨在打破传统数据采集和上传的瓶颈问题，利用自动识别技术和无线传输提高数据的精度和传输的速度。管理经验指的是开发商根据其开发经验中客户的管理方式和理念整合的一套管理理念和流程，以求帮助企业做到真正的管理。

3. 优点

（1）基础资料管理更加完善、文档利用率高、库存准确。
（2）操作效率高。
（3）库存低，物料资产使用率高。
（4）现有的操作规程执行难度小。

（5）易于制订合理的维护计划。
（6）数据及时，成本降低。
（7）提供历史的记录分析。
（8）规程文件变更后的及时传递和正确使用。
（9）仓库与财务的对账工作量减少且效率提高。
（10）预算控制严格、退库业务减少。

4.2.2　仓储信息化管理系统的功能架构

仓储信息化管理系统主要包括系统功能设定模块、基本资料维护模块、采购管理模块、仓库管理模块、销售管理模块、报表生成模块和查询功能。系统功能架构图如图 4-3 所示。

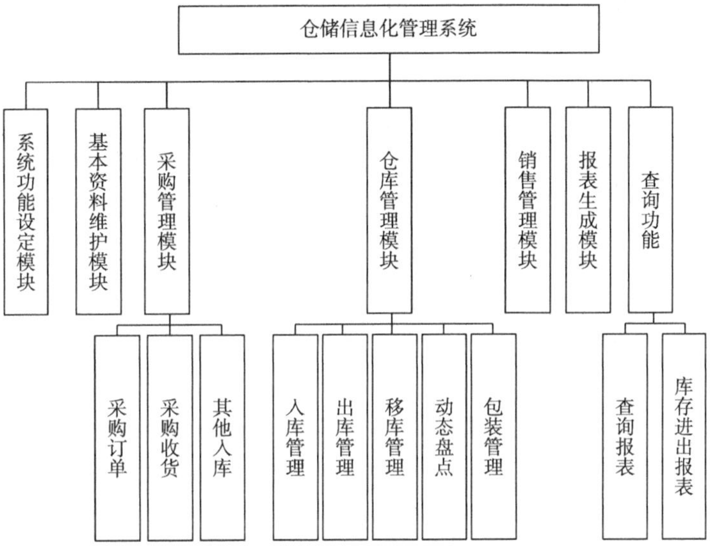

图 4-3　仓储信息化管理系统功能架构图

1. 系统功能设定模块

系统功能设定模块自定义整个系统的管理规则，包括定义管理员及其操作口令。

2. 基本资料维护模块

基本资料维护模块对每批产品生成唯一的基本条码序列号标签，用户可以根据自己的需要定义序列号，每种型号的产品都有固定的编码规则，在数据库中可以对产品进行添加、删除和编辑等操作。

3. 采购管理模块

采购管理模块包括以下功能。

（1）采购订单：当需要采购的时候，可以填写采购订单，此时并不影响库存。

（2）采购收货：当采购订单被批准，完成采购后到货的时候，首先给货物贴上条形码序列号标签，然后在采购收货单上扫描此条形码，保存之后，库存会自动增加。

（3）其他入库：包括借出货物归还、退货等，只需要填写采购收货单。

4. 仓库管理模块

仓库管理模块包括以下功能。

（1）入库管理：入库管理建立与 ERP 采购计划和到货计划的接口，对物料入库到入库检验和上架进行严格的流程控制。采用自动识别技术加快入库操作，并可根据既定的规则对物料的存放地点（库位）进行指定，做到物料的有序存放，并实现准确的批次管理。

（2）出库管理：出库操作根据出库计划指定出库物品的具体位置和数量，采用扫描出库方式提高出库速度和准确度，避免人工操作的失误。针对制造企业和物流企业，出库操作分别设定了不同的出库类型和模式。

（3）移库管理：支持仓库内和仓库间的移库操作。

（4）动态盘点：仓库盘点使用手持终端进行实时的批处理操作，盘点速度快，准确度高。动态盘点过程不影响正常的出入库操作，为连续运行的仓库提供准确的动态盘点管理。

（5）包装管理：提供产品内外包装管理功能，通过系统设置直接生成内外包装条形码，员工可使用扫描设备直接扫描出库。

5. 销售管理模块

当销售出库时，首先填写销售出库单，此时不影响库存。然后，将销售出库产品序列号扫描至该出库单上，保存之后，库存报表自动减少该类产品。

6. 报表生成模块

月末、季度末以及年末销售报表、采购报表以及盘点报表自动生成，用户自定义需要统计的报表。

7. 查询功能

（1）查询报表：包括库存进出电子料账卡、库存状态表、库存分仓明细表、库存抽盘与全盘点差异统计表、库存进出日报表、库存理货登记表、库存料账追踪查询、生产实时状态表。

（2）库存进出报表：主要包括出入库对账表、收入发出明细表、出货单、验收入库单、领料单等。

4.3　运输信息化管理系统

本节从运输信息化管理系统的概念和功能架构来介绍运输信息化管理系统。

4.3.1　运输信息化管理系统的概念

1. 运输管理系统

运输管理系统（TMS）是一种“供应链”分组下的（基于网络的）管理软件。它能通过多种方法和其他相关的操作一起提高物流的管理能力，包括管理装运单位，制订企业内、国内和国外的发货计划，管理运输模型、基准和费用，维护运输数据，生成提单，优化运输计划，选择承运人及服务方式，招标和投标，审计和支付货运账单，处理货损索赔，安排劳力和场所，管理文件（尤其当国际运输时），管理第三方物流。

2. 功能特点

1）统一的调度管理平台

专门设立集卡调度中心和整车零担调度中心，使调度管理更具针对性；智能化调度提醒，实现人性化的调度，全面提升企业车辆利用效率；专门设置值班调度，整合 GPS、SMS（short message service，短信服务）数据，时时跟踪货物流向，及时调整并处理非正常业务运作；通过符合运作要求的调度机制，根据不同区域、车型要求、报关要求、货物属性、特殊业务类型等多种角度支持调度进行合理排班；灵活的排班方式，支持订单拆分，支持外委派车处理，支持集中的派车单管理。

2）基于网络的一体化业务

建立快速、准确的订单处理机制，网上电子商务订单处理与内部 TMS 无缝连接；统一委托受理平台，制订订单审核机制，保障业务数据的准确性；随时获取关键指标：委托处理差错率、委托响应效率；支持 Excel 等标准文档的信息读入；自定义订单处理流程。

3）集中化的财务管理

统一的合约管理，保证系统自动、准确地生成费用；加强收付账款管理、完善费用处理流程、加强备用金管理；支持多种对冲、应收付等核销方式；账龄分析、备用金结存情况分析；统一的财务处理流程。

4.3.2　运输信息化管理系统的功能架构

运输信息化管理系统主要包括系统管理功能、基本信息管理、运输作业管理和财务管理。系统功能架构图如图 4-4 所示。

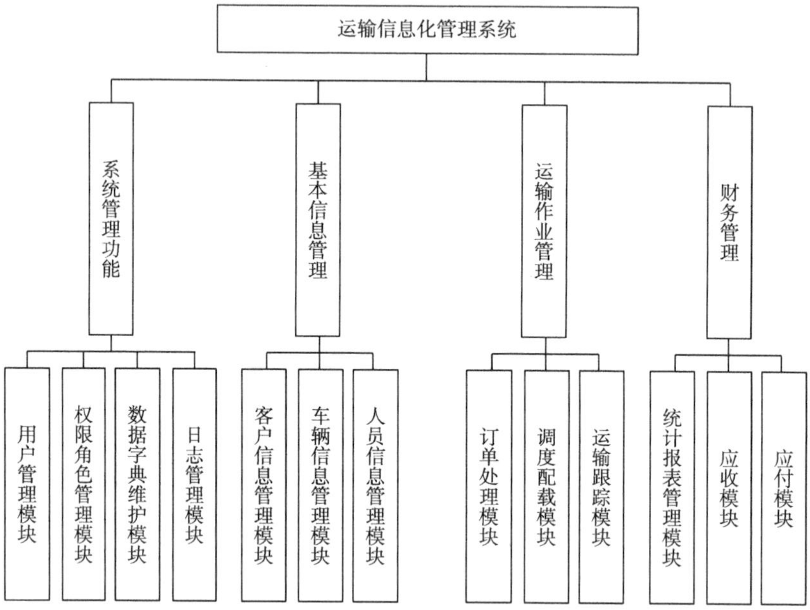

图 4-4 运输信息化管理系统功能架构图

运输信息化管理系统中，系统管理功能包括用户管理模块、权限角色管理模块、数据字典维护模块和日志管理模块；基本信息管理包括客户信息管理模块、车辆信息管理模块和人员信息管理模块；运输作业管理包括订单处理模块、调度配载模块和运输跟踪模块；财务管理包括统计报表管理模块、应收模块和应付模块。

运输管理系统主要应用在货物的运输跟踪管理和车辆运行管理中。

1. 货物的运输跟踪管理

（1）当顾客需要对货物的状态进行查询时，只要输入货物的发票号码，马上就可以知道货物状态的有关信息。查询作业简便迅速，信息及时准确。

（2）通过货物信息可以确认货物是否在规定的时间内送到顾客手中，能及时发现没有在规定的时间内把货物交付给顾客的情况，便于马上查明原因并及时改正，从而提高运送货物的准确性和及时性，提高服务水平。

（3）作为获得竞争优势的手段，提高物流运输效率，提供差别化物流服务。

（4）通过货物跟踪系统所得到的有关货物运送状态的信息丰富了供应链的信息分享源，有关货物运送状态信息的分享有利于顾客预先做好接货以及后续工作的准备。

2. 车辆运行管理

（1）提供运输任务的实时监控和查询：运输企业或货主能够方便、快速地查询与追踪货物或运输车辆，查询自己的货物在运输过程中的全部情况，获悉车辆的具体位置，了解货物运输的全过程，实现数据网络共享和对营运车辆的实时网络追踪管理（包括车号、车种、车型、所在区域、状态、内容和去向等）。

（2）提供预警功能：GPS、GSM、GIS 和计算机网络通信技术的应用，构成了通信与定位相结合的指挥调度、监控报警的强大管理网。当在任务执行的考察点发生应到而未到的现象时，系统自动提出警示，提醒可能产生的延误。

（3）集成 SMS 功能：当发生例外事件时可触发 SMS，使相关人员及时得到信息，提高反应能力。

（4）企业可根据地图信息，结合自身实际，划分若干个责任管辖区域。区域的地图信息中具有地理坐标，可最终确定新客户的地理位置或者修改老客户的地理位置，达到定位客户的目的，便于企业基于属性数据和图形数据的结合对分区进行科学、规范的管理。

（5）车辆遇险或出现意外事故时，系统自动报警并执行相应的处理。

4.4　新一代物流信息化管理系统

新一代物流信息化管理系统是结合现代信息技术的发展逐渐兴起并不断发展进步的，本节主要介绍智慧商务物流信息化管理系统、现代物流配送中心信息化管理系统、供应链采购物流信息化管理系统、第三/四方物流信息化管理系统。

4.4.1　智慧商务物流信息化管理系统

智慧物流是指通过智能软硬件、物联网、大数据等智慧化技术手段，实现物流各环节精细化、动态化、可视化管理，提高物流系统智能化分析决策和自动化操作执行能力，提升物流运作效率的现代化物流模式。物流是在空间、时间变化中的商品等物质资料的动态状态。因此，物流管理很大程度上是对商品、资料的空间信息和属性信息的管理。在以物联网为基础的智能物流技术流程中，智能终端利用 RFID 技术、红外感应、激光扫描等传感技术获取商品的各种属性信息，再通过通信手段传递到智能数据中心对数据进行集中统计、分析、管理、共享、利用，从而为物流管理甚至是整体商业经营提供决策支持。电子商务物流管理是指在社会再生产过程中，根据物质资料实体流动的规律，应用管理的基本原理和科学方法，对电子商务物流活动进行计划、组织、指挥、协调、控制和决策，使各项物流活动实现最佳协调与配合，以降低物流成本，提高物流效率和经济效益。简言之，电子商务物流管理就是研究并应用电子商务物流活动规律对物流全过程、各环节和各方面的管理。智慧商务物流信息化管理系统即结合智慧物流与电子商务物流管理，用于供应链一体化网上商业活动。智慧商务物流信息化管理系统主要包括物流过程管理、物流要素管理和物流中的具体职能管理。

1. 物流过程管理

（1）运输管理。运输方式及服务方式的选择；运输路线的选择；车辆调度与组织。

（2）储存管理。原料、半成品和成品的储存策略；储存统计、库存控制、养护。

（3）装卸搬运管理。装卸搬运系统的设计、设备规划与配置和作业组织等。

（4）包装管理。包装容器和包装材料的选择与设计；包装技术和方法的改进；包装系列化、标准化、自动化等。

（5）流通加工管理。加工场所的选定；加工机械的配置；加工技术与方法的研究和改进；加工作业流程的制订与优化。

（6）配送管理。配送中心选址及优化布局；配送机械的合理配置与调度；配送作业流程的制订与优化。

（7）物流信息管理。对反映物流活动内容的信息、物流要求的信息、物流作用的信息和物流特点的信息所进行的搜集、加工、处理、存储和传输等。

（8）客户服务管理。对于物流活动相关服务的组织和监督，如调查和分析顾客对物流活动的反映，决定顾客所需要的服务水平、服务项目等。

2. 物流要素管理

（1）人的管理。物流从业人员的选拔和录用，物流专业人才的培训与提高，物流教育和物流人才培养规划与措施的制订。

（2）物的管理。物指的是物流活动的客体，即物质资料实体，涉及物流活动诸要素，即物的运输、储存、包装、流通加工等。

（3）财的管理。主要指物流管理中有关降低物流成本、提高经济效益等方面的内容，包括物流成本的计算与控制、物流经济效益指标体系的建立、资金的筹措与运用、提高经济效益的方法。

（4）设备管理。对物流设备进行管理，包括对各种物流设备的选型与优化配置，对各种设备的合理使用和更新改造，对各种设备的研制、开发与引进等。

（5）方法管理。包括各种物流技术的研究、推广普及，物流科学研究工作的组织与开展，新技术的推广普及，现代管理方法的应用。

（6）信息管理。掌握充分的、准确的、及时的物流信息，把物流信息传递到适当的部门和人员手中，从而根据物流信息，做出物流决策。

3. 具体职能管理

（1）物流战略管理。物流战略管理是为了达到某个目标，物流企业或职能部门在特定的时期和特定的市场范围内，根据企业的组织结构，利用某种方式，向某个方向发展的全过程管理。物流战略管理具有全局性、整体性、战略性、系统性的特点。

（2）物流业务管理。物流业务管理主要包括物流运输、仓储保管、装卸搬运、包装、协同配送、流通加工以及物流信息传递等基本过程。

（3）物流企业管理。物流企业管理主要有合同管理、设备管理、风险管理、人力资源管理和质量管理等。

（4）物流经济管理。物流经济管理主要涉及物流成本费用管理、物流投资融资管理、物流财务分析以及物流经济活动分析。

（5）物流信息管理。物流信息管理主要有物流管理信息系统、物流管理信息系统与电子商务系统的关系以及物流管理信息系统的开发与推广。

（6）物流管理现代化。物流管理现代化主要是物流管理思想和管理理论的更新、先进物流技术的发明和采用。

4.4.2 现代物流配送中心信息化管理系统

物流配送中心信息化管理系统是物流配送信息化的核心，有较强的综合性，主要目的是向各配送点提供配送信息，根据订货情况查询库存、评估配送能力，发出配送指令，发出结算指令及发货通知，汇总及反馈配送信息。

物流配送中心信息化管理系统的主要功能包括业务管理、统计查询模块、库存盘点模块、库存分析模块、库存管理、库存货物保质期报警模块、货位调整模块、账目管理和条码打印模块，系统功能架构图如图 4-5 所示。

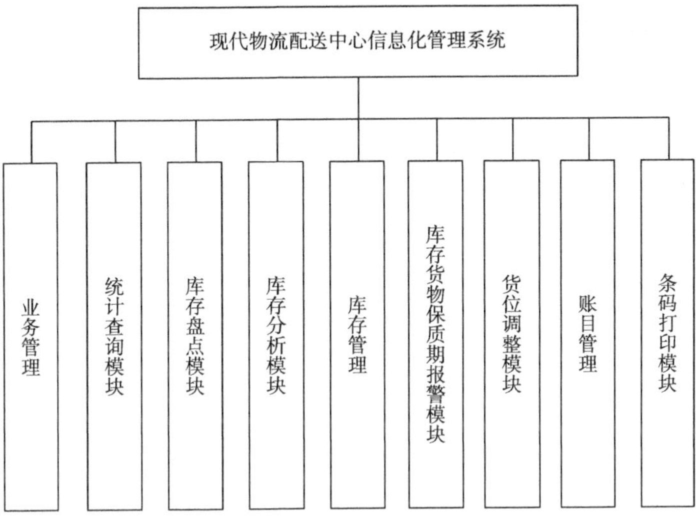

图 4-5 现代物流配送中心信息化管理系统功能架构图

1. 业务管理

业务管理主要管理物流配送中心的入库、验收、分拣、堆码、组配、发货、出库、输入进（发）货数量、打印货物单据等业务信息，便于仓库保管人员正确进行货物的确认。

2. 统计查询模块

统计查询模块主要用于物流配送中心的入库、出库、残损及库存信息的统计查询，可按相应的货物编号、分类，便于供应商、客户和仓库保管人员进行统计查询。

3. 库存盘点模块

库存盘点模块主要用于物流配送中心货物的盘点清单制作、盘点清单打印、盘点数据输入、盘点货物确认、盘点结束确认、盘点利润统计、盘点货物查询、浏览统计、盘亏盘盈统计，便于实行经济核算。

4. 库存分析模块

库存分析模块主要用于物流配送中心的库存货物的结构变动的分析，各种货物库存量、品种结构的分析，便于分析库存货物是否存在积压或短缺问题。

5. 库存管理

库存管理主要用于物流配送中心的库存货物的管理。

（1）用于对库存货物的上下限报警：对库存货物数量高于合理库存上限或低于合理库存下限的货物进行信息提示。

（2）用于库存呆滞货物报警：对有入库但没有出库的货物进行信息提示。

（3）用于货物缺货报警：对在出库时库存货物为零但又未及时订货的货物进行信息提示，便于对在库货物进行动态管理，以保持相应合理的货物库存。

6. 库存货物保质期报警模块

库存货物保质期报警模块主要用于物流配送中心的库存货物的质量管理。

（1）对超过保质期的货物进行报警：对当天保质期到期的货物进行信息提示，对超过保质期的货物进行报警，以便及时进行处理。

（2）对货物保质期进行查询：对库存货物的保质期进行查询，便于仓库对在库货物进行质量管理，及时处理超过保质期的货物，提高货物库存质量。

7. 货位调整模块

货位调整模块主要用于物流配送中心对库存货物的货位进行调整，进行货位调整查询，以便仓库管理人员掌握各种货物的存放情况，便于仓库及时准确地查找在库货物。

8. 账目管理

账目管理主要用于物流配送中心核算某一时间段的每种货物明细账、每类货物的分类账和全部在库货物的总账，便于仓库实行经济核算。

9. 条码打印模块

条码打印模块主要用于物流配送中心的货物自编条码打印、货物原有条码打印等，便于仓库实行条码管理，自动生成打印各种货物的条码。

4.4.3 供应链采购物流信息化管理系统

供应链管理（supply chain management，SCM）系统是基于协同供应链管理的思想，配合供应链中各实体的业务需求，使操作流程和信息系统紧密配合，做到各环节无缝链接，形成物流、信息流、单证流、商流和资金流五流合一的领先模式，实现整体供应链可视化、管理信息化、整体利益最大化、管理成本最小化，从而提高总体水平。

采购物流是指包括原材料等一切生产物资在内的采购、进货运输、仓储、库存管理、用料管理和供应管理，也称为原材料采购物流。它是生产物流系统中独立性相对较强的子系统，并且和生产系统、财务系统等企业生产部门以及企业外部的资源市场、运输部门有密切的联系。采购物流是企业为保证生产节奏，不断组织原材料、零部件、燃料和辅助材料供应的物流活动，这种活动对企业生产的正常、高效率运行发挥着保障作用。

采购物流信息化管理系统是综合采购申请、采购订货、进料检验、仓库收料、采购退货、购货发票处理、供应商管理、价格控制及供货信息管理、订单管理以及质量检验管理等功能的管理系统，对采购物流和资金流的全部过程进行有效的双向控制和跟踪，实现完善的企业物资供应信息管理。

以金蝶 K/3WISE 采购管理系统为例，金蝶 K/3WISE 采购管理系统是一个面向制造企业和商业流通企业的采购管理人员设计的供应链管理系统。该系统提供采购需求管理、采购订货、仓库收料、采购退货、多汇率处理、购货结算处理和供应商评估等全面的采购业务流程管理，以及供应商管理、价格控制和供货信息管理等综合业务管理功能，帮助企业实现采购业务全过程的物流、资金流、信息流的有效管理和控制。该系统可以与销售管理、仓库管理、供应商关系管理、进口管理、存货核算管理和应付款管理等系统结合运用，提供更完整、全面的企业供应链解决方案，在我国物流行业得到广泛应用。

金蝶 K/3WISE 的供应链管理业务流程图如图 4-6 所示。

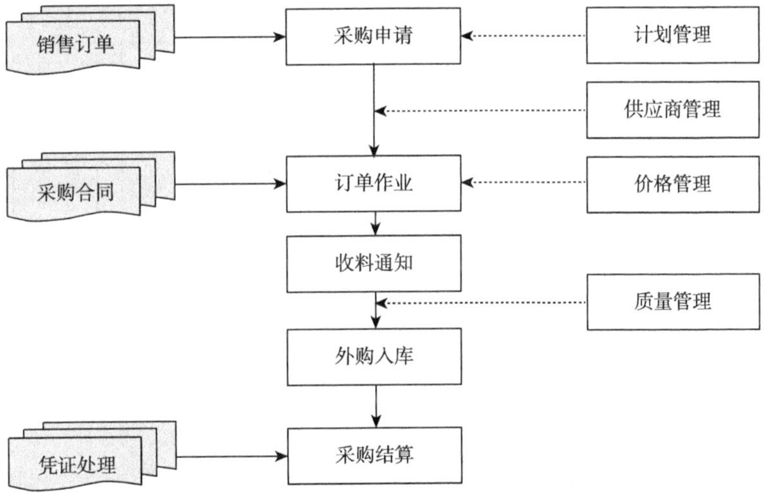

图 4-6　金蝶 K/3WISE 的供应链管理业务流程图

4.4.4　第三/四方物流信息化管理系统

1. 第三方物流信息化管理系统

第三方物流（3PL 或 TPL），也称为委外物流或合约物流，一直是物流和供应链管理中最容易被误解的名词。第三方物流指的是一个具有实质性资产的企业公司为其他公司提供与物流相关的服务，如运输、仓储、存货管理、订单管理、资讯整合及附加价值等服务，或与相关物流服务的行业者合作，提供更完整服务的专业物流公司。第三方物流是相对“第一方”发货人和“第二方”收货人而言的，是由第三方物流企业来承担企业物流活动的一种物流形态。第三方物流既不属于第一方，也不属于第二方，而是通过与第一方或第二方的合作来提供其专业化的物流服务，它不拥有商品，不参与商品的买卖，而是为客户提供以合同为约束，以结盟为基础的，系列化、个性化、信息化的物流代理服务。随着信息技术的发展和经济的全球化，越来越多的产品在世界范围内流通、生产、销售和消费，物流活动日益庞大和复杂，而第一、第二方物流的组织和经营方式已不能完全满足社会需要；同时，为参与世界性竞争，企业必须确立核心竞争力，加强供应链管理，降低物流成本，把不属于核心业务的物流活动外包出去。于是，第三方物流应运而生。第三方物流信息化管理系统是为现代物流企业提供的、以物流信息管理为核心的现代化物流管理平台，实现客户、供应商和物流公司信息充分共享、业务流程自动化。其主要功能包括资源管理、客户管理、合同管理、指令管理、总部计划管理、分部计划管理、运输管理、仓储管理、结算管理、统计分析等。第三方物流信息化管理系统功能架构图如图 4-7 所示。

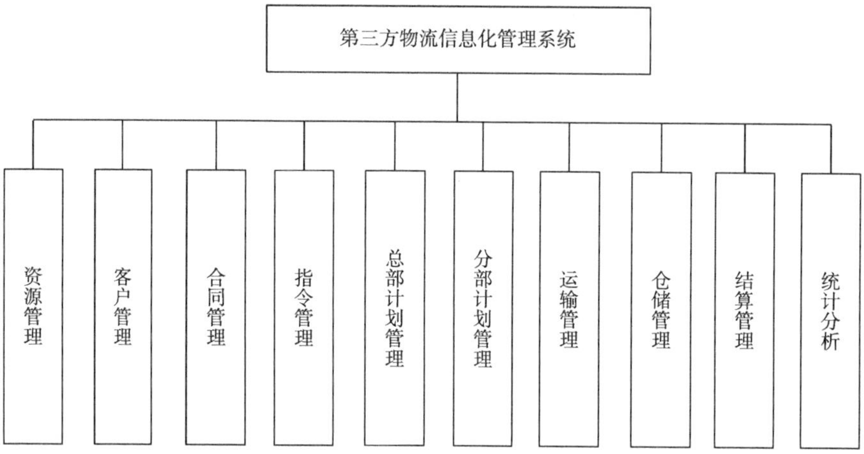

图 4-7 第三方物流信息化管理系统功能架构图

2. 第四方物流信息化管理系统

第四方物流（fourth party logistics，4PL）是供应链的集成者、整合和管理者，主要通过对物流资源、物流设施和物流技术的整合与管理，提出物流全程的方案设计、实施办法和解决途径。

第四方物流不仅控制和管理特定的物流服务，还对整个物流过程提出方案，并通过电子商务将这个程序集成起来，因此第四方物流服务供应商的种类很多，变化程度亦可以很大。第四方物流的关键在于为顾客提供最佳的增值服务，即迅速、高效、低成本和个性化服务等。第四方物流有四个特点：供应链再建、功能转化、业务流程再造、开展多功能多流程的供应链管理。第四方物流为客户带来的效益包括利润增长和降低营运成本，即通过整条供应链外判功能提高运作效率，降低采购成本，使流程一体化。

与第三方物流注重实际操作相比，第四方物流更多地关注整个供应链的物流活动，这种差别主要体现在以下三个方面，并形成第四方物流独有的特点。

（1）第四方物流提供一整套完善的供应链解决方案。第四方物流和第三方物流不同，不是简单地为企业客户的物流活动提供管理服务，而是通过对企业客户所处供应链的整个系统或行业物流的整个系统进行详细分析后提出具有中观指导意义的解决方案。第四方物流服务供应商本身并不能单独地完成这个方案，而是要通过物流公司、技术公司等多类公司的协助才能实施方案。

（2）第三方物流服务供应商能够为企业客户提供相对于企业的全局最优，却不能提供相对于行业或供应链的全局最优，第四方物流服务供应商就需要先对现有资源和物流运作流程进行整合和再造，从而达到解决方案所预期的目标。第四方物流服务供应商整个管理过程大概涉及四个层次，即再造、变革、实施和执行。

（3）第四方物流通过对整个供应链产生影响的能力来增加价值。第四方物流服务供应商可以通过物流运作的流程再造，使整个物流系统的流程更合理、效率更高，从而将产生的利益在供应链的各个环节之间进行平衡，使每个环节的企业客户都可以受益。如果第四方物流服务供应商只是提出一个解决方案，但是没有能力来控制这些物流运作环节，那么第四方物流服务供应商创造价值的潜力也无法被挖掘出来。因此，第四方物流服务供应商对整个供应链所具有的影响能力直接决定了其经营的好坏，也就是说第四方物流除了具有强有力的人才、资金和技术，还应该具有与一系列服务供应商建立合作关系的能力。

4.5　物流信息化管理系统应用案例

华为供应链物流系统应用——中国企业自主供应链之路

历经 30 余年的发展，华为从名不见经传的交换机销售代理公司，发展为全球领先的 ICT 基础设施和智能终端提供商，业务范围遍及 170 多个国家和地区，服务于全球 90%以上的 TOP50 电信运营商及全球 1/3 以上的人口，营收规模突破千亿美元，在 5G（5th-generation mobile communication technology，第五代移动通信技术）商用领域居于世界领先地位。

1. 华为价值链管理变革前夜

20 世纪 90 年代是华为初创发展的十年。外资企业与本土企业激烈竞争，中国通信网络运营市场寡头垄断，为扩大运营规模，提高决策效率，华为实行各职能部门独立主导的价值链管理体系，采购、研发、生产、销售各部门及各地区分公司拥有较大的自主权，到 1998 年华为已成为拥有 9500 名员工、年销售收入 89 亿元的国内最大的电信设备公司。但业务的快速扩张也暴露出华为价值链管理上的弊端——缺乏协同。任正非曾发出“华为像是一群游击队组成的松散的组织，公司往何处去，我不得要领”的感慨。

供应链管理成本居高不下。2002 年，华为丢掉了发展的强势。2001 年，先是卖掉华为电气套现 70 亿元，后电信和网通运营商分立，错失小灵通和 CDMA 市场，同期中国第一年落实 WTO（World Trade Organization，世界贸易组织）入市协议，开放 49%的电信市场，国内市场竞争压力骤增，当年华为国内销售额同比下降 10%以上，裁员 15%以上，其中 20%以上是市场人员。为转移国内市场压力，华为积极开拓国际市场，由于在供应链管理上存在需求订单与生产能力不匹配，存货管理和订单发货管理混乱的问题，华为的订单及时交货率只有 50%，库存周转率只有 3.6 次/年，订单履行周期长达 20~25 天，同期竞争对手的平均水平为 94%，9.4 次/年和 10 天左右。

2. 走出华为的冬天

任正非曾说过：“华为总会有冬天，关键是我们如何走出冬天，供应链的问题解决了，公司的管理问题基本上就全部解决了。”2019 年的春天对于华为来说似乎格外寒冷。2019 年 5 月美国商务部正式宣布将华为纳入“实体清单”，未经允许美国企业不得向华为出售元器件和相关技术，企图从供应链源头扼杀华为。面对艰难的处境，一方面，海思总裁何廷波正式宣布了华为孕育已久的“备胎计划”转正，海思半导体历经 15 年发展已经成长为世界顶尖芯片梯队，有能力支撑华为的产品供应链；另一方面，华为果断寻求替代供应商，解决产品供应链调整缓冲期带来的供应不足问题。此次供应链危机的解决，反映出市场对供应链“自主可控”进行了重新审视和判断，在核心零部件和技术领域尽快实现国产替代成为市场和华为的一致共识，由此也折射出华为供应链管理的新智慧。

如图 4-8 所示，华为的供应链管理变革分为两个阶段：1999~2003 年集成供应链的建立；2004~2014 年深化建设全球供应链。华为供应链管理的两个关键目标：提高客户的满意度、降低供应链的总成本。

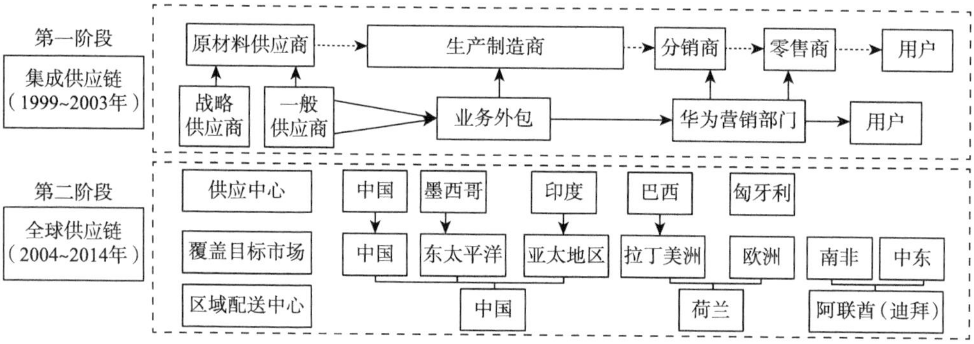

图 4-8 华为供应链管理结构图

第一阶段，为加强对上游供应商的主动管理，一方面，华为通过供应链协作（supply chain collaboration，SCC）系统对超过 2000 家供应商分层分级管理，提高供应商品牌产品质量和知名度的同时，实现对替代供应商的灵活管理，如富士康、高通、DHL（DHL-SINOTRANS，中外运敦豪国际航空快递有限公司）、ADI（Analog Devices，Inc，亚德诺公司）以及安费诺等 5 家公司已连续 10 年获得华为金牌供应商荣誉奖。另一方面，通过与供应商做到供需状况实时交互，确保了供应的稳定性和及时性。2018 年华为支付给供应商的现金总额为 6222 亿元人民币，其中芯片的采购金额接近 1500 亿元人民币，占全球销量的 4.4%，华为已经是世界上最大的芯片需求方之一。2018 年华为核心供应商大会上，华为公司首次对外公布了 92 家核心供应商名单，其中美国供应商为 33 家，中国厂商共 25 家。

不容忽视的是，在当前的市场形势下，为应对外部势力的政治打压和恶意竞争，核心元器件供应的自主可控和国产替代成为华为保证自身供应链安全的关键举措，如加大对海思的研发投入，积极培育京东方、豪威科技等国内龙头厂商的产品质量和供应能力，不断推动华为技术革新和产业生态建设，夯实供应链基础，提高抵御外部风险冲击的能力。

同时，为进一步削减非核心业务，聚焦微笑价值曲线的两侧。2000 年前后，华为在制造、组装、发货和物流等方面出台了优惠政策，支持原部门主管和骨干内部创业，成为华为公司的代工厂或服务商，制造成本结构性下降的同时保障了华为产品的代工生产质量，显著提高了华为供应链的竞争力。时至今日，华为基本实现了零库存和一周内交货的快速反应能力，远高于业内平均水平。

第二阶段，对于下游经销商，华为 2004 年开始先后在中国、墨西哥、印度、巴西和匈牙利建立了 5 个供应中心。以欧洲地区为例，匈牙利供应中心能够满足欧洲和北非的大部分国家订单的需求，并承诺两周内及时交货。在中国、荷兰和阿联酋（迪拜）建立三个区域配送中心，采用集中认证、分散采购的原则管理来自全世界的电子零件和部件的供应商、经销商。

2011 年以来，华为集物联网、大数据、IT 服务化平台等技术，启动了智慧物流与数字化仓储项目，于中国东莞建立了面积达 25000m^2 的现代化自动物流中心——华为松山湖供应链物流中心。通过数字化仓储物流建设，已初步实现了供应链物流全程可视，订单平均周期从两个月缩短到两周、生产模式由按计划生产转到按订单制造、生产计划安排每天执行一次，存货周转率、资产运营率、物流运营效率、客户需求黏度大大提升，为提高供应链价值增值发挥了巨大作用。

思考题：

1. 华为的供应链管理是如何变革的？
2. 华为的供应链是如何对上、下游进行管理控制的？
3. 供应链管理的价值是怎样体现的？

第5章

物流自动化技术与系统

5.1 物流自动化技术与系统概述

物流自动化是指物流作业过程的设备和设施自动化，包括运输、装卸、包装、分拣、识别等作业过程，如自动识别系统、自动检测系统、自动分拣系统、自动存取系统、自动跟踪系统等。物流自动化是充分利用各种机械和运输设备、计算机系统和综合作业协调等技术手段，对物流系统的整体规划及技术应用，使物流的相关作业和内容省力化、效率化、合理化，快速、精准、可靠地完成物流的过程。

物流自动化的设施包括条码自动识别系统、自动导引车系统（automatic guided vehicle system，AGVS）、货物自动跟踪系统（如GPS）等。物流自动化在物流管理各个层次中发挥着重要的作用，包括物流规划、物流信息技术及物流自动化系统等。物流自动化在国民经济的各行各业中起着非常重要的作用，有着深厚的发展潜力。随着研究力度的不断加大，物流自动化技术将在信息化、绿色化方面进一步发展，其各种技术设备（如立体仓库等）和管理软件也将得到更大的发展和应用。

物流自动化是集光、机、电于一体的系统工程，是把物流、信息流用计算机和现代信息技术集成在一起的系统。它涉及多学科领域，包括激光导航、红外通信、计算机仿真、图像识别、工业机器人、精密加工、信息联网等。目前，物流自动化技术已广泛运用于邮电、商业、金融、食品、仓储、汽车制造、航空、码头等行业。物流自动化系统是指在一定的时间和空间里，将输送工具、工业机器人、仓储设施及通信设备等，利用计算机网络控制系统相互制约，构成有机的具有特定功能的整体系统。物流自动化系统由AGV、高速堆垛机、工业机器人、输送机械系统、计算机仿真联调中心监控系统组成。

激光AGV则利用激光扫描头发出的激光，通过周边反射条反馈回的信息来确定小车的位置，通过计算机来控制小车行驶的路线和小车的功能动作。不但定位精确度高，而且设定和改变路径特别灵活。

高性能立体仓库通过计算机系统的统一管理，利用条形码自动识别技术，根据事先输入的不同货物代码就可以利用高速堆垛机准确迅速地从立体仓库中定位存取货物。并可以自动按照货物的入出库时间等特定因素完成不同的工作。

工业机器人把输送线上流向终端的物件，整齐地码放，以便完成货物的进出、分拣等工作，整个过程顺序流畅、完全自动化。

计算机仿真联调中心监控系统是为用户建立的形象直观的虚拟现实环境，让用户身临其境般地感受系统运行情况。

物流自动化有着显著的优点：①提高了仓储管理水平。由于采取了计算机控制管理，各受控设备完全自动地完成顺序作业，物料周转管理、作业周期缩短，仓库吞吐量相应提高，适应现代化生产需要。②提高了自动化作业程度和仓库作业效率，节省了劳动力，提高了生产率。③储存量小，占地面积小，物料互不堆压，存取互不干扰，保证了库存物料的质量。

随着现代企业生产经营方式的变革和市场外部条件的变化，以降低原材料成本和进行产品技术开发来降低产品成本的空间越来越小，因此企业纷纷把目光转向有着“第三利润源泉”的物流环节上。传统的自给自足式的物流服务不论从经济效益上还是系统化、专业化程度上都无法与专业的第三方物流企业相比，因此越来越多的企业为了优化企业资源配置和增强市场竞争优势，将不属于企业核心竞争力范畴的物流业务外包，促使中国第三方物流正处在高速发展的通道上。中国的第三方物流水平仍然落后于世界水平，其服务范围大多还是为各生产企业提供简单仓储和运输等服务。随着生产企业对物流服务要求的提高和来自国外第三方物流企业的强有力竞争，国内第三方物流企业必须充分利用现代物流装备和物流技术来提高物流管理水平、降低物流成本、提高物流效率，为生产企业提供更满意的物流服务。

中国先进的物流装备和物流技术不断涌现，除了传统的货架、叉车、其他搬运车辆，自动化立体仓库、各种物流输送设备、高速分拣机、RFID 技术、AGV 等先进物流装备和技术都得到了高速发展。

5.2　现代物流自动化系统组成

传统的物流自动化系统一般主要由物流机械执行装置和一些简单的电气控制设备构成，往往只用于实现比较单一的功能，也缺乏与其他设备和系统的协调与协同，如传带式传输装置、叉车、分拣设备、包装设备等。现代物流企业除了使用更多新型的机械与电气设备，采用更多先进的信息技术，还开始注重整个物流系统的系统化、网络化、数据共享和智能化。

5.2.1　物流自动化系统组成

机械执行装置包括运输设备、装卸设备、输送设备、仓储设备、集装化设备、包装设备、流通加工设备和支撑承重结构等。机械执行装置是对物料直接进行操作的机构，对于不同类型的物料，在不同的使用场合，适用不同的搬运要求，前端执行装置都要做出针对性的独特设计。因此，机械执行装置是物流自动化系统中种类最多、结构差异最大、最具代表性的装置。机械执行装置相当于人体的四肢（操作）和骨骼（承重）。各种类型的物流机械装置，有些可以直接用作物流自动化系统的组成部分；有些可以和物流自动化系统进行整合与衔接，以实现整个物流运作的机械化和系统化。

机械执行装置主要由各种电气控制装置来实现驱动和控制。传统的电气控制装置包括低压电气装置、电机及调速装置、变频装置、可编程控制器、单片机等。新型的电气控制装置包括嵌入式系统、工控机系统等。电气控制装置直接决定了自动化系统的运行能力和技术参数，体现了物流自动化系统的设计和制造。

数据采集装置应用了较多新型的物流信息技术，包括各种新型传感器、条码技术、IC 卡技术、RFID 技术、图像识别技术、语音识别技术和各种检测监控技术等，是用于采集和获取物料信息与环境参数的重要装置。数据采集装置相当于人体的感官。如果没有数据采集，现代物流自动化系统就很难获得必要的数据输入和输出，就不能实现智能化。

信息管理和智能控制系统是物流自动化系统的大脑，它储存物流自动化系统运行所需要的数据，根据特定的数学模型对整个系统进行调度和指挥，并能通过各种通信网络与外部系统进行通信和数据交换。强大的信息管理和智能控制系统是物流自动化系统集成化和智能化的重要标志。

随着网络和通信技术的发展，物流自动化系统的各种子系统和部件可以在广阔的空间实时传输各种数据，大大提高了整个系统的集成化和智能化程度，甚至颠覆了传统的物流自动化系统的区域局限性。各种先进的网络和通信技术的应用，使得没有地域限制的超大型物流自动化系统成为可能。本书将结合物流自动化系统的一些实例介绍相关的内容。

物流自动化系统是集光学技术、机械技术、计算机技术、控制技术、检测传感技术和系统集成技术等于一体的多学科融合的边缘技术。各种单元技术相互渗透、相互影响，使物流自动化系统的内涵和外延得到不断丰富与拓展。从最初的机械电子化发展到机电一体化，进而发展成光机电一体化和微光机电一体化。物流自动化系统向着智能化、模块化、网络化、集成化方向迅猛发展。20 世纪 70 年代，以自动化仓库为代表的物流自动化系统诞生，人们发现仅有先进的单元技术并不能使整个系统最优化。物流自动化系统是多个子系统的复合体，各子系统的集成并不是简单的叠加，而是需要运用系统工程的理论和方法进行有机的融合和设计。

5.2.2 物流自动化系统的特点

物流自动化系统的主要特点如下。

1. 系统化

物流自动化系统是一个包含多个环节，将光、机、电、控制、信息等先进技术组合在一起的复杂系统，因而必须利用系统科学的思想和方法来建立、分析与优化系统结构，合理定义和划分各子系统的功能与任务，科学配置和协调系统内部参数，使系统具有最高运行效率和可靠性。

2. 集成化

随着物流专业化和社会化的发展，物流企业提供的功能和服务不断增加，制造业和商业企业的物流不断转移，特别是在现代供应链的运作方式下，物流的含义从传统的仓储和运输延伸到采购、制造、分销等诸多环节。功能的增加必然要求对物流环节或过程进行整合集成，通过集成优化物流管理，降低运营成本，提高客户价值。另外，由于科学技术的发展及其在物流领域的广泛应用，物流企业在提高物流管理水平的同时，也面临着各种技术之间的集成问题。因此，集成化至少包括两个方面的内容：管理集成和技术集成。现代物流管理越来越依赖先进的技术，因此还会出现管理和技术交叉集成的问题。

3. 自动化

物流自动化是指物流作业过程的设备和设施的自动化，包括运输、装卸、包装、分拣、识别等作业过程。物流自动化可以方便物流信息的实时采集与跟踪，提高整个物流系统的管理和监控水平等。

4. 智能化

伴随着科学技术的发展和应用，物流管理从人工化的手工作业，到半自动化、自动化，直至智能化，这是一个循序渐进的发展过程，从这个意义上讲，智能化是自动化的继续和提升。因此，可以这样理解，自动化过程中包含了更多的机械化成分，智能化过程中包含了更多的电子化成分，包括集成电路、计算机硬件和计算机软件等。智能化在更大范围内和更高层次上实现了物流管理的自动化。智能化不仅用于作业还用于管理，如库存管理系统、成本核算系统等。智能化不仅可以代替人的体力还可以运用或代替人的脑力，与自动化相比，智能化更大程度地减少了人的体力和脑力劳动。

5. 网络化

这里的网络既包括由计算机和电子网络技术构成的进行物流信息交换和系统控制的电子网络，又包括交通运输网络、公司业务网络和在此基础上形成的全国性、区域性乃至全球性的分销和物流配送网络。

6. 信息化

在电子商务时代，物流信息化是电子商务的必然要求。物流信息化表现为物流信息收集的数据库化和代码化、物流信息处理的电子化和计算机化、物流信息传递的标准化和实时化、物流信息存储的数字化等。

5.3　中国现代物流自动化技术发展现状

在自动分拣设备与系统领域，2021 年我国快递包裹数量突破了 1000 亿件，目前快递行业竞争已进入胶着阶段，价格战极为激烈，加上新进入行业的企业的强势入场，整个快递行业主打低价模式，以价换量是目前整个快递行业的主旋律。2020 年上半年通达系单票收入集体下滑 25%以上，即便是主打优质的顺丰也加入电商市场，其综合单票收入从 1 月的 19.7 元降至 2020 年 12 月的 17.89 元。

5.3.1 中国现代物流自动化技术现状

目前的快递业价格战，已经探底行业盈利红线，为进一步降低成本，各快递企业持续加大自动化设备引进，且快递末端网点的“智能化”需求越来越紧迫。快运市场体量巨大，约为快递市场的 2 倍，但目前快运市场货物标准化程度低，市场主体较为分散，尚未形成规模化运营。大件分拣技术迭代升级，将带动设备价格大幅下降及快运行业集中度进一步提高，自动化分拣需求将逐步显现，未来 3~5 年快运市场需求增速将有大幅提升。随着物联网、机器人、人工智能、大数据等技术的创新与应用，自动输送分拣行业发展正逐步成熟，行业竞争格局将会重塑，行业集中度发展趋势明显，行业龙头逐渐产生。装备制造是产业基础，利润率最低，系统集成以全局思维模式对各环节采用的自动化设备进行调用，执行全局优化的复杂操作，附加值最高。头部企业立足自身资源优势，在重点建设研发技术能力、大型枢纽综合规划能力、项目执行能力等核心能力基础上，积极拓展业务范围，向着利润率更高的软件开发、售后服务、规划集成设计等领域进发，凸显企业综合能力。

在人力成本上升、土地资源有限、经济转型升级的大背景下，许多制造业企业开始以物流端为切入点，对企业运作进行自动化转型升级，“智能工厂”作为制造业自动化物流的重要模块，备受各行业关注。一般而言，电商、快递类企业对于成本把控极为严格，相比之下，制造类企业则长期专注于生产制造成本，对于物流成本的把控没有那么苛刻。因此，为提升其物流效率，制造类企业在自动化物流系统建设方面的需求会更加旺盛，从而为包括分拣设备系统在内的物流装备企业提供更多市场机会和利润空间。

随着中国物流装备市场的快速发展，高性价比的产品和服务赢得海外客户倾心，但如何保证项目及时交付，成为物流装备企业需要考虑的头等大事。例如，苏州金峰物流设备有限公司积极探索新的交付方式，做到了“人未到亦可交付项目”，在东南亚的几个项目中得到了锻炼，也获得了客户认可。在仓库管理、立体库建设方面，东南亚市场正进入高速发展阶段，中国企业或可考虑抱团出海，寻找新机遇。

5.3.2 发展阻碍

目前，现代物流自动化技术发展存在一定的阻碍。

（1）空间资源利用率低。一方面，传统的仓库在仓储净空高度维度往往得不到利用而造成大量空间资源的闲置浪费；另一方面，传统仓库的管理和作业模式均采用原始的作业方式，仓库设备的能力没有充分发挥出来，在一定程度上也造成了浪费。

（2）货物损害大。一方面，传统的平面仓库物流自动化水平较低，货物的进库作业基本是人工利用叉车进行作业，人工操作不当会造成货物碰撞损耗；另一方面，错误作业或错误配送所引起的错误成本，特别是药品的配送，会造成更严重的后果。

（3）信息流物流不一致。一方面，传统的仓库往往信息化程度较低，整体物流管理水平低下，无法向客户提供优质和灵活的物流服务；另一方面，信息流和物流无法统一造成的错误成本，使总体仓储成本提高。

（4）作业效率低下。传统的平面仓库是“人工—叉车—货架”的作业模式，其作业速度根本无法与自动化立体仓库中的“计算机—堆垛机—货架”的作业模式相比，大大影响了第三方物流企业的竞争能力。

第6章

物流自动化装备及应用

6.1 物流自动化装备概述

物料（包括原材料、燃料、动力、工具、半成品、零配件、成品等）的实体流动过程是物流运作的主要内容，在物流自动化系统中，对物料实体进行移动的功能主要是由物流自动化装备完成的。对于装卸、运输、仓储、分拣、包装等各种不同的物流自动化系统，都配有不同的物流自动化装备，用于完成相应的具体作业功能。因此，物流自动化装备是物流运作的技术基础，是物流自动化系统的具体实施工作单元，在物流自动化系统中具有不可替代的基础作用。

6.1.1 物流自动化装备的种类

物流自动化装备门类多、品种复杂、型号规格多、功能各异，有简单的作业部件和单机设备，也有复杂的成套设备和生产线，分类方法比较复杂。一般来说，根据完成物流作业的类型，物流自动化装备可分为自动化仓储设备、自动化装卸输送设备、自动化包装和流通加工设备等几类。

1. 自动化仓储设备

自动化仓储设备是指在仓库进行生产、辅助生产作业以及保证仓库作业安全所必需的各种自动化设备的总称。自动化仓储设备是仓库进行保管维护、搬运装卸、计量检验、安全消防和输电、用电等各项作业的劳动手段。自动化仓储设备按其用途一般可以分为存储设备、装卸搬运设备、计量设备、仓库保管和检验设备、维修设备、安全消防设备等。

2. 自动化装卸输送设备

自动化装卸输送设备是指用于搬移、升降、装卸和短距离运输货物或物料的机械，是物流系统中使用频率最高、使用数量最大的一类自动化设备，不仅用于完成船舶与车辆货物的装卸，还用于完成仓库和堆场货物的堆码、拆垛、运输等，以及生产线的物料流动及短距离输送。自动化装卸输送设备是实现装卸搬运机械化作业的物质技术基础，是实现装卸输送合理化、效率化、省力化的重要手段。按照其用途和结构特征，自动化装卸输送设备可以分为装卸起重设备、连续输送设备、装卸搬运车辆和专用装卸机械等。

3. 自动化包装和流通加工设备

自动化包装设备是指用于完成全部或部分包装过程的物流设备。包装过程包括充填、裹包、封口等主要包装工序及清洗、干燥、杀菌、堆码、拆卸、打印、贴标、计量等辅助包装工序。自动化包装设备是使产品包装实现机械化、自动化的根本保证，在物流运作中起着相当重要的作用。自动化包装设备可以分为充填机械、灌装机械、裹包机械、封口机械、贴标机械、清洗机械、干燥机械、杀菌机械、捆扎机械、集装机械等。

自动化流通加工设备是指完成流通加工任务的专用自动化设备。流通加工是指物品从生产地到使用地的过程中，根据需要施加包装、分割计量、分拣、刷标志、贴标签、组装等简单作业的总称。流通加工是流通过程中的一种重要形式，是弥补生产过程加工程度的不足，更有效地满足用户多样化的需要，更好地衔接产需、促进销售的一种高效、辅助性的加工活动。自动化流通加工设备除了一般的包装设备，还包括混凝土搅拌设备、钢材剪切加工设备、锯床等特种设备。

6.2.2　物流自动化装备的选择原则

在物流自动化系统设计中，物流自动化装备的选用不是越先进越好，而是要根据系统设计的目标，综合考虑各种因素来科学合理地配置和选择。一般来说，物流自动化装备的选择原则如下。

（1）合理化原则。在进行物流自动化系统设计时，应该从整个系统的角度来考虑，把物流自动化装备视为整个物流自动化系统的一个子系统，根据系统的总体设计目标，综合各种因素，选择合适的物流设备。每一类物流自动化装备都有其基本功能，在选用时，要进行科学规划，认真研究选用设备的固有特点，扬长避短，制订出切实可行的配置方案，以求获得最好的效果。

（2）标准化原则。在物流自动化系统中，应该尽量采用标准化的物流设备或部件，这不仅可以提高物流运作中的灵活性和互换性，还可以降低设备和器具的购置与管理费用，以提高物流自动化系统的整体效率。

（3）配套原则。在物流自动化系统中，不仅要注意物流自动化装备单机的选择，还要注意整个系统各环节的衔接和合理匹配。既要保证各种物流自动化装备在动力、功率、尺寸、性能、容量等各方面互相配套，又要保证物流自动化装备能满足与人工操作相衔接的需要。

（4）适应性原则。在物流自动化系统中，物流自动化装备的选择应该能够适应各种不同的外部环境、物流任务和实际应用的需要，应满足气候、法律法规、人体工程学、管理等方面的需求。

（5）经济性原则。物流自动化的主要目标就是提高效率，降低成本。因此，在物流自动化装备选择的过程中也要注意经济性要求，一方面不能盲目选用高成本的先进装备，另一方面也要考虑整个系统的运行成本和维护成本。

6.2 自动化仓储设备

仓储活动是物流领域的核心环节，在物流领域中起着重要的作用，它的基本功能包括货物的保管功能、调节供需功能、调配货物的运输功能、实现货物的配送功能。它的基本活动包括货物的储存、保养、维护和管理。

要实现仓储的基本任务，企业应根据储存货物的周转量、储备时间、种类及有关的自然条件，广泛应用先进仓储技术，合理配置仓储机械设备，为有效进行仓库作业创造条件。自动化仓储设备是有效实现仓储作业的技术保证，是企业仓储能力的直接反映。科学有效地应用仓储机械设备，加强仓储机械设备的管理，是保证仓库高效、低耗、灵活运行的关键。随着仓储功能要求的进一步提高，仓储的性能也在不断的提升，并出现了大量的新型设备，如适合大型配送中心使用的高层货架和堆垛机等。

自动化仓储设备按照功能不同可分为存储设备、装卸搬运设备和计量设备。其中存储设备是指用于存放货物并保持其原有功能的设备。装卸搬运设备是指在仓储作业中按照预定要求完成货物空间位置改变的设备。计量设备是指确定货物重量等物理特性的设备。此外，还包括仓库保管和检验设备、维修设备、安全消防设备等。

自动化仓储设备按照使用范围可分为专用机械设备和通用机械设备。为提高仓储机械设备的作业效率，目前专用机械的应用越来越普及，如立体库专用的堆垛机等。

自动化仓储设备按照作业形式可分为固定式机械设备、移动式机械设备和半移动式机械设备。目前传统的固定式仓储作业正在逐渐改变，移动式仓储作业不断增加，因此，移动式机械设备的应用也在不断扩大，比较典型的是移动式货架和移动式机器人。

自动化仓储设备具有起重、装卸、搬运、储存和堆码等功能，如货架具有货物存放功能、堆垛机具有起重装卸功能等。

6.2.1 自动化仓储设备的主要特点

（1）搬运质量要求高。由于自动化仓储设备主要用于货物的移动和起升，一般在企业内部使用，因此其作业范围相对较小，对货物的搬运质量要求高，对货物应有必要的保护措施，减少货物的损伤，而对搬运速度的要求相对比较低。

（2）搬运线路比较固定。仓储作业地点比较集中，且运输线路的布局受到作业场地设施的限制比较多，特别是出入库作业等仓储作业形式，因此货物作业线路相对比较固定。

（3）专业化程度高。仓储作业由一系列实现特定功能的作业环节或工序组成，如装卸、搬运、堆垛等，单个工序的功能较单一，而工序之间的功能差别一般较大，使用通用机械很难达到作业要求，为提高工作效率，仓储机械设备的专业化程度越来越高，因此仓储机械设备的种类规格较多，给设计仓储作业系统和选择仓储设备带来了一定的困难。

（4）标准化程度高。商品流通各环节对商品的外观和包装提出了标准化要求，商品包装的标准化促进了物流设备包括仓储机械设备的标准化进程。同时，仓储作业中机械运动的重复性和专业性较高，为仓储机械设备的标准化工作带来了便利，采用标准化设计可以实现各个作业环节的无缝衔接，提高作业效率。

（5）机械化、自动化程度高。随着条码技术、光学字符识别技术、磁编码识别技术、RFID 技术、自动认址技术、自动称重技术和计数技术的广泛应用，现代仓储设备的自动化程度得到了大幅度的提高。仓储作业已经逐渐淘汰了手工作业，以大型化、高效率的自动化仓储设备替代。

（6）节能性和经济性要求高。仓储过程作为流通领域或企业物流的必不可少的环节，为实现商品的价值起到了极其重要的作用，常被作为商品成本的一部分来考虑，因此，为控制仓储成本，在设计和选用仓储机械设备时，必须考虑其节能性和经济性。

（7）环保性要求高。仓库的清洁程度要求比较高，必须严格控制仓储机械设备对环境的污染程度，如对噪声、废气排放的控制等。

（8）安全性要求高。在仓储作业过程中，要在复杂的环境和有限的空间中保证人员、设备和货物的安全，对仓储机械设备的安全性能有很高的要求。

6.2.2　存取设备

堆垛机是立体仓库中最重要的起重运输和存取设备，是随立体仓库的出现而发展起来的专用起重机，是立体仓库特征的标志，主要负责完成出库、进库和盘库等任务。堆垛机具有作业效率高、可提高仓库利用率、自动化程度高、稳定性好等特点，具有较高的搬运速度和货物存取速度，可在短时间内完成出入库作业；自身尺寸小，可在宽度较小的巷道内运行，适合高层货架作业；还可实现远程控制，便于管理，具有很好的可靠性和稳定性。

堆垛机可以按照有无导轨、高度、驱动方式、自动化程度和用途的差异进行分类。按照有无导轨可分为有轨堆垛机和无轨堆垛机。其中，有轨堆垛机是指堆垛机沿着巷道内的轨道运行，无轨堆垛机又称为高架叉车。按高度不同可分为低层型堆垛机、中层型堆垛机和高层型堆垛机。其中，低层型堆垛机起升高度在 5m 以下，主要用于分体式高层货架仓库和简易立体仓库中。中层型堆垛机起升高度在 5~15m。高层型堆垛机起升高度在 15m 以上，主要用于一体式的高层货架仓库中。按驱动方式不同可分为上部驱动式、下部驱动式和上下部相结合的驱动方式。按自动化程度不同可分为手动堆垛机、半自动堆垛机和自动堆垛机。手动和半自动堆垛机上带有驾驶室，自动堆垛机不带有驾驶室，采用自动控制装置进行控制，可以自动寻址、自动装卸货物。按用途不同可分为桥式堆垛机和巷道式堆垛机。

1. 桥式堆垛机

桥式堆垛机具有起重机和叉车的双重结构特点，可同时完成货物存取和搬运作业。

桥式堆垛机的桥架可以沿导轨移动，可以服务于多条巷道，具有较大的作业范围。小车可沿桥架运行，实现巷道内位移，桥式堆垛机具有固定式或可伸缩式的立柱。立柱上装有货叉或者其他取物装置，立柱可以通过回转平台完成货叉的转向操作，完成两侧货架上的货物存取操作。

桥式堆垛机的堆垛和取货是通过取物装置在立柱上运行实现的，受到立柱高度的限制。桥式堆垛机的作业高度不能太高，主要适用于12m以下中等跨度的仓库中。同时要求巷道的宽度比较大，适于笨重和长大件物料的搬运与堆垛。

桥式堆垛机的主要性能参数有额定起重量、小车运行最大速度、最大起升高度、最大起升速度、最大回转速度、巷道宽度、货叉下挠度等。额定起重量是指桥式堆垛机允许叉取的最大物料重量，此重量包含货叉等存取装置的重量。小车运行最大速度是指在额定起重量下，小车在桥架上运行时所能达到的最大速度。小车的运行速度直接影响作业效率。最大起升高度是指在额定起重量下，货物起升到最高位置时，货叉水平段的上表面距地面的垂直距离，最大起升高度决定了货架的高度。最大起升速度是指在额定起重量下，货物起升的最大速度。最大回转速度是指在额定起重量下，回转平台回转时所能达到的最大速度。巷道宽度是指满足各项作业要求的巷道最小宽度，主要受到货物的几何尺寸、货叉的长度等因素的影响。货叉下挠度是指在额定起重量下，货叉上升到最大高度时，货叉最前端弯下的距离。这一参数反映货叉抵抗变形的能力，货叉下挠度过大会影响货物在运行过程中的稳定性。它与货叉的材料、结构形式以及加工货叉的热处理工艺有关。

2. 巷道式堆垛机

巷道式堆垛机大多属于有轨巷道堆垛起重机，通过运行机构、起升机构和货叉的协调工作，完成货物在货架范围内的纵向和横向移动，实现货物的三维立体存取。堆垛机的具体工作原理是由行走电机通过驱动轴实现沿导轨上的水平运动，由提升电机带动载货台作垂直升降运动，由载货台上的货叉作伸缩运动。通过上述三维运动可将指定货位上的货物取出或将货物送到指定的货位。其通过认址器、光电开关的识别以及光通信信号的转化实现计算机定位和控制。通过识别装置确认堆垛机的实际运行位置。货叉下面的行程开关控制货叉伸出的距离，接近开关控制货叉的回中位置。

1）巷道式堆垛机的分类

巷道式堆垛机采用货叉伸缩机构，使货叉可以伸缩，这样就可以使巷道宽度变窄，提高仓库的利用率。巷道式堆垛机适用于各种高度的高层货架仓库作业，可以实现半自动、全自动和远距离集中控制。

巷道式堆垛机按照结构的特点，可以分为单立柱巷道式堆垛机和双立柱巷道式堆垛机。单立柱巷道式堆垛机由一根立柱、上横梁和下横梁组成，结构刚度较小，适用于高度不高、堆垛重量不大的场合；双立柱巷道式堆垛机由左右两根立柱支撑，刚度较好，适用于任何高度和堆垛重量的场合，而且适合高速运行。

巷道式堆垛机按支撑方式，可以分为地面支撑型巷道式堆垛机、悬挂型巷道式堆垛机和货架支撑型巷道式堆垛机。地面支撑型巷道式堆垛机支撑在地面铺设的轨道上，用下部的车轮支撑和驱动，上部有导轮防止堆垛机倾倒，适用于起重量较大的各种立体仓库，应用比较广泛。悬挂型巷道式堆垛机悬挂在仓库下弦装设的轨道下翼缘上运行。在货架下部两侧铺设下部导轨，防止堆垛机摆动，适用于起重量和起升高度较小的小型立体仓库。货架支撑型巷道式堆垛机支撑在货架顶部铺设的轨道上，要求货架具有较高的强度和刚度，也仅适用于小型立体仓库。

巷道式堆垛机按用途，可分为单元型巷道式堆垛机和拣选型巷道式堆垛机。单元型巷道式堆垛机以托盘单元或货箱单元进行出入库作业，应用比较广泛。拣选型巷道式堆垛机是由起重机上的操作人员从货格的托盘单元或货物单元中拣选货物进行出库作业，一般为手动或半自动式。

2）巷道式堆垛机的构成

巷道式堆垛机主要由金属结构、起升机构、运行机构、货叉伸缩机构、载货台、电气控制装置和各种安全保护装置构成。

（1）金属结构也称为机架，是由立柱、上横梁、下横梁组成的长方形结构框架，是主要承载构件。机架除应满足一般起重机的强度和刚度要求外，还有较高的制造与安装精度要求。机架沿导轨运行，为防止框架倾倒，在上横梁上装有导向轮。机架上安装有起升机构，其立柱内侧安装升降导轨，使载货台平稳地升降。机架下部安装主动及被动车轮、运行驱动装置及下水平导轮、缓冲器等部件。后部和两侧安装有运行终端限位开关等部件。

（2）起升机构用于驱动载货台垂直升降。起升机构主要由驱动装置、传动装置以及配重块等附属部件组成。驱动装置普遍使用电动机，传动装置则可以选用链条传动、钢丝绳传动等多种方式。链条传动装置由电机减速器、驱动链轮、升降链轮、升降链条等组成。电机减速器通过驱动链轮带动升降链轮旋转，升降链轮再通过升降链条带动载货台上下运动。链条传动装置具有传动功率大的特点，钢丝绳等柔性传动装置则具有质量轻、结构紧凑、工作安全、噪声小的特点。为减少起升机构电动机功率，可以设置配重，此时采用链条更便于机构布置。起升机构一般布置在立柱下部或下横梁上，以便于维护。

（3）运行机构驱动堆垛机沿运行轨道水平运动，由电机减速器、行走轮、导向轮等组成。常用的运行机构主要有地面行走式的地面支撑型和上部行走式的悬挂型或货架支撑型。地面行走式用2~4个车轮在地面单轨或双轨上运行，立柱顶部设有导向轮。上部行走式采用4个或8个车轮，沿着悬挂于屋架下弦的工字钢下翼缘行走，在下部有水平导轮。货架支撑型上部有4个车轮，沿着巷道两侧货架顶部的两根导轨行走，在下部也有水平导轮。

（4）货叉是堆垛机存取货物的执行机构，货叉伸缩机构控制货叉存取货物。由于货叉在存取货物时，向货架两侧伸入的长度几乎等于货架本身的长度，所以一般货叉采用三节式机构，下叉固定在载货台上，中叉和上叉可以向左右伸出。为了使货叉伸缩到位，保证准确地存取货物，在货叉上装有机械定位装置和电气定位感应开关组成的双重定位保护装置，还有检测货叉是否回到原位的中位感应条和接近开关。

（5）载货台是堆垛机承接货物并可以沿着起升导轨上升或下降的部件。其上装有货叉伸缩机构、松绳过载和断绳安全装置、升降动滑轮、升降导向轮和侧向导轮。

（6）电气控制装置是由电机驱动装置和自动控制装置组成的，完成堆垛机的走行、升降、货叉的伸缩等全部动作的控制。巷道式堆垛机一般由交流电动机驱动，如果调速要求较高，则采用直流电动机驱动。

（7）安全保护装置可以为巷道式堆垛机提供一定的安全保证。如各个机构的行程限制装置、下降超速保护装置、断绳保护装置、起升过载保护装置等。堆垛机上设置了走行端点限位及升降端点限位传感器，以防止堆垛机运行超过设定行程。为防止空出库、重复入库等现象的发生，堆垛机上设置了对货架上货位、入出库位置上的货物检测传感器，以确认货位或入出库位置上的货物情况。为防止货物尺寸与即将入库货位的尺寸不符，堆垛机上设置了货物尺寸检测传感器，以提高堆垛起重机的运行安全性。

3）堆垛机的控制方式

堆垛机有联机自动、本机自动、手动和维修四种控制方式。

（1）仓库系统正常运行时堆垛机一般应处于联机自动控制方式。处于此控制方式下的堆垛机，可以经通信装置接收来自计算机的操作指令，并可向上位控制计算机反馈堆垛机的作业状态等信息，使堆垛机处于上位机的远程控制状态下，可以实现对仓库每一个货位的入出库作业，可以实现全程作业无人化，具有较高的工作效率。

（2）堆垛机单机运行时，一般处于本机自动控制方式。在此控制方式下的堆垛机可以自动地完成本巷道内的每一个货位的入出库作业，用户只需要确认入出库的首末位置即可。

（3）手动控制方式是指在操作人员的控制下，分步完成各项作业任务。比如，货叉取放货、堆垛起重机运行至巷道内某一货位地址等操作，主要用于安装调试。

（4）维修控制方式是在堆垛机发生故障时使用的一种控制方式。堆垛机处于维修人员控制状态下，可随时调整一些原有的控制选项设置，以便于查询故障原因。

4）巷道式堆垛机的技术参数

巷道式堆垛机的技术参数主要有载荷参数、速度参数、尺寸参数、货叉尺寸、巷道宽度等。载荷参数是指巷道式堆垛机的额定起重量，该参数表明了巷道式堆垛机的承载能力。速度参数是指其执行机构的运行速度指标，主要包括巷道堆垛起重机的水平运行速度、起升速度和货叉伸缩速度。巷道式堆垛机的各项运行速度直接影响着货物出入库的速度，关系着仓库的作业效率。尺寸参数包括堆垛机的外形尺寸（长、宽、高）、起升高度、下降深度和最低货位极限深度。其中最低货位极限深度是指货叉表面最低一层货格的低位到地轨安装水平面的垂直距离，影响货架的布局。货叉尺寸是指能够进行正常作业的货叉伸出长度，直接影响相应的托盘的几何尺寸参数。巷道宽度是指其正常运行情况下的最小巷道宽度。

6.2.3 仓储货架

仓储货架是指在仓库中专门用于存放成件物品的保管设备。货架在仓库中占有非常重要的地位，随着现代工业的迅猛发展，物流量的大幅度增加，为实现仓库的现代化管理，改善仓库的功能，不仅要求货架数量多，还要求具有多功能，并能实现机械化、自动化的要求。

1. 仓储货架的主要功能特点

（1）可以充分利用仓库空间，提高库容利用率，扩大仓库储存能力。

（2）可以充分保护货物，存入货架中的货物，互不挤压，物资损耗小，可最大限度地减少货物的损失。

（3）作业过程中存取方便，便于清点及计量，可做到先进先出。

（4）可以采取防潮、防尘、防盗、防破坏等措施，以提高物资存储质量。

（5）很多新型货架的结构及功能有利于实现仓库的机械化及自动化管理。

2. 仓储货架的种类

仓储货架的种类很多，包括层架、层格式货架、抽屉式货架、橱柜式货架、U 形架、悬臂架、栅型架、鞍架、气罐钢筒架、轮胎专用货架、旋转式货架、移动式货架、装配式货架、调节式货架、托盘货架、进车式货架、高层货架、阁楼式货架、重力式货架、臂挂式货架等。

按货架的适用性可分通用货架和专用货架；按货架的制造材料可分为钢货架、钢筋混凝土货架、钢与钢筋混凝土混合式货架、木制货架、钢木合制货架等；按货架的封闭程度可分为敞开式货架、半封闭式货架和封闭式货架；按结构特点可以分为层架、层格架、橱架、抽屉架、悬臂架、三脚架、栅型架等；按货架的可动性可以分为固定式货架、移动式货架、旋转式货架、组合货架、可调式货架和流动储存货架等；按货架与仓库的结构关系可分为整体结构式和分体结构式；按货架的载货方式可分为悬臂式货架、橱柜式货架和棚板式货架；按货架的构造可分为组合可拆卸式货架、固定式货架等；按货架高度可分为低层货架、中层货架和高层货架；按货架重量可分为重型货架、中型货架和轻型货架。

3. 几种常用货架

1）层架

层架是最常见的货架形式，是由主柱、横梁、层板构成的。架子本身分为数层，层间用于存放货物。层架应用广泛，种类繁多，一般可进一步划分如下。

（1）按层架存放货物的重量级划分为重型层架、中型层架和轻型层架三种：重型层架每层货架载重量在 500kg 以上，中型层架每层货架载重量为 150~500kg，轻型层架每层货架载重量在 150kg 以下。

（2）按货架结构方式，可分为装配式、固定式和半固定式三种。装配式多用于轻型层架，采用轻钢结构，较机动灵活；固定式层架坚固、结实、承载能力强，用于重、中型层架；半固定式介于二者之间。

（3）按货架封闭程度，可分为开放型、半开放型、金属网型、前挡板型若干种。

（4）按层板安装方式，可分为固定层高及可变层高两种。

层架的尺寸规格可在很大范围内变动，一般而言，轻型层式货架主要是人工进行装、取货操作，规格、尺寸及承载能力都和人的搬运能力适合，高度一般在 2.4m 以下，厚度在 0.5m 以下。中、重型层架尺寸则要大得多，高度可达 4.5m，厚度可达 1.2m，宽度可达 3m。

层架结构简单，省料，适用性强，便于作业的收发，但存放物资数量有限。层架是人工作业仓库的主要存储设备。轻型层架多用于小批量、零星收发的小件物资的储存。中型和重型层架要配合叉车等工具储存大件、重型物资，所以其应用领域广泛。

某些层架在层中用间隔板分成若干个格子，称为层格架。层格架主要有开放式、抽屉式和橱柜式三种。开放式层格架每格原则上只能放一种物品，物品不易混淆，但层间光线暗，存放数量少，主要用于规格复杂、多样，必须互相间隔开的物品。抽屉式层格架具有防尘、防湿、避光的作用，用于比较贵重的小件物品的存放，或用于怕尘土、怕湿等的贵重物品，如刀具、量具、精密仪器、药品等物品的存放。橱柜式层格架前面装有橱门，上下左右及后面均封闭起来，门可以是开关式，也可以是左右拉开式或卷帘式，主要用于存放贵重物品、文件、文物及精密配件等物品。

抽屉式储柜是模块化的设备，因为每个储柜都有几个标准大小的抽屉，每个抽屉又分成几个标准的格子。抽屉高度在 15~30cm，抽屉最多能够存储 200kg 的货物。抽屉式储柜最主要的优点是在一个小区域内可以存储很多品种的货物，方便拣货员作业。抽屉式储柜的一个抽屉可以容纳 1~100 种最小存货单位（视货物的大小、形状和库存水平而定），一个典型的储柜存储的货物相当于 2~4 个轻型货架的量。这种密集的存储方式主要靠抽屉结构来满足每种最小储存单元的存储体积要求。由于抽屉是向通道方向抽出后供拣选的，所以不需要在每个最小存货单位上为拣货员的手臂提供活动空间，但轻型货架就需要这种空间，否则深处的物品就取不出来。

抽屉式储柜的高密度存储能带来几个好处。首先，面积小、容量大，空间的需求小，空间成本也低。当空间的价值很宝贵时，如在战舰上、飞机上或者在制造车间内，仅仅是空间需求的减少就能充分证明抽屉式储柜的使用是合理的。其次，场地需求少，行程时间和订单拣选人力减少。

使用抽屉式储柜还可以提高拣货准确度和保护货物免受环境影响。抽屉式储柜的拣货准确度比轻型货架高是因为拣货员到货物的距离较短，货物上的光线亮度也提高了。对轻型货架，拣取货物的高度可能是从地面到 2m 高的任何地方；拣货员必须伸手到货架格里面才能够取出货物。对抽屉式储柜，抽屉朝通道方向拉出后拣取货物很方便。靠着通道的光源，拣货员可以俯视抽屉里的物品（由于拣货员必须俯视抽屉使得储柜高度不能超过 1.5m）。不拣取货物时，抽屉能被关闭而且锁住，因此货物能得到安全保护。抽屉式储柜价格较贵，其价格主要是由抽屉数量和橱柜内金属用量来决定的。

还有一种 U 形层架，它组成的型材呈 U 字形，组合叠放后整个货架呈 H 形。为使其重叠码放和便于吊装作业，在架的两边上端形成吊钩形角顶，主要用于存放量大的管材、型材、棒材等大型长尺寸金属材料、建筑塑料等。U 形层架结构简单，但强度很高，价格较低，码放时可叠高，因而可提高仓库的利用率。

2）托盘货架

托盘货架是存放装有货物托盘的货架，多为钢材结构，也可用钢筋混凝土结构，可做单排型连接，也可做双排型连接。

用托盘装载货物时，如果用平托盘直接堆码，两盘之间及最下层的货物会受到挤压，甚至造成损坏，也不能做到先进先出，而且当各个托盘装载不同货物时只能单摆，不能堆码，造成库容率低。当使用立柱式托盘或框架式托盘时，虽然可以堆码使货物不受挤压，但堆码不能太高，太高则稳定性差，不安全。因此，应采用托盘货架。

较高的托盘货架使用堆垛机存取货物，较低的托盘货架可用叉车存取货物。托盘货架可实现机械化装卸作业，便于单元化存取，库容利用率高，可提高劳动生产率，实现高效率的存取作业，便于实现计算机管理和控制。

3）阁楼式货架

阁楼式货架是在已有的仓库工作场地上建造楼阁，在楼阁上放置货架或直接放置货物，将原有的平房库改为两层的楼库。货物提升可用输送机、提升机、电葫芦，也可用升降台。一般为两层堆叠制成阁楼布置的货架，其结构有的是由底层货架承重上部搭置楼板，形成一层新的库面；有的是由立柱承重，上部搭置楼板形成库面。在阁楼上面可用轻型小车或托盘牵引车进行货物的堆码。这种货架的优点是充分利用空间用于旧库改造；缺点是存取作业效率低，主要用于存放储存期较长的中小件货物。

4）重力式货架

重力式货架又称流动式货架，是现代物流系统中的一种应用广泛的装备。其原理是利用货体的自重，使货体在有一定高度差的通道上，从高处向低处运动，从而完成进货、储存、出库的作业。

重力式货架和一般层架从正面看基本相似，但是其深度比一般层架深得多，类似许多层架密集靠放。每一层隔板隔成前端（出货端）低、后端（进货端）高的一定坡度。有一定坡度的隔板可制成滑道形式，货体沿滑道从高端向低端滑动，也可制成滑轨或滚轮，以提高货体的运动性能，应尽量将坡度做得小一些。

重力式货架有以下主要特点。

（1）单位库房面积存储量大。重力式货架是密集型货架的一种，能够大规模密集存放货物，与移动式货架密集存放的功能相比，其规模可做得很大，且从 1kg 以下的轻体小件物到集装托盘乃至小型集装箱都可以采用。由于密集程度很高，减少了通道数量，可有效节约仓库的面积。由普通货架改为重力货架后，仓库面积可节省近 50%。

（2）固定了出入库位置，减少了出入库工具的运行距离。采用普通货架出入库时，搬运工具如叉车、作业车需要在通道中穿行，易出差错，且工具运行线路难以规划，运行距离长。采用重力式货架后，叉车运行距离可缩短 1/3。

（3）由于入库作业和出库作业完全分离，两种作业可各自向专业化、高效率方向发展，且出入库时，工具不互相交叉，不互相干扰，事故率降低，安全性增加。

（4）重力式货架绝对保证先进先出，因而符合仓库管理现代化的要求。

（5）和一般货架相比，重力式货架大大缩小了作业面，有利于进行拣选活动，是拣选式货架中很重要的一种，也是储存型拣选货架中重要的一种。

重力式货架可以进行大量存储，也可以作为拣选式货架普遍应用于配送中心、转运中心、仓库、商店的拣选配货操作。大型重力式货架储存量较大，是储存为主的货架，轻型小型重力式货架属于拣选式货架。

5）进车式货架

进车式货架又称驶入式货架。它一般采用钢质结构，钢柱上一定位置有向外伸出的水平突出构件，当托盘送入时，突出的构件将托盘底部的两个边拖住，使托盘本身起架子横梁作用。当架上没有放托盘货物时，货架正面便成了无横梁状态，这时就形成了若干通道，可方便地出入叉车等作业车辆。进车式货架一般用于存储巷道有 5~10 个单元深度的情况。它们允许叉车驶入货架内的几个位置，以存放或提起集装单元。这种操作之所以可行，是因为货架是由立柱和其上的水平支轨组成的，这些支轨用来支撑位置高于叉车的集装单元。这种结构允许存储两三层货物，且每层是独立承重的。

这种货架的特点是叉车直接驶入货架进行作业，叉车与架子的正面呈垂直方向驶入，在最内部设有托盘的位置卸放托盘货载直至装满，取货时再从外向内顺序取货。驶入式货架能起到保管场所及叉车通道的双重作用，但叉车只能从架子的正面驶入，这样虽然可提高库容率及空间利用率，却很难实现先进先出。因此，每一巷道只宜保管同一品种货物，此种货架只适用于保管少品种、大批量以及不受保管时间限制的货物。进车式货架是高密度存放货物的重要货架，库容利用率可达 90%以上，缺点是叉车在货架内要小心行驶，速度不能太快。

进车式货架的一种改进形式是穿越式货架，此种货架与进车式货架结构基本相同，是高密度存放货架，库容利用率比进车式货架稍低。不同之处在于穿越式货架货架内端有出入口，叉车不但可以驶入其中作业，而且可以穿越，出入库作业分设两端，可以做到使货物先进先出。

6）移动式货架

移动式货架是一种带轮子且可移动的货架。在货架下面装有滚轮，在仓库地坪上装有导轨，货架可以通过轮子沿导轨移动。根据驱动方式不同，移动式货架可以分为人力摇动式和电力驱动式两种。

移动式货架平时互相依靠，密集排列在一起，可以密集储存货物。存取货物时通过手动和电力驱动使货架沿轨道横向移动，形成通道，并可用这个方法不断变换通道位置，以便于对另一货架进行作业，利用叉车等设备进行存取作业。作业完毕后再将货架移回原来位置。这样，就克服了普通货架每列必须留出通道的弊病，减少了仓库作业通道数，一般只需要留出一条通道的位置就可以了。使用这种货架可以使仓库空间利用率成倍提高。

移动式货架主要用于小件、轻体货物的存取。采用大型化设计后也可用于存取较重物品，如管件、阀门、电动机托盘等。这种货架尤其适用于环境条件要求高、投资大的仓库，如冷冻、气调等仓库，可相应减少环境条件的投资。

7）装配式货架

装配式货架的柱、梁、层板、隔板等均制成标准件，在柱的两边钻出圆、椭圆、心形或其他形状的孔穴，在孔穴处用紧锁装置进行装配。装配式货架的尺寸有多种，一般形成标准系列。

固定式货架主要是用来焊接的，不能拆卸，当货架不合乎要求或仓库位置有变化时，或者将其丢弃不用，或者花大量费用进行改装。装配式货架的特点是可以自由调节长、宽、高度，横隔层也可以上下组装。这种货架可以根据实际需要进行组装或拆卸，可以灵活地进行调整储存空间，使其与存放物体的体积相适应。这样，可提高货架容积率，增加其储存能力，并可满足物资品种、规格变化频率快，新品种层出不穷的市场的需要。

8）后推式货架

后推式货架使搁板或滑轨向前方倾斜，用叉车把后到的货物由前方存入货架时，此货物便把原先的货物推到后方。当从前方取货时，后方的货物自动滑向前方，以待拣取。

后推式货架的储存密度高，一般深度方向达 3 个储位，最多达 5 个储位，比一般托盘货架节省 30%的空间，适用于一般叉车存取，但它的存取性差，主要用于少品种大批量物品存取，不适合太重物品的存取。由于取货时采用货物自动滑向最前储位的方法，不能先进先出地存取。

9）旋转式货架

旋转式货架又称回转式货架，是为适应目前生产及生活资料由少品种大批量向多品种小批量变化的趋势而发展起来的一类现代化保管储存货架。这种货架的出现可以满足目前由于品种的迅猛增加，拣选作业的工作量、劳动强度日益增大，系统日益复杂的要求。

从货架上拣选货物一般都采用货物存放在固定的货架内，操作者进行取货的方式，现在采用旋转式货架，使货物随货架移动到操作者面前被操作者选取的方式，就大大提高了拣选效率。

旋转式货架在存取货物时，可用计算机控制，也可用控制盘控制，根据下达的货格指令，该货格以最近的距离自动旋转至拣货点停止。这种货架存储密度大，货架间不设通道，与固定式货架相比，可节省占地面积 30%~50%。由于货架转动，拣货路线简捷，拣货效率高，拣选差错少。

旋转式货架根据旋转方式的不同，可分为垂直旋转式货架、水平旋转式货架、立体水平旋转式货架三种。

（1）垂直旋转式货架。垂直旋转式货架类似垂直提升机，在提升机的两个分支上悬挂有成排的货格，提升机可正转，也可以反转。货架的高度一般在 2~6m，正面宽 2m 左右，10~30 层不等，单元货位载重 100~400kg，回转速度在 6m/min 左右。

垂直式旋转货架属于拣选型货架。占地空间小，存放的品种多，最多可达 1200 种，货架的货格的小隔板可以拆除，这样可以灵活地存储各种长度的货物。

在货架的正面及背面均设置拣选台面，可以方便地安排出入库作业。在旋转控制上用编号的开关按键即可轻松地操作，也可以利用计算机操作控制，形成联动系统，将指令要求的货物经最短的路程送至挑选的位置。

垂直旋转式货架主要适用于多品种、拣选频率高的货物，如果将货格改成支架可用于成卷的货物，如地毯、纸卷、塑料布等的存取。

（2）水平旋转式货架。水平旋转式货架是一串相连的旋转容器，这些容器都连接在活动架上，由驱动装置在空中或地面驱动。货架绕着垂直地面的轴以 30~50m/min 的速度旋转。位于旋转货架前的拣货员从货架上拣取货物，拣货员也许还要负责控制货架的旋转。人工控制是通过键盘和脚踏板实现的。键盘告诉货架哪个容器位置向前旋转，脚踏板启动货架的旋转。旋转式货架也可由计算机控制，货物拣选序列存储在计算机中并自动向前传送。

通常的改进设计是在两个旋转式货架前安装一个显示面板，每层旋转式货架都在该面板上显示。正确的拣取位置和数量也都在面板上显示，这极大地提高了生产率和存取作业的精确度。

旋转式货架在管理上的一项优点是拣货员操作货架的时间灵活。如果一名拣货员负责一台旋转式货架，那么他在拣货作业中要等待货架旋转到正确的位置。如果一名拣货员负责多台旋转式货架，那么他可以在一台货架上拣货，而另外的货架正在旋转，拣货员不需要等待。

水平旋转式货架的长度为 10~50m，高度为 2~8m。货架的长度和高度是由拣选速度要求和建筑条件规定的。货架越长，货架旋转到正确位置的平均时间就越长。同样，货架越高，存取时间就越长。当高度超过 2m 时就需要使用梯子或机械手来存取物品。

除了提高拣选率，水平旋转式货架还充分利用了可用存取空间。相邻货架之间只需要极少的空间，唯一的空间损失是在同一个旋转式货架上容器的平行剖面之间。

水平旋转式货架的缺陷是架子和容器是敞开的，因此，物品的安全性和防护就成了问题。现在有一种双容器旋转式货架。在这种货架中，传统的旋转式货架载运器垂直分成两半再旋转 90°。这样载运器的深度更浅，提高了小件存储的密度。

多层水平旋转式货架的各层可以独立旋转，每层都有各自的轨道，用计算机操作时，可以同时执行几个命令，使各层货物从近到远有序地到达拣选点，拣选效率很高。这种货架储存货物品种多，达 2000 种以上，主要用于出入库频率高、多品种拣选的配送中心等地。

（3）立体水平旋转式货架。立体水平旋转式货架有多排货架联结，每排货架又有若干层货格，货架作整体水平式旋转，每旋转一次，便有一排架达到拣选面，可对这一排的各层进行拣货。这种货架每排可放置同种物品，但包装单位不同，如上部货格放置小包装、下部货格放置大包装，拣选时不再计数，只取一个需要数量的包装即可；也可以一排货架不同货格放置互相配套物品，一次拣选可在一排上将相关物品拣出。这种货架还可作小型分货式货架，每排不同货格放置同种货物，旋转到拣选面后，将货物按各用户分货要求拣出分放到各用户的指定货位，使拣选、分货结合起来。

立体水平旋转式货架旋转时动力消耗大，不太适于拣选频度太高的作业，所放置货物主要是各种包装单位的货物，种类的容量受货架长度制约也有限。它也可制成长度很长的货架，可增大存储容量，但由于动力消耗大，拣选等待时间长，不适于随机拣选，在需要成组拣选或可按顺序拣选时可以采用。这类货架规模越大、长度越长，则其拣选功能便逐渐向分货功能转化，成为适用于小型分货领域的分货式货架。

6.2.4　物流站台

物流站台是仓库与运输线路的连接点，是仓库进出货的必经之路，既是仓库运行的基本保证条件，又是仓库高效工作不可忽视的部位。站台的基本作用是车辆停靠、装卸货物、暂存货物等，利用站台就能方便地将货物装进车辆中或从车辆中取出，实现物流网络中线与节点的衔接转换。

物流站台有高站台和低站台之分，高站台高度与车辆货台高度一样。一旦车辆停靠，车辆货台与站台处于同一水平面，有利于使用作业车辆进行水平装卸。低站台与地面一样高，往往是和仓库地面处于同一高度，以利于站台与仓库之间的搬运。低站台与车辆之间的装卸作业不如高站台方便，但是，如果采用传送装置装卸货，由于传送装置安装需有一定高度，采用低站台，传送装置安装后可与车辆货台保持同等高度。此外，采用低站台也有利于叉车作业。一般情况下，普通卡车和载重车适用的站台高度为 1.17m，平板车和冷藏车适用的站台高度为 1.32m，集装箱拖车适用的站台高度为 1.40m，长途挂车适用的站台高度为 1.22m。在一个库区内应尽可能考虑停靠车辆的种类，有若干不同高度的停靠位置，也可考虑车种平均高度，尽可能地缩小货车车厢底板与站台高度差，以提高作业效率。

在仓库中，进出货车种类可能很多，因而即使考虑不同高度的站台，也很难使全部车辆与站台相接合。要克服车辆与站台间的间距和高度差，一般站台为了作业安全与方便，经常使用可移动式楔块、升降平台和车尾附升降台来帮助装卸。

可移动式楔块又称竖板，当装卸货品时，可放置于卡车或拖车的车轮旁固定，以避免装卸货期间车轮意外地滚动可能造成的危险。

升降平台是一种最安全也最有弹性的卸货辅助器械，可分为卡车升降平台及码头升降平台两种。当配送车到达时，卡车升降平台可提高或降低车子后轮，使车底板高度与站台一致，从而方便装卸货，码头升降平台可调整码头平台高度来配合配送车车底板的高度。

车尾附升降台是安装在配送车尾部的特殊平台。当装卸货时，可运用此平台将货物装上卡车或卸至站台。车尾附升降台可延伸至站台，亦可倾斜放至地面，其设计有多种样式，适用于无站台设施的物流中心或零售点的装卸货。

当倒车靠近站台时，一台装有 20 吨货物的挂车以 0.45m/s 的速度倒撞向厂房时瞬间会产生 70 吨的冲击力。在这种力的经常撞击下，再硬的钢筋混凝土的站台也会破碎。然而在站台的前立面加入 20cm 厚的衬垫可将倒车对混凝土的冲击力减少到原来的 1/10。防撞胶垫就是模铸的或层叠的橡胶衬垫，固定在站台前吸收冲击力。

如果将货车作为收发货功能的一部分还会产生一些有趣的问题。如果货车作为一个暂存区与收发货功能相连，且这个暂存区的高度与站台高度不同，那么如何处理这种高度差呢？有五种可能的方法：①人员如同登台阶一样登上迈下；②采用活动搭板或地面登车桥；③采用登车桥来补齐站台与货车之间的高度差；④将车厢高度提升到与站台同一高度；⑤将升、降站台的高度与车厢的高度相匹配。

第一种方法是人员如同登台阶一样登上迈下，只适用于不需要任何工业车辆进入车厢的情况，只在人工装卸小包装货物时可用。如果是大量的小包装货物则可用输送带、滑轮或辊式输送机来降低劳动强度。如果是采用起重机装卸，则需要作业人员对齐货物登上迈下以克服高度差。如果货物由工业车辆从车厢侧面装卸，则可忽略这种高度差。但是，大多数工业车辆都要进入车厢内装卸货物，因此登上迈下方式就难以接受。

第二种方法是采用活动搭板或地面登车桥。地面登车桥一般由铝镁合金制成，在站台和车厢间形成一个斜坡，便于工业车辆进出车厢。为了减少地面登车桥板的重量，它的长度一般不超过 1.2m。因此，即使是很小的高度差，它所形成的斜坡对工业车辆的行走也不安全。地面登车桥主要用于铁路货车的货物装卸，因为铁路货车的停车位置是变化不定的。即使是应用于铁路货车，除非是搬运量低，否则都要用高度可调的永久设备代替。

地面登车桥或活动站台都是在没有永久站台的情况下，形成斜坡便于工业车辆进入车厢卸货。在没有足够的站台空间、卸货到院子或与地平面平齐的厂房时，可用地面登车桥来方便卸货。

第三种方法是采用登车桥来补齐站台与货车之间的高度差，是最常用的方法。站台登车桥可以用人工、机械或液压来调节板高。因为高度可调的登车桥是固定在站台上的，不能移动，所以它可以比地面登车桥更长、更宽；因为更长所以站台与车厢间的坡面斜度就更小，这样采用手推车作业更方便安全，就可以不用叉车，以减少电动叉车的电力消耗并避免车底弄脏登车桥；登车桥更宽则装卸更安全。站台登车桥同其他登车桥相比，在安全、防盗和定位方面性能更好。因此，站台登车桥总是首选的方法。

第四种方法是将车厢高度提升到与站台同一高度，在货车高度变化太多时采用。货车地面高度调节板是一种在货车后轮位置地面下安装的可调高度的平台，可将货车后部高度抬升到站台高度。一般的货车地面高度调节板可将货车车身抬高近 1m。虽然货车地面高度调节板既灵活又方便，但高昂的安装成本限制了它的广泛使用。

第五种方法是将升、降站台的高度与车厢的高度相匹配。剪叉式升降台是升降站台最常用的方法。站台升降台可以是固定安装的，也可以是移动的。站台升降台一般用在工厂地平面或没有空间容纳地面登车桥时，或者已有站台高度不适但又无法安装登车桥的情况。

出入口站台的设计需根据公司的作业性质及厂房形式，考虑进出货站台的安排方式、站台设计形式和站台的周边设计形式等因素。

进出货站台的安排方式应以仓库内物流的情况来决定。为使物料能顺畅地进出仓库，进货站台与出货站台的相对位置安排非常重要，它很容易影响进出货的效率及品质。一般来说，两者的安排方式有以下四种。

（1）进货及出货共用站台。此种站台安排方式可提高空间及设备使用率，但有时较难管理，尤其在进出货高峰时刻，容易造成进出货相互牵绊的不良效果，较适合进出货时间易规划错开的仓库。

（2）分别使用站台，但两者相邻以便管理。此种站台安排方式设备仍可共用，但进货及出货作业空间分隔，可解决上一方式进出货可能互相牵绊的困扰，但进出货空间不能弹性互用的情形必将使空间效益变低。此种站台安排方式较适合厂房空间适中，且进出货常易互相干扰的仓库。

（3）分别使用站台，两者不相邻。此种站台安排方式进出货作业属于完全独立的两部分，不仅空间分开，设备的使用亦作划分。因而虽其可能进货与出货更为迅速顺畅，但空间及设备的使用率势必降低。对于厂房空间不大且进出货时段冲突频率不高的公司并不适用。

（4）数个进货、出货站台。不论站台采用以上哪种安排方式，若厂房空间足够大且货品进出频繁复杂，则可规划多个站台以适应 JIT（just in time，准时生产制）的管理方式。

站台设计形式一般分为两大类型：锯齿型和直线型。锯齿型设计形式优点在于车辆回旋纵深较浅，缺点为占用仓库内部空间较大。直线型设计形式的优点在于占用仓库内部空间较小，缺点是车辆回旋纵深较深，外部空间要求较大。由此可见这两类设计形式的停车台是互补空间的情况，如内部空间场所小，外部空间场所就大，反之亦然。因而在作决策时可考虑土地及建筑物的价格，如果土地价格与仓库的造价差距不大，则以直线型为佳。

站台的周边设计形式是指车辆与站台之间的连接设计。为了防止大风吹入仓库内部、雨水进入货柜或仓库等灾害损失，避免库内空调冷暖气外泄等能源浪费，停车台形式有以下三种选择。

（1）内围式。将站台围在厂房内，进出货车可直接开进厂房装卸货，这种设计形式针对上列考虑最为安全，不怕风吹雨打，也不用担心冷暖气外泄。

（2）平式。站台与仓库外缘刚好齐平，此法虽没有上一种方法安全，但至少整个站台仍在仓库内受保护，能源浪费也少。这种设计形式较经济，是目前采用最广的形式。

（3）开放式。站台全部突出于厂房的形式。这种设计形式在站台上的货品完全不受遮掩保护，且库内冷暖气也容易外泄。

目前也有的站台采用门封来保证冷暖气不外泄。站台门封是一种灵活的防护设备，它包裹住货车车厢后部，在站台之间形成一个气密型通道。门封的优点如下。

（1）节能。封闭站台后能防止热量散失，节能成本能抵得上安装和维护的成本。

（2）增加安全性。门封能防止站台区域遭雨雪冰霜、灰尘杂质的侵入。

（3）提高对产品的保护。进出设施的物料受到更好的保护。通常食品和电子设备需要门封。

（4）防盗。货车旁没有门，减少了被盗的机会。

（5）减少维护。门封防止了树叶、灰尘、杂质和雨雪对设施的侵蚀，因而清洁卫生工作可以减少。

（6）减少停靠时间。大多数门封都有导向带，使得货车定位更快更好。

6.3　自动化装卸设备

自动化装卸设备是指用来升降、装卸和搬移物料或货物的机械设备。它是物流自动化设备中非常重要的一种。不仅能够完成船舶车辆货物的装卸，也能够完成库场货物的堆码、拆垛以及舱内、车内、库内货物的起重搬运。

6.3.1 装卸设备的种类

自动化装卸设备所处理的货物来源广泛，种类繁多，外形和特点各不相同，如箱装货物、袋装货物、桶装货物、散货、易燃易爆及剧毒品等。为了适应各类货物的装卸和满足装卸过程中各个不同环节的不同要求，各种装卸设备应运而生，本书为了适应物流自动化系统综合设计的需要，主要从功能结构上对装卸设备进行分类。

（1）成件包装货物的装卸设备。成件包装货物一般是指怕湿、怕晒、需要在仓库内存放并且多用棚车装运的货物，如日用百货、五金器材、电子元件、食品香烟等。这类货物的包装方式很多，有箱装、筐装、桶装、袋装、捆装等。这类货物一般使用叉车配以托盘进行装卸。

（2）长、大、重货物的装卸设备。这类货物主要包括大型机电设备、钢材、混凝土构件、原木、大型储藏罐等，具有长、大、重、结构和形状复杂等特点。这类货物的装卸搬运作业通常采用轨行式起重机和自行式起重机两种。轨行式起重机有龙门式起重机、桥式起重机、轨道起重机等，自行式起重机有汽车起重机、轮胎起重机和履带起重机等。在货场、仓库、码头等货物吞吐量大而且位置比较确定的场合，一般采用轨行式起重机。在运量不大但作业地点经常变化的场合，一般采用自行式起重机。

（3）散装货物的装卸设备。散装货物通常是指成堆搬运不计件的货物，如煤炭、砂石、矿石、粮食等。散装货物的装车一般采用抓斗起重机、装卸机、链斗装车机等设备。卸车主要使用链斗式卸车机、螺旋式卸车机和抓斗起重机等。

（4）集装箱货物装卸设备。小型的集装箱一般选用内燃式叉车或电动式叉车进行装卸作业，大型的集装箱一般采用龙门起重机或旋转起重机进行装卸作业，还可以采用集装箱跨运车、集装牵引车、集装箱搬运车来进行运输。

6.3.2 装卸设备的特点

总体来说，装卸作业要求装卸设备具有结构简单牢固，作业稳定，价格低廉，易于维修保养，操作灵活方便，生产率高，安全可靠，能够最大限度地发挥其工作能力的特点。装卸设备的主要工作特点包括以下几个方面。

（1）适应性强。由于装卸作业受货物类别、作业环境、作业时间影响较大，装卸活动各具特点，因而要求装卸设备具有较强的适应性，能够在各种环境下正常工作。

（2）工作能力强。装卸作业要求装卸设备起重能力强，起重量范围大，具有很高的生产率和效率。

（3）机动性一般较差。大部分装卸设备都安排在固定位置进行作业，一般缺乏灵活移动和重新部署的能力。

（4）工作忙闲不均。有的装卸设备工作繁忙，有的长期处于闲置状态，因此对装卸设备的维护和保养很重要，保证装卸设备始终处于良好的工作状态。

6.3.3　轻型装卸设备

装卸是完成货物空间位置改变的手段，是联系物流各个环节的纽带，是实现物流功能的重要方式。随着现代物流的发展，传统的人工装卸活动已经被高效率的装卸设备所取代，以适应目前大运量、多品种的流通要求。本节主要介绍成件包装货物的装卸设备。

一般的装卸设备主要包括叉车、牵引车、平板车、搬运车等。这些设备都具有机动性好、适应性强的特点，广泛应用于仓库、港口、车站、货场、车间、船舱、车厢内和集装箱内作业，保证了装卸工作的高效运行。

装卸设备可以按照所采用的动力装置和作业方式进行分类。按照所采用的动力装置可以分为电动式和内燃式。一般情况下，内燃式装卸设备所提供的动力比较大，电动式装卸设备所提供的动力比较小。内燃式装卸设备以内燃机作为动力，结构比较复杂，维修不方便，环境污染大，但是动力大，工作效率高，对路面的要求低，故一般在室外操作采用。电动式装卸设备由电动机驱动，由蓄电池供电，其结构简单，操作较容易，环境污染小，维修方便。因受电池容量的限制，驱动功率小，作业效率低，只有在对环境要求高的场合下才被要求采用。装卸设备按照作业方式可分为固定平台搬运车、牵引车和起升车辆三大类。

装卸设备的主要性能参数包括额定载重量、水平行驶速度、起升速度和下降速度、最小转弯半径、自重、尺寸等。

（1）额定载重量是指在规定条件下正常使用时，可起升和搬运货物的最大重量，是衡量装卸设备性能的重要参数，直接决定设备的搬运能力。不同类型的装卸设备或者不同型号的同一种装卸设备的额定载重量差别也很大。一般的叉车额定载重量在 3 吨左右，最大额定载重量可以达到 80 吨，AGV 的额定载重量一般在 500~1500kg。

（2）水平行驶速度是指可移动的装卸设备在平直的路面上行驶时，所能达到的最大速度。装卸车辆水平行驶速度的高低直接影响作业效率。例如，内燃式叉车的最高行驶速度是 20~27km/h，库内作业的最高行驶速度是 14~18km/h。

（3）起升速度和下降速度是指装卸设备在一定载荷条件下，上升和下降的最大速度。装卸车辆的起升速度和下降速度直接影响物流作业的效率。起升速度和下降速度的高低与装卸车辆本身的性能和负载状态有关。

（4）最小转弯半径是指装卸车辆在空载低速行驶、打满方向盘，即转向轮处于最大偏转角时，瞬时转向中心距装卸车辆纵向中心线的距离。装卸搬运车辆转弯半径的大小影响其作业灵活性，转弯半径越小，对作业空间的要求就越小。对于同一类装卸车辆，转弯半径的大小与车辆本身的设计尺寸有关。从装卸车辆的作业灵活性来考虑，希望装卸车辆在设计时，各个组成部分应尽量紧凑。

（5）装卸设备的自重是指装卸设备空载时的总重量，也称为装卸设备的轮压。从节省能源的角度考虑，希望装卸设备的自重越小越好。选择装卸设备时，对于自重的要求主要是考虑作业空间地基或底板的承受能力。例如，叉车在集装箱内作业、车内作业或船内作业，都要考虑装卸车辆自重对集装箱、车和船的影响。

（6）装卸设备的尺寸是指装卸车辆的总长、总宽和总高。选择装卸设备时，要考虑尺寸是否满足作业场地的要求。例如，为了提高仓库的利用率，建设自动化立体仓库，要求巷道的宽度越小越好，这样就要求装卸车辆的总宽度要适合于自动化仓库中巷道的宽度。

1. 手推车

手推车轻便灵活，广泛用于仓库、物流中心、生产工厂、百货公司、货运站、机场等。一般手推车没有提升能力，通常承载能力在 500kg 以下。手推车系列以其用途及负荷能力来分类，一般分为二轮手推车、多轮手推车和物流笼车三类。

（1）二轮手推车基本上可分为东方型与西方型两类。东方型结构架具有弧状或平的横板，轮子在外侧，用来搬运混装的货物，如桶子、袋子、箱子或其他重物。西方型结构架平行，轮子在内侧，手把呈弧状，可配合货车搬运，也可用于火车、轮船等货物的装卸。

（2）多轮手推车依用途、负荷的不同有不同尺寸及设计方式。根据制作材料可分为木制与金属制。按脚轮布置及用途可分为平置式和平衡式两大类型。常用的有脚轮平置式、脚轮平衡式和六脚轮平衡式三种。脚轮平置式手推车一端为两固定脚轮，另一端为两活动旋转脚轮，或附有刹车的活动旋转脚轮。台车高度较低，适用于轻度及中度负荷。脚轮平衡式手推车四轮均为旋转脚轮，灵活度很高，适用于轻度负荷。六脚轮平衡式手推车两固定脚轮在中间，两端各有两旋转脚轮，适用于一般中重负荷的需求。

手推车按用途可以分为立体多层式、折叠式、升降式和附梯式。立体多层式手推车为增加物品盛放的空间及存取方便，把传统单板台面改成多层式台面设计，这种手推车通常用于拣货作业。为方便携带，手推车的推杆常设计成可折叠形式。这种推车因使用方便，收藏容易，故普及率高。在搬运体积较小、重量较重的金属制品或人工搬运吃力的搬运场合中，由于场地的限制而无法使用堆垛机时，便可采用可升降式手推车。这种手推车除了装有升降台面来供承载物升降外，其轮子多采用耐压且附有刹车定位的车轮以供准确定位。在物流中心手推车以拣货作业使用最广，而拣货作业常因货架高度的限制而须爬高取物，故有些手推车旁附有梯子。

（3）物流笼车，以加大放置物品的空间及可折叠收藏为考虑重点，故笼车高度一般高于 1450mm，利用向上延伸的空间，来达到放置物空间的最大使用。其使用场合大多为配送出货前的集货，故采用高强度焊接结构，表面经镀锌处理再油漆，以增长使用寿命。

2. 叉车

叉车是装卸搬运设备中应用最广泛的一种，它由自行的轮胎底盘和能垂直升降、前后倾斜的货叉、门架等组成，主要用于件货的装卸搬运，是一种既可作短距离水平运输，又可装卸卡车、铁路平板车的设备。在配备其他取物装置以后，还能用于散货和多种规格品种货物的装卸作业。

1）叉车的主要特点

（1）功能性强。具有装卸和搬运的双重功能，可以将两种操作合二为一，提高作业效率。

（2）机动灵活性好。叉车外形尺寸小、重量轻，能在作业区域内任意调动，适应货物数量及货流方向的改变，可机动地与其他起重运输设备配合工作，提高设备的使用率。

（3）可以一机多用。在配备与使用各种取货装置，如货叉、铲斗、臂架、串杆、货夹、抓取器等的条件下，可以适应各种品种、形状和大小货物的装卸作业。

（4）能提高仓库容积的利用率，堆码高度一般可达 3.5m。

（5）有利于开展托盘成组运输和集装箱运输。

（6）叉车较大型起重设备成本低、投资少，能获得较好的经济效益。

2）叉车的分类

叉车按其动力装置不同，分为内燃式叉车和电动式叉车；按其结构和用途不同，分为平衡重式叉车、插腿式叉车、前移式叉车、侧叉式叉车、跨车以及其他特种叉车等。

（1）平衡重式叉车是叉车中应用最广泛的一种，就是人们通常所指的叉车。它的特点是货叉伸出在车身的正前方，在后轮上安装平衡重块，货物重心落在车轮轮廓之外。为了平衡货物重量产生的倾覆力矩，保持叉车的纵向稳定性，在车体尾部配有平衡重。平衡重式叉车具有自重大、轮距大、行驶平稳、转弯半径大等特点。

与大多数工业车辆一样，平衡重式叉车可以采用内燃机来提供动力，内燃机可以用汽油、丙烷或者柴油作为燃料。平衡重式叉车也可以用蓄电池提供动力，但它不能用于双深式货架作业。平衡重式叉车的轮胎可以是室内用的软垫式轮胎，或者室外用的充气轮胎。它的运货能力可达 5~50 吨，提升高度可以达到 20m。

与平衡重式叉车最佳配合的是选取式托盘货架，平衡重式叉车也是最常见的存取车辆。平衡重式叉车既可以进行装卸作业，又可以进行存取作业。如果是采用单元式堆垛、驶入式与贯穿式货架和柱式托盘时，就要提供满足平衡重式叉车的作业通道。由于平衡重式叉车必须要在仓库的通道里转向，以便取出托盘货物，因此通道的宽度要求在 8~10m，这比其他类型的叉车要宽得多，主要优点是成本低和灵活性好。

除了货叉，叉车门架上也可以安装其他的属具，以用于特殊形状货物的作业。叉车属具的主要功能是节省时间和空间，降低产品损坏率，节省劳力或省却其他设备的使用。

叉车属具有多种应用场合，它的设计取决于工程师的创造力和技能。常见的属具有：①侧转向器，它可以使货叉从一边转到另一边，便于操作者进行快速精确定位；②货物推拉属具，便于用滑板来取代托盘；③夹持属具，便于不要托盘，节约空间、减轻载荷的重量；④纸箱夹持器；⑤纸卷夹持器；⑥活塞式属具。

（2）插腿式叉车的特点是叉车前方带有小轮子的支腿能与货叉一起伸入货板叉货，然后由货叉提升货物。由于货物重心位于前后车轮所包围的底面积之内，叉车的稳定性好。一般采用蓄电池作为动力，起重量在 2 吨以下。插腿式叉车比平衡重式叉车结构简单，自重和外形尺寸小，适合在狭窄的通道和室内堆垛、搬运，但速度低，行走轮直径小，对地面要求较高。

（3）前移式叉车有两条前伸的支腿，支腿较高，支腿前端有两个轮子，货叉可沿叉车纵向前后移动。取货卸货时，货叉伸出，叉卸货物以后或带货移动时，货叉退回到接近车体的位置，因此叉车行驶时的稳定性好。前移式叉车具有平衡重式叉车和电动堆垛机的共同特征。当门架前升至顶端时，载荷重心落在支点的外侧，此时相当于平衡重式叉车。当门架完全收回时，载荷重心落在支点的内侧，此时相当于电动堆垛机。前移式叉车具有操作灵活性和高载荷的优点，可以节省空间，减少转弯半径，适合于通道较窄的室内仓库作业。前移式叉车自重大约 500kg，一般用蓄电池作为动力，起重量在 3 吨以下。

（4）侧叉式叉车的门架、起升机构和货叉不在车体前方，而是位于叉车的中部，可以沿着横向导轨移动。叉货时，先将千斤顶顶着地，门架向外推出，叉取货物后，货叉起升，门架退后，然后下降货叉，货物即自动放置在叉车一侧的前后车台上，将千斤顶收起后，叉车即可行驶。由于货物沿叉车的纵向放置，可减少长大件货物对道路宽度的要求，同时，货物重心位于车轮支承底面之内。叉车行驶时稳定性好、速度高，驾驶员视野比正叉平衡重式叉车好。由于门架和货叉只能向一侧伸出，当需要在对侧卸货时，必须将叉车驶出通道掉头。侧叉式叉车主要用于搬运长大件货物。

（5）跨车即跨运车，是由门形车架和带抱叉的提升架组成的搬运机械。一般用内燃机驱动，起重量 10~50 吨。作业时，门形车架跨在货物上，由抱叉托起货物后进行搬运和码垛。跨车起重量大，运行速度较高，装卸快，甚至可做到不停车装载，但跨车本身重量集中在上部，重心高，空车行驶时稳定性较差，要求有良好的地面。跨车可用来搬运和堆码钢材、木材和集装箱等。

（6）为了适应各种用途的需要，叉车还有很多其他形式，如三节门架叉车。普通叉车的门架是由内外门架两节组成的。当要求叉车的起升高度很大（4~5m）时，可采用三节门架叉车。它的特点是：门架全伸时，起升高度比两节门架的大；门架全缩时，叉车的全高比两节门架的小。它适于高层货物的装卸堆垛作业，起升高度可达 7~8m。还有自由起升叉车，它适于在低矮的场所，如船舱、车厢内进行装卸或堆垛作业。能够全自由起升的叉车，当叉架起升到内门架的顶端时，内门架仍不上升，因此它可以在叉车总高不变的情况下将货物堆码到与叉车总高大致相等的高度。部分自由起升能提高叉车的通过性，只要门道的净空高度不低于门架全缩时的叉车总高，叉车就能通过。

3）叉车的主要技术参数

叉车的技术参数说明叉车的结构特征和工作性能，也是选用叉车的主要参考依据，其主要的技术参数有：额定起重量、载荷中心距、最大起升高度、最大起升速度、门架倾角、满载最高行驶速度、满载最大爬坡度、最小外侧转弯半径、直角通道最小宽度、堆垛通道最小宽度、回转通道最小宽度等。

（1）额定起重量是指门架处于垂直位置，货物重心位于载荷中心距范围以内时，允许叉车举起的最大质量。

（2）载荷中心距是指叉车在确保纵向稳定时，设计规定的额定起重量的标准货物重心到货叉垂直段前臂之间的距离。

叉车的额定起重量和载荷中心距是两个相互关联的技术参数，载荷中心距是根据叉车稳定性决定的，起重量不同的叉车其载荷中心距可以不同。在实际作业时，为了便于评价和选用叉车，按不同的额定起重量，规定了相应的载荷中心距值。如果货物的重心超出了载荷中心距，为了保证叉车的稳定性，叉车的最大起重量需要减小。货物重心超出载荷中心距越远，最大起重量越小。额定起重量还与货物的起升高度有关，货物起升高度越高，额定起重量就越小。

（3）最大起升高度是指叉车在平坦坚实的路面上，在满载、门架直立条件下，将货物提升到最高位置时，货叉水平段的上表面距地面的垂直距离。

（4）最大起升速度是指在满载、门架直立的条件下货物起升的最大速度。叉车的最大起升速度直接影响叉车的作业效率，提高叉车的起升速度是国内外叉车制造业技术改进的共同趋势。一般大起升重量叉车的最大起升速度都小于中小型叉车，同等起升重量的电动式叉车的最大起升速度低于内燃式叉车，主要是受蓄电池容量和电机功率的限制。货物下降速度一般都大于起升速度。

（5）门架倾角是指叉车在平坦、坚实的路面上，无载条件下门架相对垂直位置向前或向后的最大倾角，分别称为门架前倾角和门架后倾角。门架前倾的目的是便于货叉取货，门架后倾的目的是防止叉车载货行驶时货物从货叉上滑落。

（6）满载最高行驶速度是指叉车在平直、干硬的路面上满载行驶时所能达到的最高速度。由于叉车主要用于短距离的装卸和搬运作业，因此活动范围不宜过大，没有必要具备太高的行驶速度。一般情况下，内燃式叉车的最高行驶速度是 20~30km/h，库内作业的最高行驶速度是 14~18km/h，电动式叉车最高行驶速度一般为 13km/h。

（7）满载最大爬坡度是指叉车在良好的干硬路面上，以极低的稳定速度行驶时能够爬上的最大坡度，以度或者百分数来表示。满载最大爬坡度一般是由动力装置的最大扭转力矩以及低档的总传动比决定的。由于叉车一般在比较平坦的场地上作业，所以对最大爬坡度的要求不高，一般情况下内燃式叉车的最大爬坡度为 20°。

（8）最小外侧转弯半径是指叉车在空载低速行驶、打满方向盘即转向轮处于最大偏转角时，车体最外侧至转向中心的最小距离。叉车的最小外侧转弯半径值越小代表叉车运行越灵活，可以适应货场多变的作业环境。

（9）直角通道最小宽度是指可供叉车往返行驶的、呈直角相交的通道的最小理论宽度。直角通道最小宽度越小，叉车的机动性越好，同时可以提高货场的利用率。

（10）堆垛通道最小宽度是指叉车在通道内直线运行并且要做 90°转向进行取货时，通道的最小理论宽度。堆垛通道最小宽度反映了叉车的作业灵活性，最小宽度值小，可提高货场的利用率。

（11）回转通道最小宽度是指可供叉车调头行驶的直线通道的最小理论宽度。

4）叉车的系统组成

叉车是一种复杂的运输机械，一般由动力系统、传动系统、转向系统、制动系统、行驶系统、起重系统、电气辅助控制设备和液压系统等八个部分组成。

（1）动力系统由内燃机和蓄电池等动力源以及将动力向外输出的连轴装置等组成。

（2）传动系统是传输叉车车轮的行驶动力系统，可采用机械传动、液压传动等多种形式。传动系统主要包括减速器、差速器、半轴、驱动轮等几个主要部分，具有减速增矩、改变动力传递方向等功能。

（3）转向系统按照转向能源可以分为机械转向系统和动力转向系统两大类。机械转向系统完全依靠驾驶员的体能来操纵转向，克服转向阻力矩。动力转向系统中，驾驶员通过控制源动机系统来完成方向改变的操作。

（4）制动系统是指行驶过程中对叉车施加阻力，用以消耗叉车动能，强制其减速以致完全停车。在停车后同时应防止其发生自由位移，以避免产生滑溜。具有制动功能的系统称为制动系统，要求其具有足够的制动力，以保证在一定的车速下减少制动距离。目前在电动式叉车上均使用干型摩擦式制动器，包括鼓式、盘式和带式等几种。

（5）行驶系统承受车辆本身和被装载货物的重力，以及作用在车上的其他外力。它以车轮支撑于路面并与转向系统配合完成车辆的行驶，同时能够吸收振动，确保车辆正常行驶。行驶系统由车架、悬挂装置以及车轮等几个部分组成。

（6）起重系统是通过起重装置完成装卸作业的执行机构，主要由门架、货叉等组成。

（7）电气辅助控制设备包括控制仪表等电子类器件，用于显示叉车工作状态。

（8）液压系统用于提供动力，以完成装卸、堆垛等各种作业。

3. AGV

AGV 是指具有电磁或光学导引装置，能够按照预定的导引路线行驶，具有小车运行和停车装置、安全保护装置以及具有各种移载功能的运输小车，是物流系统的重要搬运设备。

AGV 是一种以电力为动力，装有非接触导向装置的无人驾驶自动化车辆。它能在计算机的监控下，按路径规划和作业要求，较为精确地行驶并停靠到指定地点，完成一系列作业功能。如果以巷道堆垛机装备的自动化仓库称为现代物流系统的枢纽，则 AGV 为其动脉。

AGV 以轮式移动为特征，较之步行、爬行或其他非轮式的移动机器人具有行动快捷、工作效率高、结构简单、可控性强、安全性好等优势。与物料常用的堆垛机、单轨小车、传动链、传送辊道和固定式机器人相比，AGV 的活动区域无须铺设轨道、支座架等固定装置，不受场地、道路和空间的限制。因此，在自动化物流系统中，AGV 最能充分地体现其自动化和柔性，实现高效、经济、灵活的无人化生产。随着工厂自动化和计算机集成系统技术、柔性制造系统和物流业的发展，AGV 得到了广泛的应用。

AGV 可以按照引导方式、充电方式或转向方式进行分类。按照引导方式不同，AGV 可分为直接坐标导引、电磁导引、磁带导引、光学导引、激光导引、惯性导航和 GPS 导航等。

（1）直接坐标导引是用定位块将 AGV 的行驶区域分成若干坐标小区域，通过对小区域的计数实现导引，一般有光电式（将坐标小区域以两种颜色划分，通过光电器件计数）和电磁式（将坐标小区域以金属块或磁块划分，通过电磁感应器件计数）两种形式。其优点是可以实现路径的修改，导引的可靠性好，对环境无特别要求；缺点是地面测量安装复杂，工作量大，导引精度和定位精度较低，且无法满足复杂路径的要求。

（2）电磁导引是较为传统的导引方式之一，是在 AGV 的行驶路径上埋设金属线，并在金属线上加载导引频率，通过对导引频率的识别来实现 AGV 的导引。其主要优点是引线隐蔽，不易污染和破损，导引原理简单而可靠，便于控制和通信，对声光无干扰，制造成本较低；缺点是路径难以更改扩展，对复杂路径的局限性大。

（3）磁带导引与电磁导引相近，以在路面上贴磁带替代在地面下埋设金属线，通过磁感应信号实现导引。其优点是灵活性比较好，改变或扩充路径较容易，磁带铺设简单易行；缺点是磁带导引方式易受环路周围金属物质的干扰，对磁带的机械损伤极为敏感，因此导引的可靠性受外界影响较大。

（4）光学导引是在 AGV 的行驶路径上涂漆或粘贴色带，通过对摄像机采入的色带图像信号进行简单处理而实现导引。其优点是灵活性比较好，地面路线设置简单易行；缺点是对色带的污染和机械磨损十分敏感，对环境要求过高，导引可靠性较差，且很难实现精确定位。

（5）激光导引是在 AGV 行驶路径的周围安装位置精确的激光反射板，AGV 通过发射激光束，同时采集由反射板反射的激光束，来确定其当前的位置和方向，并通过连续的三角几何运算来实现 AGV 的导引。优点是定位精确，地面无须其他定位设施，行驶路径可灵活多变，能够适合多种现场环境。

（6）惯性导航是在 AGV 上安装陀螺仪，在行驶区域的地面上安装定位块，AGV 可通过对陀螺仪偏差信号的计算及地面定位块信号的采集来确定自身的位置和方向，从而实现导引。惯性导航的主要优点是技术先进，定位准确性高，灵活性强，便于组合和兼容，适用领域广；其缺点是制造成本较高，导引的精度和可靠性与陀螺仪的制造精度及使用寿命密切相关。

（7）GPS 导航是通过卫星对非固定路面系统中的控制对象进行跟踪和制导，目前此项技术还在发展和完善中，通常用于室外远距离的跟踪和制导，其精度取决于卫星在空中的固定精度以及控制对象周围环境等。

AGV 按照充电方式可分为交换电池式和自动充电式两种。按照转向方式可分为前轮转向、差速转向和独立多轮转向三种。

AGV 作为光机电结合的应用，是物流自动化系统设计的典型案例，在后面会详细介绍。

6.3.4　散货装卸设备

散货装卸设备系统主要是指对不加包装而成堆堆放的各种块状、粒状和粉状等散货进行装卸搬运的机械系统。散货具有各种不同的特性，其中主要有块度、湿度、容重及颗粒的流动性等。这些特性对装卸机械设备的类型及其参数的选择有很大影响，要求装卸机械效率高，能进行整列或成组装卸，在装卸过程中，对车辆的损伤及对环境的污染程度要小。

根据应用场合不同，大宗散货装卸设备系统可以分为港口码头散货装卸设备、散堆货场装卸设备和筒仓装卸设备。

（1）港口码头散货装卸设备包括散货卸车机、堆场机械、散货装船机、散货卸船机、带式输送机、翻车机等。这些机械根据装卸工艺要求合理选用，相互衔接，形成专用、高效的装卸作业线。

（2）散堆货场装卸设备主要包括抓斗起重机、单斗装卸机、皮带输送机、链斗装车机等装车设备和链斗卸车机、螺旋卸车机、机械铲、推铲、翻车机等卸车设备。此外，还有底开门车、漏斗车等自卸车、重力自流卸车等自卸车辆。

（3）筒仓装卸设备一般包括装料机械设备、卸料机械设备、输送机械设备等。筒仓内供给散货的装料设备，可根据运输方式及地形条件采用带式输送机、斗式提升机、抓斗起重机、单斗升降机等。

在选用散货装卸设备类型、确定机械生产率及其他性能参数时，不仅要着眼于某一设备本身，还应结合装卸工艺，整个装卸作业线中各种机械设备都是高效且相互配合协调的，形成了一条高效作业线。现代化散货堆场、仓库、港口码头，一般配备的装卸设备并不多，但成组配套，前沿与后方的能力需均衡，中间倒运环节少，使整个装卸作业系统连续化、自动化。

由于前面已经介绍了主要的输送设备，这里重点介绍船舶散货装卸设备、散货堆场装卸设备和散货装卸车设备。

1. 船舶散货装卸设备

各种装船机和卸船机主要用于散货专业码头，是根据散货装卸船的特点而设计的多动作、高效率的专用装卸设备。散货装船机是用于大宗散货装船作业的连续式机械，它与后方输送机系统相衔接。按货种可分为煤炭装船机、矿石装船机等；按整机特点可分为固定式装船机、移动式装船机和浮式装船机等；按机构的性能特点又可分为转盘式装船机、弧线摆动式装船机和直线摆动式装船机等。其中转盘式装船机常固定装设在码头前沿墩座或内河的墩柱上，如果港口的水位变化大，也常将转盘式装船机或弧线摆动式装船机安装在船上成为浮式装船机。

以上各种形式的散货装船机尽管结构不同，但都以悬臂带式输送机为其主体，由带式输送机及其他工作机构（如回转、伸缩、运行等）和机架组成。散货由岸边的带式输送机转入装船机的带式输送机，运送至悬臂前端经溜筒装入船舱。悬臂带式输送机的长度根据船舶宽度决定，一般要求伸至舱口中心。

1）散货装船设备

目前应用比较广泛的散货装船机械主要有墩柱式散货装船机、移动式散货装船机、弧线摆动式散货装船机和直线摆动式散货装船机等。

（1）墩柱式散货装船机。墩柱式散货装船机大多采用转盘式回转支承结构。装船机固设在墩座上，其悬臂胶带机与转盘相铰接，另一端通过变幅（俯仰）钢丝绳吊挂在固定立柱顶端。悬臂胶带机可通过其伸缩机构改变装船的工作幅度，也可通过变幅和溜筒伸缩来适应船型和水位的变化。非工作时的变幅和回转主要是使臂架升起以避让船舶，或使臂架左右回转 90°以上，以便整机能转回到码头前沿线内。变幅采用钢丝绳变幅滑轮组机构，伸缩、变幅和回转机构均由电动机分别驱动。

墩柱式散货装船机结构紧凑，布置方便，性能可靠，可节省码头水工投资。但当装载幅度较大时，必须增大悬臂长度和臂架伸缩距离，才能满足装船作业覆盖面的要求，因而自重较大，对基础的承载要求较高。一般只适用于中小型船舶。

（2）移动式散货装船机。移动式散货装船机基本上是把固定的转盘式散货装船机安装在运行门架上，因而可沿码头岸边运行。由码头前沿带式输送机送来的散货，通过装船机尾车架卸到装船机回转中心处的漏斗内，再通过悬臂带式输送机将散货装入船舱。

移动式散货装船机具有较完善的回转、变幅、运行等机构，以扩大其有效装载面积及适应多种船型。它可通过回转与运行机构的配合来改变溜筒的位置，当要求装载幅度范围变化较大，或舱口附近有障碍物影响悬臂的动作时，需增设悬臂伸缩机构以便作业。大型移动式散货装船机的溜筒不仅能伸缩，而且可回转，有的溜筒下端装有抛料机构以满足平舱需要。

移动式装船机的构造较复杂，自重较大，对码头结构要求较高，后方输送系统也较复杂，但它的使用机动灵活，便于对准各种舱口位置，有可能在每个泊位上配置较少的台数，且装船机可移到相邻泊位上集中工作，因而在海港直立式码头上得到广泛的应用。

（3）弧线摆动式散货装船机。弧线摆动式散货装船机通过机身立柱下的运行机构（前支承），其行走轮可沿弧形轨道行走，使机身绕机尾处的后支承回转，实现装船机在弧形轨道上摆动。弧线摆动式散货装船机的悬臂上设有电动卸料小车，并通过卸料小车的运行来改变装船的工作幅度。悬臂应在水平状态下工作，以保证卸料小车的稳定及运行，悬臂的变幅俯仰仅用于回转时避开障碍及非工作时搁置在支架上。

弧线摆动式散货装船机结构较简单，自重较轻，使用性能也较好，但要占用较大的布置面积，而且弧线摆动式散货装船机在其摆动过程中，有效装船幅度将随摆角增大而减小。此外，弧形轨道的建造较困难。弧线摆动式散货装船机宜在河港建船浮式码头或水位差不大的直立式码头上使用。

（4）直线摆动式散货装船机。直线摆动式散货装船机是弧线摆动式散货装船机的改进形式，将弧线轨道改为直线轨道，作为装船机的前支承轨道。直线摆动式散货装船机主要由臂架、移动桥、摆动桥和前、后支承等部分组成。装船机上的带式输送机采用一根输送带，绕过臂架前端和移动桥前部的电动滚筒、摆动桥前部的改向滚筒和尾部的张紧滚筒组成闭式的回路。后方带式输送机送来的货物在固定位置的供料点为装船机供料，但由于摆动桥通过前支承行走轮在直线轨道上行走时，摆动桥不仅绕后支承摆动而且相对于后支承移动，所以对装在桥架上的带式输送机来说，受料点将在桥架移动范围内变化。为减少胶带机受料处缓冲托辊的数量和增加缓冲效果，在供料点采用悬挂式固定缓冲槽形托辊。为适应装船作业时改变工作幅度的需要，带式输送可前后伸缩，其伸缩靠移动桥行走来实现。

直线摆动式散货装船机结构较简单，自重较轻，机动性也较好，能自动补偿弧线摆动式散货装船机在摆动过程中损失的有效工作幅度，且直线轨道、码头比弧线容易建造。

2）散货卸船设备

与散货装船环节相比，散货卸船要困难得多。散货卸船机是根据船型和各种货种卸船作业特点而设计的多动作专用机械，分周期式和连续式两类。长期以来，散货卸船的传统机械是周期性动作的各类抓斗起重机和抓斗卸船机，对散粮卸船，有的港口采用气力卸船机。近年来，机械式散货连续卸船机在技术上和应用上取得了很大进展。这类卸船机靠连续输送机从船舱中取料并将散货提升出舱和输送到岸上，与码头上的输送机系统相衔接。现有的机型很多，大多为移动式，也有的为浮式。一般移动式将整机装在可沿轨道行走的门架上，装有输送机的臂架伸向船舶上方，臂架可回转、俯仰，臂架端的提升物料和取料机构根据卸货的需要还常设有伸缩、回转、摆动等机构。连续卸船机主要根据提升物料出船的连续输送机而命名，有双带式卸船机、波形挡边带式卸船机、螺旋卸船机、链斗卸船机等。

（1）双带式卸船机。双带式卸船机是利用两条同步运行的胶带将供料装置喂入的物料夹在其间提升出舱的卸船机，因此，双带式又称为夹带式。卸船机的双带包括一条承载带和一条覆盖带，提升段的双带靠压缩空气夹紧，使嵌有加强层的带边紧贴密封，而富有弹性的带腹夹料拱起成弧状提升输送，在臂架输送段则以气垫带式输送机方式工作，将物料运送至回转中心的接料漏斗中，再通过漏斗下的溜管装车或通过门架上的气垫带式输送机将散货送到码头上的输送机系统。

双带式卸船机的优点是自重轻，能耗低，物料由提升过渡到水平输送无须转载，因而不洒漏、不扬尘，运转平稳，噪声小，被运物料破损少。双带式卸船机的主要缺点是不宜输送流动性差的物料，如有锋利的异物混入物料则易损伤胶带。

（2）波形挡边带式卸船机。波形挡边带式卸船机是用旋转叶轮、滚筒或水平螺旋等挖取物料，以波形挡边输送带提升和输送物料的卸船机。采用波形挡边输送带，不仅增大了物料装载量，还可在垂直方向上输送物料，从而能够进行卸船作业。波形挡边带式卸船机具有臂架回转、俯仰、门架运行、提升段回转和取料等机构，使卸船机机头可伸到船舱各处取料。为进一步提高装载量和进行封闭式输送，可采用一条普通平胶带将波形挡边输送带覆盖的双带系统，这时物料装在由波形挡边、横隔板和覆盖带构成的一格格封闭空间中被提升输送。

波形挡边带式卸船机的优点是自重轻，能耗低，物料由垂直提升过渡到水平输送时无须转载，运行平稳、噪声小，能装卸兼用，可利用带式输送机的零部件；主要缺点是不能卸大块物料和黏性物料，否则易卡死，而且输送带难以清扫。

（3）螺旋卸船机。螺旋卸船机是以螺旋取料并利用垂直螺旋输送机提升的卸船机，其输送物料的部分大多采用水平螺旋输送机，也有的采用带式输送机。目前螺旋卸船机采用了一种特制的取料装置，使螺旋管内的物料充填系数高达 70%~90%，该取料装置由旋转方向相反的管外螺旋、管内垂直螺旋和带有倾斜翼板的给料器组成。作业时，管外螺旋使周围物料松动，它的转速可按物料性质和生产率需要而调整，松动的物料由螺旋下端的给料器喂入管内，供垂直螺旋提升至顶端转至水平螺旋输送机或带式输送机运送上岸。螺旋卸船机借助臂架回转、变幅、垂直螺旋摆动等机构的协同动作，机头可伸至舱口各点取料。

螺旋输送机是无牵引构件的输送机，不需空返分支，外形是个封闭的圆筒，断面尺寸小，结构紧凑，其机头容易进出船舱，自重比同样生产率的各种机械式卸船机轻。螺旋卸船机的卸料过程是全封闭的，不发生泄漏，不扬尘，其噪声也较小。螺旋卸船机广泛用于谷物、化肥、水泥和煤炭等散货的卸船作业。螺旋卸船机的缺点是能耗比较高，螺旋部件容易磨损。

（4）链斗卸船机。链斗卸船机是以链斗来挖取并提升物料的卸船机，其取料和提升物料的机构有多种不同的构造形式。其中以采用机头取料与垂直提升为一刚性整体的 L

形取料提升装置使用较多。

悬链式链斗卸船机是一种非张紧型链斗卸船机，它的链斗取料区段呈自由悬垂状态，悬链斗可将其挖取的物料提升至带式输送机运送上岸。

悬链式链斗卸船机最突出的优点是具有悬链斗取料段而能完成清舱作业，使驳船的清舱量在 2%以下甚至小于 1%，同时当驳船减载上浮或受风浪影响而摆动时，悬链斗不会与舱底板发生硬性碰撞，因而不损伤舱底。其卸货能力不受货层厚度影响，平均生产率可达设计生产率的 80%，大多采用定机移船作业方式，结构简单，自重轻，造价和能耗低，且易于操作，适用于煤、砂、小块矿石等多种物料，是内河卸驳船散货的一种很有发展前途的卸船机。

2. 散货堆场装卸设备

散货堆场装卸设备按用途可分为堆料机、取料机和多功能堆取料一体机等。

1）堆料机

堆料机是与进入堆场的固定带式输送机配合使用，专供堆料的机械。按结构可分为单臂式和双臂式；按货种可分为堆煤机、堆矿机等。堆料机主要包括堆料部分和尾车部分。堆料机的机架跨在水平的固定胶带机上，并可在轨道上沿固定胶带机移动。堆料机的尾车实际上就是固定胶带机的卸料车。堆料部分是机架上伸出的堆料悬臂，臂上设有胶带机，有的机型的悬臂可变幅和左右回转。工作时，由固定胶带机运来的物料通过尾车卸至悬臂上的堆料胶带机，然后输送到悬臂端部堆放到货场上。

不能回转的单臂堆料机根据堆场特定的平面布置和工艺要求而设计，只能在固定输送机的一侧堆料。它堆成的料堆长度总是小于与之联系的固定胶带机的长度，所以不能回转的单臂或双臂堆料机适用于配合坑道输送机工作，或适用于对堆料范围要求不高的场合。可回转的单臂堆料机虽然也只有一个堆料臂，但通过回转机构，它仍可在固定胶带机的两侧堆料，而且堆出的料堆长度可超过与之相联系的固定胶带机的长度，适用于大面积的散货堆场。堆料机还可制成高门架型，用于与高架栈桥胶带输送机配合，以便于堆场内流动车辆的通行。

堆料机最主要的性能参数是生产率、堆料高度和工作幅度。生产率应与送料进场的胶带机相适应，由此确定悬臂的带宽和带速。堆料高度和工作幅度根据堆料要求而定，是确定悬臂长度的依据。有变幅、回转机构的堆料机可调整堆料高度和堆料的位置，但变幅和回转机构都是非工作性的，其速度较低不影响生产率。堆料机的运行、变幅和回转机构可采用一般起重的通用结构。

2）取料机

取料机是使散货从堆场运出的机械，目前采用斗轮堆取料机从堆场向地面输送机供料或取料装车，采用螺旋喂料机（有时也可用推土机等）在堆场上给坑道输送机供料。斗轮取料机由取料和送料两部分组成。取料部分和斗轮堆取料机的取料相似，送料部分和堆料机相似。工作时斗轮转动，从料堆取料，并通过胶带输送机送料。斗轮的工作位置可由斗轮臂的变幅、回转来调整，斗轮连续取料由运行机构保证。

取料机构通常采用开式（无格式）斗轮，这种取料斗外没有斗背，取料斗在斗轮的前下方非卸料区段与固定的环形导板构成封闭容积，使物料不会在这个区段从敞开的斗背漏下。料斗的卸载有离心式和重力式两种。

离心式卸载可将斗轮布置在悬臂带式输送机的正前方，斗内的物料主要靠离心力抛到输送机上。斗轮转速高，生产率较高。同时，斗轮机头简单紧凑，臂架无附加扭矩因而受力情况较好，整机自重较轻，但是物流分散，物料卸不干净。故离心式卸载只适宜卸干燥、流动性好的物料，只用来取料而不能堆取两用。

重力式卸载的物料自斗口装入并随斗向上旋转到上部卸料位置后可依靠重力自斗背处卸下，经溜板滑入悬臂输送机的供料导槽。虽然斗轮转速较低，但卸料区间大，卸料时间长，物料能卸干净。为了使斗轮机既能取料又能堆料，将斗轮布置在悬臂带式输送机侧面。因此，绝大多数斗轮堆取料机采用与斗轮侧面布置相适应的重力侧卸式。为了改善侧卸斗轮的臂架受扭的受力情况和使料斗卸料尽量对准输送带，一般将斗轮在水平面上倾斜 2°~13°，在垂直面上倾斜 0°~10°。

3）多功能堆取料一体机

为满足堆取料的要求，悬臂、尾部带式输送机都是可逆输送机。此外，尾车架通过挂钩机构与堆取料机相连，尾部带式输送机即主带式输送机在尾车架上的部分可用液压油缸升降。

堆料时，用液压油缸将尾部带式输送机升高，使由主带式输送机运来的物料可供给悬臂带式输送机堆料。取料时，先将尾车架与堆取料机脱开，并移动堆取料机，让开位置，使尾部带式输送机借助液压油缸降下，当调整到可接收悬臂输送机供料的位置时，再将堆料机与尾车架重新挂钩衔接，进行斗轮取料作业。

依靠斗轮堆取料机回转、变幅、运行机构的配合，可逐层或逐点地依次堆料、逐层或按阶梯形方式分层取料。回转、变幅、运行机构基本上与通用起重机相应机构类似。回转支承装置可采用滚轮式或滚动轴承式。滚轮式的滚道直径可做得较大，使受力情况好些，维修也较方便，但由于密封不好，容易磨损，日常的维护工作量较大。滚动轴承式构造简单，高度尺寸小，密封及润滑条件好，不易磨损，日常维护工作量少，适用于粉尘较大的堆场，但大修较麻烦。斗轮堆取料机的悬臂不是 360°全回转的，而且堆料与取料的回转角度不同，这是由于堆料时尾部带式输送机升高，妨碍了臂架，故堆料回转角只能左右各 100°左右。取料时为了能把因料堆自然坡度角而堆至两边的物料取回，取料回转角应比堆料时大，一般为左右各 165°。变幅是为了调整取料深度或堆料高度，变幅角度一般取 ± 13°~16°，并采用钢丝绳卷筒变幅机构。运行机构与门座起重机相仿，但设有两档行驶速度，工作时为慢速，空载运行时则为快速。

外轮堆取料机可采用液压传动或机械传动。液压传动能较好地适应外载荷的变化和进行无级调速，结构紧凑，重量轻，但对制造精度、维修保养技术要求高。小型斗轮机要求重量轻、布置紧凑。对于小型斗轮机或取大块矿石以及载荷变化大的情况，采用液压传动较为有利，对于大型堆取料机和取小粒或粉状料时，采用机械传动比较可靠，且维修保养较简单，臂架受力情况也较好。对装卸工艺设计关系最大的堆取料机性能参数是堆取料能力、回转半径、堆料高度和轮压等。堆取料能力要与前方装卸船的生产率相适应，回转半径和堆料高度应由堆场的堆存量、堆场面积及料堆的几何形状确定。斗轮堆取料机的轨距也影响堆场的利用和土建施工等设计，通常轨距取回转半径的 20%~25%，再按轨距系列标准选定。

斗轮堆取料机可以直接在堆场地面上实现连续高生产率地堆取料，避免用坑道。与周期动作的堆场作业机械相比，斗轮堆取料机具有生产率高、能耗低、自重轻、操作简便等优点。此外，由于斗轮取料比较有规则，故易于实现自动化或半自动化，使工人的劳动条件得到改善。斗轮堆取料机的缺点是不适于块度大的物料，且整机的外形尺寸和自重较大。

3. 散货装卸车设备

1）散货装车设备

散货装车设备是一些具有轮胎或履带的运行底盘，用于将物料自堆场转载到汽车或火车车厢上的装卸设备，分周期式和连续式两种。

周期式散货装车机主要采用单斗车。铲斗可依靠液压缸驱动而升降和倾翻，能铲取散货并进行装车、搬运、清船等作业。其动作迅速，操作灵活，铲斗容积为 1~4m^3，目前已较普遍地用于港口堆场散货装载汽车作业。

连续式散货装车机有蟹耙式、圆盘式、纵向螺旋式、斗轮式、链斗式等多种形式，它们大都以其取料装置形式而命名。例如，蟹耙式由两个钳形耙交错动作把物料耙往运料输送机进行装车。圆盘式由一个基本上水平放置带有径向肋条的圆盘取料，当圆盘转动时靠肋条将物料刮送到运料输送机装车。纵向螺旋式的取料装置是与运料输送机方向一致的纵向取料螺旋。以上几种连续式散货装车机的取料大多要靠运行机构的配合，为使取料部分伸入料堆，在作业中要经常移动装车机，使装料点发生相应变化，因而生产率较低，只适于散货装载汽车作业。斗轮式装车机与外轮取料机相似，由斗轮取料并通过胶带输送机运料装车。链斗式装车机与链斗式卸车机相似，由链斗从料坑中取料提升至胶带输送机装到车上，有的在链斗提升机下方取料处两边装有耙集螺旋，将物料耙集至中间位置，便于链斗从料堆挖取物料。

2）散货卸车设备

在散货卸车设备方面，由于采用抓斗卸车易损坏车厢，卸车效率也较低，因此，除少数港口采用配置抓斗的流动起重机卸车以外，大多采用连续动作的链斗卸车机、螺旋卸车机或周期动作的翻车机等散货卸车机来卸散货。

（1）链斗卸车机。链斗卸车机主要由门架、链斗提升机及其起升机构、堆料胶带机及其移动或变幅机构、整机运行机构等组成。有些机型的堆料胶带机可随链斗提升机升降，还有些大跨度卸车机的链斗提升机可沿桥架横移。链斗提升机起升机构采用钢丝绳卷筒，其作用是使链斗可随货层高度升降。当链斗下降至待卸车内挖取散粒物料（煤、砂、矿粉等）时，整机可沿轨道慢速移动，使链斗提升机能由车厢的一端到另一端逐层挖取物料，并将物料提升到带式输送机上，再送至路轨的一侧或两侧堆料。卸车机的运行机构采用分别驱动，与门座起重机相仿，但工作时速度较低。空车行驶时，为缩短辅助作业时间，要求速度较快，通常采用差速器或可控硅调速来改变行驶速度。

链斗卸车机构造较复杂，磨损较严重，卸车时要提升物料，故所需功率比螺旋卸车机大，且堆料时易扬起灰尘，优点是不用在轨道旁挖建坑道。

（2）螺旋卸车机。螺旋卸车机由螺旋、起升机构和机架以及运行机构组成。通常与铁路边的坑道胶带机配合工作，并要求铁路车辆必须是敞车侧开门的。卸车时，螺旋卸车机开到待卸敞车端部，打开敞车侧门，放下卸料螺旋，调整好位置，然后开动螺旋。同时，开动卸车机的运行机构，使螺旋缓慢地从车厢的一端移至另一端，将散货逐层推至车厢侧面卸下。

螺旋起升机构和运行机构与链斗卸车机相仿。螺旋摆动机构可使螺旋在车辆的纵向稍作摆动，以便于螺旋在车厢端部卸料。为便于把车厢底层的和车厢两端的物料刮出，有的螺旋卸车机和链斗卸车机在螺旋机构或链斗提升机下部增设刮板，专供卸至车底时刮料使用。

（3）翻车机。翻车机是高生产效率的散货卸车机械，有侧倾式和转子式两种。侧倾式翻车机主要由一个偏心旋转的平台和压车机构所组成。当车辆被送到平台上时，压车机构压住车辆，平台旋转，将散货卸到侧面的漏斗里。转子式翻车机由一个设置在若干组支承滚子上的转子构成。当车辆被送入转子内的平台上时，通过压车机构压紧车辆，并和转子一同旋转，将散货卸出。翻车机结构庞大，特别是侧倾式翻车机，由于整机自重大，工作线速度较高，翻车轴线位于敞车的侧上方，对旋转系统重心的配重不利，因而功率消耗很大。转子式翻车机的翻转轴线靠近旋转系统的重心，虽然需要较大的压车力和较深的基础，但因重量较轻，耗电量小，生产率较高，故应用比较广泛。

6.3.5 起重装卸设备

起重装卸设备是指用于长大笨重货物的升降和短距离水平移动，以满足货物装卸、转载功能的机械设备。它是现代企业实现物流作业机械化、自动化，改善物料搬运效率，减轻劳动强度，提高生产率的必不可少的重要机械设备。在港口、仓库、车站、工厂、建筑工地等各个领域和部门都得到了广泛的应用。

起重装卸设备是周期性、间歇循环工作的机械。一个工作循环包括取物、提升、运移、下降、卸载，然后返回到装载位置。以吊钩起重机为例，它的工作程序通常是：空钩下降至装货点、货物挂钩、把货物提升和运送到卸货点、卸货、空钩返回原来位置准备第二次吊货。也就是说，在它每吊运一次货物的工作循环中都包括载货和空返的行程。

1. 起重装卸设备的种类

起重装卸设备的种类很多，根据其性能和结构的不同，可以分为轻型起重设备、桥梁式起重设备、臂架式起重设备、升降机和堆垛机几种类型，如表 6-1 所示。

表 6-1　起重机械的分类

起重设备分类	举例
轻型起重设备	千斤顶、手拉葫芦、手扳葫芦、电动葫芦、绞车、绞盘等
桥梁式起重设备	梁式起重机、通用桥式起重机、龙门起重机、装卸桥、冶金桥式起重机、缆绳起重机等
臂架式起重设备	固定式回转起重机、桅杆起重机、塔式起重机、门座起重机、轮胎起重机、履带起重机、汽车起重机、浮式起重机等
升降机	电梯、货物升降机等
堆垛机	电动堆垛机、手动堆垛机等

2. 起重装卸设备的构成

起重装卸设备主要由驱动装置、工作机构和金属结构三大部分组成。

1）驱动装置

驱动装置是用来驱动各工作机构动作的动力设备，是装卸起重设备的重要组成部分，在很大程度上决定着装卸起重设备的工作性能和构造特征。装卸起重设备一般主要采用电力驱动和内燃机驱动两种形式。

电力驱动是最常见的驱动形式。起重设备一般都安装有使用工业电源的电动机，实现各个运动机构的分别驱动。主要优点是简化了传动系统，而且操作维修简便，工作安全可靠，环保性好，无污染；主要缺点是受到电源条件的限制，起重机械运行的机动性比较差。

内燃机驱动一般用于无轨运行的移动式起重机，它使用内燃机作为各工作机构的动力。内燃机通过液力联轴器和动力分配箱进行集中驱动，各机构的运转、制动和改变方向都靠操纵离合器和制动器来实现。这种驱动装置的主要优点是起重机的机动性好，可以经常改变作业地点，而且结构紧凑；主要缺点是内燃机不能有载启动，各机构须安装离合器，调速困难，运行时噪声大，排放废气污染环境。

内燃机-电力驱动是一种综合的驱动形式，它以一台内燃机为动力，拖动一台直流发电机为各机构的直流电动机提供动力，分别实行电力驱动。其主要的优点是既有独立的电源，又有电力驱动的良好性能，调速性能好，传动系统简单，应用广泛；其缺点是造价高、结构较庞大。

还有一种驱动方式是内燃机-液压驱动，它以一台内燃机作为原动机，驱动高压油泵把机械能转换为液体压力能，通过管路系统把高压油传至各工作机构的液压马达或工作油缸，把液体压力转换为回转运动或直线往复运动的机械能，实现各机构的运作。其主要优点是结构简单，重量轻，可实现无级调速，传动比大，操作简单等；其缺点是对液压件精度要求高，传动效率低，油液易泄漏。

2）工作机构

工作机构是指实现升降及移动货物的机构，一般分为起升机构、运行机构、变幅机构和回转机构。其中，起升机构是用来升降货物的机构，运行机构是实现起重机械沿固定轨道或路面行走的机构，变幅机构是使吊具移动而改变幅度的机构，回转机构是起重设备的回转部分在水平面内绕回转中心转动的机构。任何一种起重设备都是起升机构与其他三种机构的不同组合。

3）金属结构

金属结构是起重设备的基本和骨架，主要用来布置和支撑起重设备的各种驱动装置与工作机构，承受各种载荷并将载荷传递给起重机构的支撑基础。起重设备的主要金属结构有臂架、门架、桥架、人字架等。

除了上述三大部分，为了保证工作的安全可靠，起重设备还可以配备一些安全保护装置，如上升高度限位器、运行极限限位器、缓冲器、锚定装置、夹轨器、防风铁鞋、防后倾装置、起重重量限制器、力矩限制器和防碰撞装置等。

3. 起重设备的参数

起重设备的参数主要有起重量、幅度、起升高度、工作速度、生产率、轨距（跨度、基距）、工作级别等。

（1）起重量是指起重设备的最大额定起重量，表示起重机械正常工作时允许起升的最大重量。对于吊钩式起重机，起重量是指允许吊钩吊起的最大重物的重量。对于使用吊钩以外的其他吊具的起重设备，如斗、电磁洗盘等吊具的起重机，这些吊具的重量应该包括在内，即允许起升的最大重量是货物与吊具重量的总和。

（2）幅度（或外伸距）是指起重设备吊具伸出起重支点以外的水平距离。不同形式的起重设备采用不同的计算起点，如回转臂架起重机的幅度是指回转中心线与吊具中心线的水平距离，非回转臂架起重机的幅度是指臂架下铰点到吊具中心的水平间距。

（3）起升高度是指起重设备能将额定重量起升的最大垂直距离。陆上工作的起重设备的起升高度一般是指地面或轨面升至最高位置的垂直距离。装卸船舶的起重机可以将吊具降至码头地面以下的船舱里，因此起升高度定义为地面以上的上升高度与地面以下的下降深度之和。浮式起重机的起升高度是指水面以上的上升高度和水面以下的下降深度之和，还要考虑船体倾斜后对起升高度的影响。

（4）工作速度包括起升、变幅、回转、运行四个机构的速度。起升速度是起重设备起升额定重量时，货物匀速上升的速度。变幅速度是吊具改变幅度时水平方向移动的速度。回转速度是回转机构在匀速转动时每分钟回转的圈数。运行速度是起重机匀速运行或行驶的速度。

（5）生产率是单位时间内起重设备吊运货物的总吨数，是综合了起重量、工作行程、工作速度等基本参数以及操作技能、作业组织等因素而表明起重机工作能力的综合指标。

（6）轨距是指有轨运行的起重设备行走轨道中心线之间的水平距离。对于桥式类型起重设备的运行轨道中心线之间的水平距离或固定式起重机支腿之间的水平距离称为跨度。沿轨道方向上起重机两支腿中心线的间距称为基距。

（7）工作级别是标明起重机械工作繁忙程度和负荷状态的参数。工作级别是根据疲劳设计的理论来划分的，主要是反映金属结构疲劳程度，以保证选用适当的零部件，并按相应的标准维护保养，以保证设备安全运行。

在选用起重设备时，不仅要考虑技术性能，还要衡量经济性能指标。一般从能耗大小、自重和功能等方面进行比较和选择，主要的经济性能指标有比功率、比重量、价值系数等。

比功率表示起重机在单位起重量下所耗的能量，通常用比功率系数 K 表示。

$$K = P / Q \tag{6-1}$$

式中，P 为起重机发动机的总功率，kW；Q 为起重机的额定起重量，吨。K 越小，表明该起重机工作时，能耗越少，经济性能越好。

比重量表示起重机在单位载荷力矩之下所需的自重，通常用比重量系数 K 表示。

$$K_1 = G / (QL)\text{（适于桥式类型起重机）} \tag{6-2}$$

$$K_2 = G / (QR)\text{（适于旋转类型起重机）} \tag{6-3}$$

式中，G 为起重机械自重，吨；L 为桥式类型起重机外伸距；R 为旋转类型起重机工作幅度。

起重机的比重量系数 K 越小，说明在同样起重量的起重机里，该起重机的自重越轻，原材料使用得越少，机器本身所消耗的动能越少，经济效益越高。

比功率、比重量只适用于同一类型起重设备的比较。在对不同类型和规格的起重设备进行比较时，应主要比较不同起重设备完成相同装卸量所需要的时间和成本，将起重设备完成一定工作量所需要的成本称为价值系数。

6.3.6　常见的几种起重设备

1. 轻型起重设备

轻型起重设备包括千斤顶、起重葫芦、卷扬机等。它们具有轻小简练、使用方便的特点，适用于流动性和临时性的作业。手动的轻型起重设备尤其适合在无电源的场所使用。千斤顶体积较小、重量轻，主要靠人力驱动顶升重物，起重量范围大，但顶升高度小，通常用于机械、车辆检修。起重葫芦有手拉、手扳和电动等几种，轻便可靠，常用于安装维修时吊运小件设备。电动葫芦靠电动机驱动卷筒或链轮起升重物，具有结构紧凑、操作方便、价格便宜的特点。因此，在车间和仓库里得到了广泛的应用。卷扬机又称绞车，是由手动或电机驱动，并包括卷筒、减速装置和制动装置的起重、牵引设备。

1）千斤顶

千斤顶又称举重器，是一种利用刚性承重件顶举或提升重物的起重设备。它靠很小的外力，能顶高很重的重物，又可校正设备安装的偏差和构件的变形等。千斤顶的顶升高度一般为 100~400mm，最大起重量可达 500 吨，自重 10~500kg。

千斤顶按其构造和工作原理不同，可分为齿条式、螺旋式和液压式三种。在货物及设备装卸中常用的千斤顶是液压式千斤顶和螺旋式千斤顶。

使用千斤顶时，顶升高度不要超过套筒或活塞上的标志线。如无标志线，使用时其顶升高度不要超过螺杆或活塞总高度的 3/4。特别是螺旋式千斤顶，当顶升高度超过螺杆总高度的 3/4 时，螺母套筒与螺杆的接触面减少，从而使每圈螺纹牙所受的压力增加，当此压力超过螺母套筒的设计允许值时，会使螺纹牙发生剪切和挤压破坏。

若起重一个重物同时使用几个千斤顶时，每台千斤顶的起重能力不应小于计算载荷的 1.2 倍，主要是防止由于不同步而造成个别千斤顶超负荷而损坏。千斤顶的最小高度应适合重物底部或施力点的净高。对于起落高度较大的工作，应尽量选用顶升高度较大的千斤顶。起落过程中用枕木支持重物时，顶升高度应至少等于枕木厚度加上枕木垛的弹性变形量。

在千斤顶的使用过程中，应该注意以下一些事项。①千斤顶不能超负荷使用，不得随意加长手柄或用力过猛，顶升高度不得超过套筒或活塞上的标志线。②放置千斤顶的基础必须平稳可靠，当千斤顶上、下端与设备金属面或混凝土光滑接触时，应垫以坚韧木料，以防千斤顶倾倒或下陷。③顶升重物前，应使千斤顶位置放正，根据起重对象的重心来选择千斤顶着力点位置，载荷方向要与千斤顶轴线保持一致。④在顶升过程中，要防止由于基础偏沉或重物水平方向位移而造成的千斤顶偏歪。⑤为确保安全，顶升重物前，应另搭保险枕木垛，且随起随垫，落下重物时，应随落随抽。枕木垛与重物的距离一般不超过一块枕木厚。⑥液压千斤顶放低时只能微开回油阀使其缓慢下降，不能突然下降，以免损坏内部皮碗。

2）链条葫芦

链条葫芦是一种使用简单、携带方便的手动起重机械，也称“环链葫芦”或“倒链”。它适用于小型设备和货物的短距离吊运，起重量一般不超过 10 吨。链条葫芦具有结构紧凑、手拉力小等特点。

链条葫芦由链轮、手拉链、传动机械、起重链及上下吊钩等几部分组成。其中机械传动部分又可分为蜗轮式传动和齿轮式传动两种。由于蜗轮式传动的机械效率低，零件易磨损，所以现在已很少使用。齿轮式传动的链条葫芦有几种型号：HS 型是颇受欢迎的一种；WA 型是在 HS 型基础上的改进产品；SBL 型采用新型机构传动，机械效率较高，但自重略比 HS 型重一些。

3）电动葫芦

电动葫芦的种类很多。按机械部行业标准，将电动葫芦分为八种：常速钢丝绳电动葫芦（HC 型）、常慢速钢丝绳电动葫芦（HM 型）、重级工作制电动葫芦（HZ 型）、双卷筒电动葫芦（HT 型）、防爆电动葫芦（HB 型）、防腐电动葫芦（HF 型）、环链电动葫芦（HH 型）和板链电动葫芦（HL 型）。其中，常速钢丝绳电动葫芦和常慢速钢丝绳电动葫芦的用途最广，它们的结构基本相同，不同的是常速钢丝绳电动葫芦只有一种 8m/min 的起升速度，常慢速钢丝绳电动葫芦不仅有 8m/min 的起升速度，还有一个由副电机驱动的慢速 0.8m/min 的起升速度，以满足安装、浇注等慢速工作的需要。重级工作制电动葫芦、双卷筒电动葫芦、防爆电动葫芦和防腐电动葫芦是用钢丝绳作挠性件，在特殊工作环境下使用的电动葫芦。近几年发展起来的环链电动葫芦和板链电动葫芦，采用链条作挠性件，其结构与钢丝绳作挠性件的电动葫芦完全不一样，没有笨重的卷筒和滑轮组，而用链条、链轮作起升机构，因此环链电动葫芦和板链电动葫芦具有外形尺寸小、结构紧凑、重量轻、携带方便等特点。

2. 桥梁式起重设备

桥梁式起重设备在起重设备中用途最广，数量最多，通用化程度较高，目前它的设计、制造、试验、检验、性能指标等都已规范化。

桥式类型起重机是指由有运行能力的桥架结构和设置在桥架上能运行的起升机构组成的起重机械。属于桥式类型的起重机有梁式起重机、桥式起重机、门式起重机、装卸桥等。这类起重机多是固定式，完成固定矩形空间的物料的装卸、搬运、吊运作业，适用于工矿企业、仓库、露天场地等。

下面主要介绍梁式起重机、桥式起重机和门式起重机。

1）梁式起重机

梁式起重机一般由桥梁和起重小车两大部分组成。主梁一般由型钢或型钢与钢板制成的简单截面梁组成，起重小车采用手拉葫芦或电动葫芦配套，或用葫芦作为起升机构的部件装配而成。梁式起重机各机构的工作速度较低，起重量也较小，属于轻型起重机，具有自重轻、成本低、结构简单、维护方便等优点。

梁式起重机的安装方式有支承式和悬挂式两种；支承式梁式起重机的桥梁沿梁上的起重机轨道运行。悬挂式起重机的桥架沿悬挂在厂房支架下的起重轨道运行。梁式起重机按操纵方式分，有手动和电动两种；按梁的结构分，有单梁和双梁两种。单梁的起重量一般在 0.5~5 吨，双梁的起重量一般在 5~32 吨。

手动梁式起重机的特点是，起升机构和运行机构都采用手动方式。单梁手动梁式起重机用手动单轨小车作运行小车，用手拉葫芦作起升机构。双梁手动梁式起重机由于重量较大，需要专门的运行机构和起升机构，起升机构常用带有载荷自制式制动器的单卷筒自动绞车。手动梁式起重机适用于无电源，搬运量不大，对速度和生产率要求不高的场合。

2）桥式起重机

桥式起重机是横架于车间、仓库及露天堆场的上方，用来吊运各种货物的机械设备，通常称为桥吊、天车或行车。它放置在固定的两排钢筋混凝土栈桥上，可沿栈桥上的轨道作纵向运移。起重小车可在桥架上的小车轨道上作横向移动。这样，吊钩、抓斗就可以在一个长方体（起升高度 × 跨度 × 走行线长度）的空间内任意位置上作升降、搬运物件的运动。

桥式起重机是拥有量最大和使用量最广泛的一种轨道运行式起重机，其数量占各种起重机总数量的 60%~80%，额定起重量从几吨到几百吨，一般用吊钩、抓斗或电磁盘来装卸货物，最基本的类型是通用吊钩桥式起重机，其他类型的桥式起重机基本上是在通用吊钩桥式起重机的基础上派生出来的。

桥式起重机的优点是起重量大，速度快，作业面辐射大，效率高，通用化程度高，广泛用于车间、仓库、货场装卸搬运货物；缺点是必须在装卸作业场地修建桥墩，造成建造费用较高，作业上不够方便，而且只能在跨度范围内布置货位，货位面积较小。

桥式起重机按桥架结构不同可分为单梁桥式起重机和双梁桥式起重机两种。单梁桥式起重机主梁多采用工字型钢或型钢与钢板的组合截面，其主梁强度和刚度较小。

起重小车通常起重量在 10 吨以下，跨度为 5~15m。双梁桥式起重机通常由起升机构、大车运行机构、小车运行机构、桥与小车架等组成，其应用范围广，技术参数的变化范围也较大，因此在构造上亦相应有多种形式。按用途和取物装置，桥式起重机常分为吊钩桥式起重机、抓斗桥式起重机、电磁桥式起重机、桥式两用起重机、桥式三用起重机等。

桥式起重机一般由大车和小车两部分组成。小车上装有起升机构和小车运行机构，整个小车沿装于主梁架盖板上的小车轨道运行。大车部分则由起重机桥架（大车桥架）及驾驶室等组成。在大车桥架上装有大车运行机构和小车输电滑触线或小车传动电缆及电气设备等。驾驶室又称操纵室，其内装有起重机控制装置及电气保护柜、照明开关板等。

与其他类型起重机相比，桥式起重机主要具有以下特点：①无支腿，稳定性较好，工作速度高，单机生产率高；②用电动机提供动力，电动机的故障率远远低于内燃机，各机构分别驱动，传动方法简单，使用、保养、维修方便；③桥墩是一种永久性建筑物，给货场的扩建、改建带来困难，桥吊主架无法带悬臂，货位得不到充分利用，给装卸作业带来影响。

桥式起重机是由金属结构、机械部分和电气部分组成的。

（1）金属结构是由起重机桥架（大车桥架）、小车架和操纵室三部分组成的，是起重机的承载结构并使起重机构成一个整体。具有足够的刚度和强度及稳定性的金属结构，是确保起重机安全运转的重要因素之一。目前应用较广的桥架结构形式有箱型和桁架式两种。

（2）机械部分是起重机动作的执行机构，货物的升降和移动是靠相应的机械传动机构来完成的，机械传动机构由起升机构、大车运行机构、小车运行机构组成。

起升机构是任何起重机最基本的组成部分，有时还装有称量装置和超载保护装置。具有主副钩的起重机有两套各自独立的起升机构。电动机通电后（制动器打开）产生电磁转矩，通过联轴器、传动轴将转矩传递至减速器的高速轴，经过齿轮传动减速后由减速器将转矩输出，并经齿盘联轴器，带动卷筒组作定轴转动，使固定在其上的钢丝绳作绕进或绕出运动，并将钢丝绳所系吊的吊钩组作相应的上升或下降运动，可实现吊钩的上升或下降运动。为使吊物能安全可靠地停于空中任意位置而不坠落，在起升机构减速器高速轴端安装制动轮及相应的制动器，以便在断电时实现制动。

大车运行机构是由电动机、传动轴、制动器、齿轮联轴器、减速器及车轮组等组成的。大车运行机构传动形式可分为两大类：一类为分别驱动形式，另一类为集中驱动形式。与集中驱动形式相比，分别驱动形式自重较轻，通用性好，安装和维修方便，运行性能不受吊重物时桥架变形的影响，故目前在桥式起重机上获得广泛应用。集中驱动形式只用于小起重量和小跨度的桥式起重机上。

与大车运行机构基本相同，小车运行机构采用电动机、制动器和减速器装配为一体的三合一部件，带动车轮转动，并可使结构尺寸紧凑，装拆方便，维修容易。

（3）电气部分是由电气设备和电气线路所组成的，是起重机的动力源，操纵控制起重机各机构的运转以实现吊运货物的升降、移动工作，并实现对起重机的各种安全保护。

3）门式起重机

门式起重机又称龙门吊，由主梁和在地面运行的高大支腿组成，为了增加作业面积，主梁两端可以具有外伸悬臂。

门式起重机主要由机构部分、金属部分和电气部分组成。

（1）机构部分包括起升机构和运行机构，运行机构又分为大车运行机构和小车运行机构两部分，起升机构和小车运行机构都安装在起重小车上。起重小车在主梁的轨道上行驶，在轨道的终点一般装有行程开关和缓冲档座，同时在起重小车上安装限位尺和缓冲器，使起重小车运行到终点位置时起到缓冲的作用。起重大车沿着地面轨道行驶，采用分别驱动方式，由装在门架支腿下的两个电动机，分别通过两套传动装置，使主动轮转动，带动门架沿地面轨道行驶。为了安全，要在门架支腿下的横梁上安装夹轨器，防止被大风吹动，出现溜轨或倾覆现象。

（2）金属部分包括小车车架和大车车架。大车车架主要包括主梁、支腿以及大车走行端梁等，用于安设机械及电气设备，并承受货重、自重、风力和大、小车制动时产生的惯性等，要求具有足够的刚度和强度。大车车架一般采用箱型或柄架型两种形式，大量使用的是箱型。箱型结构具有制造安装方便，适于自动焊接，外形美观，便于维护，对疲劳敏感度低等优点。

（3）电气部分包括大车和小车集电器、电动机、控制器、照明设备、电器线路及各种安全保护装置等。由于起重机的工作特点是短时重复、频繁地启动、制动或反转，所以起重机用的电气设备必须灵敏可靠。

门式起重机具有场地利用率高、作业范围大、适应面广、通过性强等特点，在库场、车站、港口、码头等场所，担负着生产、装卸、安装等作业过程中的货物装卸搬运任务，是企业生产经营活动中实现机械化和自动化的重要生产力。

门式起重机种类很多，一般根据门架结构形式、主梁数目、悬臂结构与支腿结构进行分类。按门架结构形式可分为半门架式、L 形单主梁双悬臂门架、双主梁箱形门架、U 形桁架式门架、单主梁梯形截面一刚一柔支腿门架、双主梁无悬臂门架、三角形截面桁架门架等。按主梁数目可分为双主梁门式起重机和单主梁门式起重机。按悬臂结构可分为双悬臂门式起重机、单悬臂门式起重机、无悬臂门式起重机。按支腿形状可分为 L 形、折线形、C 形、A 形、O 形等。

门式起重机的特点：①能充分利用货位面积、通道。与桥式起重机相比，门式起重机的走行轨道直接铺设在作业场地，并且走行轨道面的高度可与作业场地在同一平面上，因此其货位面积、通道等能得到充分利用。②没有固定永久性建筑物，如果货场改建、变迁，则影响不大。③装卸效率高。大多数门式起重机两端带有一定长度的悬臂，不仅作业面积增大，货位得到充分利用，而且汽车等短途搬运设备与铁路车辆可直接进行装卸或换装，提高了装卸效率，加速了车辆和货位的周转。

一般情况下，起重量在 50 吨以下，跨度在 35m 以内，无特殊使用要求，宜选用单主梁门式起重机。如果要求门腿宽度大，工作速度高，或经常吊运重物、长大件，则宜选用双主梁门式起重机。

门式起重机的跨度是影响起重机自身质量的重要因素，在满足设备使用条件和符合跨度系列标准的前提下，应尽量减小跨度。悬臂长度的选择要考虑门式起重机跨度和悬臂长度合理的比值关系，力求使自身质量最小。其原则是，符合等刚度和等强度理论，即当小车运行到悬臂极限位置时，主梁支腿处的强度与小车运行到跨中附近处的主梁的强度应尽可能相等或下挠度同时接近许用值。

装卸桥是门式起重机的另一种形式。通常把跨度大于 35m、起重量不大于 40 吨的龙门起重机称为装卸桥。它与门式起重机的不同点是它的跨度大，用抓斗作取物装置，工作速度快、效率高，一般生产率达 500~1000 吨/小时。由于跨度大，其支腿有一个是铰接的。装卸桥取物装置以双绳抓斗或其他专用吊具为主，主要用于大型散堆货场装卸和搬运散货。通常以生产率来衡量和选择装卸桥。其起升和小车运行是工作性机构，速度较高，大车运行机构是非工作性机构，速度相对较低。

抓斗装卸桥是目前国内外广泛使用的一种大型散货装卸机械，主要用于矿石、煤炭、散粮等货物。抓斗装卸桥之所以广泛使用，是因为其具有技术成熟、机动性好、适应性强等优点。

3. 臂架式起重设备

臂架式起重设备由运行、起升、变幅、旋转机构组成，主要利用臂架的变幅（俯仰）、绕垂直轴线回转配合升降货物，可在一个圆柱形空间范围内起重和搬运货物，有固定式、移动式和浮动式三种。固定式臂架起重机直接安装在码头或库场的墩座上，只能原地工作。其中有的臂架只能俯仰不能回转，有的既可俯仰又可回转，如桅杆起重机、船舶吊杆等。移动式臂架起重机可以沿轨道或道路在地面上移动，主要有轮胎起重机、门座起重机、履带起重机等。浮动式臂架起重机安装在平底船上，主要用于港口的装卸和建筑作业。

1）门座起重机

门座起重机是有轨运行的移动式臂架起重机。在现代的港口、车站库场装卸设备中，门座起重机占据着重要的地位，主要原因在于其具有较好的工作性能和独特的优越结构。门座起重机的额定起重量一般在 5~100 吨，造船用门座起重机的起重量范围更大，现已达到 150~250 吨。门座起重机的工作机构具有较高的运动速度，起升速度可达 70m/min，变幅速度可达 55m/min。

门座起重机通过起升、变幅、旋转三种运行的组合，可以在一个大环形圆柱体空间内实现货物的升降、移动，并通过运行机构调整整机的工作位置，具有较大的起升高度和工作幅度，可以在较大的作业范围内满足运移货物的需要，因而能满足港口、码头、船舶和车辆的机械化装卸、转载以及充分使用场地的要求。此外，它还具有高速灵活、安全可靠的装卸能力。门座起重机的缺点是造价高，需用钢材多，需要较大电力供给，一般轮压较大，需要坚固的地基，附属设备也较多。

门座起重机的结构可分为上部旋转部分和下部运行部分。上部旋转部分包括臂架系统、人字架、旋转平台、驾驶室等，同时还安装有起升、变幅、旋转机构。它安装在一个高大的门型底架上，可以沿轨道运行，相对于下部运行部分可以实现 360°任意旋转。

起重机的自重和吊重均由下部运行部分承受，并由它传到地面轨道上，底部装有行车车轮或运行台车，可以使整台起重机沿着地面或建筑物上的轨道运行。门架底部可以通过火车轨道，以便于装卸货物。它的轨距有三种规格：能通过一列火车的轨距为 6m，称为单线门架；能通过两列火车的轨距为 10.5m，称为双线门架；能通过三列火车的轨距为 15.3m，称为三线门架。

门座起重机一般可以按照通用化程度、使用场合、门架结构形式、补偿方式、用途和取物装置来划分。按通用化程度不同可以分为通用和专用两种。通用门座起重机是用吊钩或抓斗装卸货物，专用门座起重机则只能用于某一种货物的装卸。按使用场合不同可以分为堆场门座起重机、港口门座起重机、造船用门座起重机、水电站用门座起重机四种。按门架结构形式不同可分为全门座起重机和半门座起重机两种。按补偿方式不同可分为象鼻梁式门座起重机、连杆式门座起重机、臂架式门座起重机三种。按用途不同可分为装卸用门座起重机、安装用门座起重机、多用途型门座起重机等。按取物装置不同可以分为吊钩门座起重机、箱钩两用门座起重机等。

门座起重机是由金属结构、四大工作机构和电气系统组成的整体。金属结构的作用是承受各种载荷，包括门架、机房、转盘、转柱、人字架、梯子平台、主臂架、直线型象鼻架和刚性大拉杆等。四大工作机构主要指起升机构、变幅机构、回转机构、运行机构等。

起升机构。为了便于使用双绳抓斗装卸散货，门座起重机一般采用双卷筒的起升机构，即由两台电动机分别带动各自的减速器，经过三级减速后输出，并带动各自的钢丝绳卷筒。起升钢丝绳一端固定在卷筒上，另一端通过人字架上的补偿滑轮及象鼻梁两端部的滑轮固定于吊钩或抓斗上。

变幅机构。根据工作性质的不同，变幅机构分为非工作性（调整性）和工作性两种。一般情况均为工作性变幅，非工作性变幅只在小型机上使用。为了提高起重机的工作效率和更好地满足作业要求，门座起重机采用了工作性变幅机构，即带载变幅。这种变幅机构的特点是工作次数频繁，变幅阻力较大和变幅速度较高。如果起重机仅采用简单摆动臂架的方式变幅，则会引起臂架重心、取物装置及吊重物在水平移动的同时产生升降运动。当臂架变动一个角度时，所吊物移动了一定的距离，同时吊物也提高了一定的高度。这使驱动装置在变幅过程中，必须克服一定的阻力，即由于臂架自重和吊重升降所引起的阻力，增大驱动功率，增加驾驶员操作定位的困难。为了在变幅过程中保持载荷水平位移，常采用绳索补偿法和组合臂架法使重物在变幅过程中沿着接近于水平的轨道移动。

回转机构。由一个或两个旋转电动机输出的转矩经涡轮减速器或行星齿轮减速器减速后，带动旋转小齿轮，小齿轮再带动固定于转柱上的旋转大齿轮，从而使门座起重机的上部旋转，以完成作业任务。

运行机构。由两台或四台运行电动机输出转矩经各自的减速器减速后，传递到开式齿轮组，再驱动门座行走轮沿轨道运动，从而使门座改变工作位置。也可用于装卸货物行驶。

电气系统的供电一般是通过电缆卷筒将电输送到中心受电器上，通常港口门座起重机多为低压供电上机，但在大起重量的机型上也有使用高压供电上机的，此时机上需设有变电装置和高压控制柜。港口门座起重机均采用电力驱动，电气控制部分集中在操纵室和电气房内，电阻箱布置在机器房内，安全保护装置设置在适当的位置上。

2）移动式起重机

移动式起重机是指在带载或空载情况下，能在无轨道路或专用轨道上行驶，机体靠重力保持稳定的臂架式旋转起重机。这类起重机机动灵活，稳定性较好，操纵简单方便，移动迅速，广泛用于港口、车站、厂矿、货场等部门的装卸和安装作业。

A. 移动式起重机的主要技术参数

移动式起重机的主要技术参数包括工作幅度、起重力矩、支腿跨距、工作速度等。

工作幅度是指回转中心轴离吊钩中心线的水平距离。随着幅度增加或吊臂仰角的减小，起重量要减小，当幅度增加到一定值时或吊臂降低到一定值时，起重机将丧失任何起重能力。故在实际使用时，各种起重机都规定了工作幅度，即最大幅度和最小幅度。吊臂仰角最大不超过 80°，一般工作范围规定在 30°~75°。为了安装副臂和进行其他工作，吊臂仰角可达 3°。由于吊重时吊臂会发生弹性变形，故空钩状态和吊重状态时的幅度是有变化的。为了反映起重机的实际工作能力，规定了有效工作幅度（即前支腿中心与吊钩中心的最小水平距离）。

起重力矩是指最大额定起重量与相应的工作幅度的乘积(即起重力矩=起重量 × 工作幅度)。它是衡量移动式起重机起重能力的指标。

支腿跨距是指支腿工作时的外伸尺寸。由于设计时以支腿最大跨距尺寸来计算起重机的稳定性，因此，不应任意改变支腿原来的跨距尺寸。

移动式作业时，各机构的工作速度主要包括起升、变幅、吊臂伸缩、回转、支腿收放和行驶速度。这里介绍其特有的几个速度。变幅速度是指起重机取物装置从最大幅度变到最小幅度的平均线速度（m/min），也可以用完成变幅全过程所需的时间来表示（s）。由于变幅运动对起重机安全影响很大（特别是带载变幅或不打支腿时），所以速度不应太快，一般在 15m/min 左右。吊臂伸缩速度是指液压起重机的吊臂从基本臂到各节吊臂完全伸出的平均速度（m/min），也可以用全伸（缩）状态到全缩（伸）状态所需的时间来表示。由于伸缩油缸两腔作用面积不同，所以吊臂外伸速度要比缩回速度慢一些。回转速度是指起重机绕旋转中心转动的速度（r/min）。额定回转速度是指旋转机构电动机在额定转速下，起重机绕其旋转中心的旋转速度。由于启动与制动时的惯性力影响吊重物体的摆动，故回转速度不宜过快。行驶速度是指自行式起重机在道路或轨道上行驶时的速度（km/h），有一般行驶速度和吊重行驶速度两种。轮式起重机的行驶速度为 15~30km/h。吊重行驶速度限制在 5km/h 以下。

通过性参数是指移动式起重机能通过各种道路能力的参数，包括最小转弯半径、最小离地间隙、最大爬坡度等。一般汽车起重机最大爬坡度在 12°~22°，轮胎起重机最大爬坡度在 8°~14°，越野轮胎起重机最大爬坡度可达 20°~35°。

外形尺寸是指整机的长度、宽度和高度的最大尺寸。因为外形尺寸受到道路、桥梁、涵洞的限制，所以各国都做出具体规定。通常宽度限制在 3.4m 以内，高度则应低于 4m。

轴荷是指移动式起重机单轴的最大负荷。为适应公路行驶的要求，各国都有严格的规定。德国定为 12 吨，英国定为 11 吨，法国与日本定为 13 吨，我国则在《公路工程技术标准》中规定为 12 吨。

自重是指起重机工作状态时的机械总重，有的机型是指在行驶状态下的重量。它是评价起重机的一个重要综合性指标。

移动式起重机的特性曲线可显示幅度及额定起重量和起升高度的变化情况。当幅度变大时，起重能力变小；幅度变小时，起重能力变大；当幅度加大时，起升高度要降低；幅度减小时，起升高度可适当增高。

B. 移动式起重机的分类

移动式起重机按运行部分的结构不同，可分为汽车起重机、轮胎起重机、履带起重机和轨道起重机，其中轮胎起重机、汽车起重机拥有量大，使用普遍。

汽车起重机。它是安装在标准的或专用的载货汽车底盘上的全旋转臂架起重机，其车轮采用弹性悬挂，行驶性能接近于汽车。一般在车头设有驾驶室，绝大多数还在转台（或转盘等）上设有起重驾驶室。汽车起重机一般采用内燃机作动力，传动有机械式、电动式和液压式三种。为减小外形尺寸，吊臂有做成伸缩式或折叠式两种。汽车起重机行驶速度快，越野性能好，作业灵活，能迅速改变作业场地，特别适合于流动性大、不固定的作业场所。汽车起重机一般作业时都放下支腿，不能载荷行驶，且不能配套双绳抓斗使用，因而其使用受到一定限制。

轮胎起重机。同汽车起重机相比，其主要区别：①底盘不同。汽车起重机用标准或专用汽车底盘，轮胎起重机用专用底盘。其轴距和轮距配合适当，从而稳定性好，并能在平坦的地面上吊货行驶，但行驶速度较低，所以适合于固定在一个货场内作业。②驾驶室的数目不同。轮胎起重机只有一个驾驶室，位于转台上，四个机构都在这个驾驶室中操纵。汽车起重机有两个驾驶室：一个在转台上，操纵起升、旋转和变幅机构；另一个在起重机前方，操纵起重机的行驶和转向。轮胎起重机一般采用内燃机驱动，但也有少量简易型轮胎起重机采用外接电源驱动。内燃轮胎式起重机一般采用内燃机驱动，传动有机械、电动和液压三种形式。它的吊臂大多为桁架结构，分段组装，但也有采用伸缩式的。轮胎起重机机动灵活，稳定性好，使用较方便，生产效率高，因此在港口、铁路站场、堆场及工地广泛使用。由于轮胎起重机多采用刚性悬挂，在一定的起重范围内可以不用支腿作业，灵活方便，且能配套双绳抓斗进行散货作业，因而在装卸作业中应用更为广泛。

履带起重机。它是将起重机作业部分装在车架上的臂架式旋转起重机。这种起重机可在路面不好的情况下作业，稳定性好，可不打开支腿进行作业，但运行速度较低，并且在行驶时会损坏路面。另外，维修操作也较复杂，配件不易解决，在使用中受到一定的限制，一般只适用于建筑、建设施工工地。

6.4 自动化输送设备

自动化输送设备一般是指沿一定的输送线路连续输送物料的机械设备，一般用于零散物料的短距离运输以及生产线的在制品流动。

物料的短距离运输是许多物流环节衔接过程中的必要步骤，特别是装卸搬运过程中的主要步骤，是物料在不同的运输状态间进行转换的桥梁。自动化输送设备把物料运动的各个阶段连接成连续的流，在整个物流运作过程中扮演了重要角色。因此，改善输送作业时加速车船周转，发挥港、站、库的效用，加快货物送达，减少流动资金占用，简化包装，降低货物破损率，减少货物破损的重要手段，对物流效益的提高具有十分显著的作用。

在生产物流（特别是生产流水线）中，输送机起着人与工位、工位与工位、加工与储存、加工与装配之间的衔接作用，具有物料的暂存和缓冲功能。通过对自动化输送设备的合理运用，各工序间的衔接更加紧密，生产效率提高。自动化输送设备是生产过程中必不可少的调节手段。

在现代化货物或物料搬运系统中，自动化输送设备担当着重要的作用。它不但是组成机械化、连续化、自动化流水作业运输线中不可或缺的组成部分，还是自动化仓库、配送中心、大型货场的生命线。

6.4.1 自动化输送设备的优缺点

1. 自动化输送设备的优点

（1）可以连续不断地搬运货物，即装货、输送、卸货均连续进行，不必因空载回程而引起运输过程的间断，也不必因经常启动制动而无法保持较高的运输速度，从而实现很高的生产效率。

（2）由于连续输送设备的动作比较单一，控制比较简单，造价低廉，重量较轻，结构紧凑，不需要太复杂的制造工艺和控制模型。

（3）载荷均匀，运行稳定，可以控制运行速度，特别适用于生产流水线的物料运输。

2. 自动化输送设备的缺点

（1）必须沿固定的线路输送货物，当输送路线需要经常变化时，重新布置的成本较高，造成整个物流系统或生产线的柔性不足。

（2）输送的产品的特性比较单一，只适用于重量不大的散货或件货的运送，不适用于重量很大的单件产品的运送。

（3）自动化输送设备一般不能自行取货，因而需要一定的供料设备。

6.4.2 自动化输送设备的技术参数

在选用自动化输送设备时，要考虑的主要技术参数有生产率、输送速度、充填系数、输送长度和提升高度等。

1. 生产率

生产率是指自动化输送设备在单位时间内输送货物的重量，是反映自动化输送设备工作性能的主要指标，它的大小取决于输送机承载件上每米长度所载物料的重量和工作速度。所以自动化输送设备的生产率可以由以下公式来计算：

$$Q=qv \tag{6-4}$$

式中，Q 为生产率；q 为每米长度承载的物料重量；v 为工作速度。

2. 输送速度

输送速度是指输送物料的运行速度。与输送速度有关的术语包括带速、链速和主轴转速等。其中，带速是指输送带或牵引带在被输送货物前进方向的运行速度，链速是指牵引链在被输送货物前进方向的运行速度，主轴转速是指传动滚筒转轴或传动链轮轴的速度。

3. 充填系数

充填系数是表征自动化输送设备的承载件被散货或件货填满程度的系数。

4. 输送长度

输送长度是自动化输送设备装货点和卸货点之间的展开距离。

5. 提升高度

提升高度是物料在垂直方向上获得提升的高度。

除此之外，自动化输送设备的性能技术参数还有安全系数、制动时间、启动时间、电机功率、轴功率、单位长度牵引构件的质量传入点张力、最大动张力、最大静张力、预张力、拉紧行程等。

6.4.3　自动化输送设备的分类

自动化输送设备的形式、构造和工作原理是多种多样的。按照安装方式的不同，自动化输送设备可以分为固定式输送设备和移动式输送设备；按照传送特点，自动化输送设备可以分为有挠性牵引件输送设备和无挠性牵引件输送设备；按照结构形式，自动化输送设备可以分为辊式、链式、轮式、胶带式、滑板式和悬挂式输送设备。

有挠性牵引件输送设备主要使用皮带等挠性牵引件来传输动力，包括带式输送机、板式输送机、刮板输送机、埋刮板输送机、斗式提升机、悬挂式输送机等。无挠性牵引件输送设备依靠工作机构直接推动物料移动，主要有螺旋输送机、辊道式输送机、振动输送机等。

6.4.4　自动化输送设备的构成

一般自动化输送设备主要由承载装置、驱动装置、制动装置、张紧装置、装卸料装置几部分组成。

1. 承载装置

承载装置是自动化输送设备中最关键的部分。承载装置的主要功能：①承载运送货物，②传输牵引力，是直接与物料接连和对物料进行操作的机械部件。

自动化输送设备使用的承载装置主要有输送带和支承托辊、链条（链板）、刮板（埋刮板）、辊道、螺旋、悬挂挂钩、提升料斗等，可以用于不同性质的物料的输送。各种承载装置适用的物料类型和场合如表 6-2 所示。

表 6-2 各种承载装置适用的物料类型和场合

承载装置	物料类型	适用场合
输送带	重量较轻的件货或散粒物料	短距离水平移动
链条（链板）	重量较重的件货	短距离水平移动
刮板（埋刮板）	散粒物料	短距离水平移动
辊道	箱式货物或形状规则的件货	短距离水平移动
螺旋	散粒或粉状货物	水平或垂直移动
悬挂挂钩	可悬挂的件货	按一定空间曲线移动
提升料斗	散粒、粉状货物或小块货物	垂直提升

1）输送带和支承托辊

输送带是用来承载货物和传递牵引力的最常见的承载部件，主要由橡胶带或塑料带作为原料。材料要求强度高、抗磨耐用、挠性好、伸长率小、便于安装维修。其中普通橡胶带的使用最广泛。普通橡胶带一般使用棉织物或化纤织物挂胶后的胶布层作为带芯材料，用橡胶作为覆盖材料，适用于工作环境在−15～+40℃，物料温度不超过 50℃的情况。国产通用带式输送机的常用带宽有 6 种规格：500mm、650mm、800mm、1000mm、1200mm 和 1400mm。

橡胶输送带的张力由带芯胶布衬垫层承受，带的强度取决于带的宽度和带芯衬垫层数。为了使输送带有足够的横向刚度，防止它在支承托辊之间向两侧过分塌下，应根据带宽选用特定的衬垫层数。

橡胶输送带的特点是成槽性好，伸长率小，对于驱动滚筒的摩擦系数较大，强度和允许带速较大，适用面比较广泛。

目前也有采用塑料代替橡胶，用作输送带的材料。塑料材质的优势在于制造工艺简单、质量好、价格低廉。塑料材质的输送带有多层芯和整芯两种。多层芯塑料带和普通橡胶带的结构大致相同，整芯塑料带以维尼纶—棉混纺织物为整体带芯，用聚氯乙烯塑料作覆盖物。

输送带可以承载的强度可以由以下公式计算：

$$S_{\max} \leqslant [S_{\max}] = \frac{BZ}{n}\delta_{带} \quad (6\text{-}5)$$

式中，$S_{\max}$、$[S_{\max}]$分别为输送带实际传递的和允许传递的最大张力，N；Z 为衬垫的层数；B 为带宽；$\delta_{带}$ 为输送带的强度极限，普通橡胶带为 5.6MPa，强力型以维尼纶作衬垫，可达 14MPa；n 为安全系数。硫化接头可以取 8~10，机械接头可以取 10~12，衬垫层数多时可以取上限。

橡胶覆盖层的作用是保护衬垫免受机械损坏、磨损以及外部介质的侵蚀，可按被运输物料的性质和块度来选定覆盖橡胶的厚度。

橡胶带的连接形式可以采用机械接头或硫化接头。机械接头是用一排钢制卡子连接输送带的两端，结构比较简单，制作和维护比较方便。但由于钢制卡子对输送带有一定的损伤，接头处的强度仅为胶带的 35%~40%，带芯外露比较容易受到腐蚀。适用于输送距离不大、物料重量较轻、无腐蚀、对维护时间要求较高的场合。硫化接头是将输送带头部的胶布层和覆盖层切割成对称的阶梯，涂以胶浆，加热加压而成。硫化接头的强度能够达到输送带强度的 85%~90%，且能防止带芯腐蚀，寿命较长。在小批量制造和维修中，有时也采用冷粘工艺来连接橡胶输送带。冷粘接头的强度不如硫化接头，但工艺简单，成本低廉。

2）链条及相关工作构件

链条及相关的固定工作构件（链板、刮板等）是一种可以传递较大牵引力或承载较大重量的承载装置。它主要用绕过若干链轮的无端链条作为牵引件，由驱动轮通过齿轮与链节的啮合将圆周牵引力传送给链条，在链条上或固接着的一定工作构件上输送货物。以链条作为输送元件的输送设备具有输送物品的多样性、苛刻环境适应性、物品流向任意性、输送位置精确性、输送节拍可控性等许多独特的优点。

A. 链条输送装置的类型

使用链条的最简单的输送方式是直接由两根套筒辊子链条组成链条输送装置，链条由驱动链轮牵引，链条下面有导轨，支撑着链节上的套筒辊子。货物直接压在链条上，随着链条的移动向前移动。这种仅仅使用链条，而不附加任何固定工作构件的输送机主要适用于尺寸固定的箱式货物的运输。

用特殊形状的链片制成的链条，可以再装上特定的托板，称为链板。链板输送装置的结构和工作原理与带式输送装置很相似，但带式输送装置主要用输送带的摩擦力来传输牵引力，用传输带的张力或托辊来承载货物，链板输送装置则主要用链条来传输牵引力，用铰接在链条上的托板来承载货物。由于链条和链板的强度和挠性远远大于输送带，因此链板输送装置可以用较小的链轮传递大得多的牵引力，可以承载的重量也大得多。但链板输送装置的缺点是链条自重较大，链条环节之间有摩擦力，整个输送装置比较笨重，消耗的功率也比较大；链条在运动过程中会产生动载荷，工作速度也会受到限制。

如果链条辊子的支撑方向垂直于链条的回转平面，则可以制成水平回转的链板输送机。如果托板连接在链条上，可以侧向倾覆，则可以制成自动分选机。在需要把货物卸出的地点使托板倾翻，即可使货物滑倒在相应的输送分选槽内。

刮板式输送装置是一种特殊的链条输送装置。它将刮板隔一定距离固定在牵引链条上，沿敞开的导槽刮运散货，主要用于水平方向或小倾角方向上输送煤炭、砂子、谷物等粉粒状或块状物料。它的优点是结构简单牢固，对被运物料的块度适应性强，改变输送机的输送长度比较方便，可以在任意地点进行装卸。它的缺点主要是刮板和物料摩擦造成磨损比较快，输送阻力和功率消耗比较大，因此经常用于生产率不高的短距离运输。

在刮板式输送装置的基础上，又发展出一种埋刮板式输送装置。它主要是利用散粒物料具有内摩擦力和侧压力等特性来工作的。水平输送时，由于刮板链条在槽底运送，刮板之间的物料被向前拖动成为牵引层，当牵引层物料对其上层物料的内摩擦力大于物料与机槽两侧壁间的外摩擦力时，上层物料就随着刮板链条向前运动。埋刮板式输送装置的优点是结构简单、体积小、重量轻、密封性好，可以防止扬尘，输送线路布置灵活，安装方便，可以多点加料、多点卸料。它的缺点是链条埋在物料层中，工作条件恶劣，机件容易磨损，不宜输送黏性、磨磋性很大或易结块、怕碎的物料，输送速度和生产率低，能耗大。

埋刮板式输送装置主要由封闭断面的机槽、刮板链条组成。封闭机槽分成两个部分，其中一个为工作分支，通常采用矩形断面。机槽的头部设有驱动链轮，由传动装置传动，尾部设有张紧链轮和螺旋式张紧装置。机槽还开有加料口和卸料口。刮板链条既是牵引件，又是承载件，通常由不同形式的链板和链条焊接而成。链条可以用套筒辊子链或叉形片式链，刮板可以制成 T 形、U 形、O 形、H 形、L 形等。在选用刮板时，输送一般物料可以采用结构简单的形式（U 形、L 形），以减少物料在刮板上黏附，便于卸料和清扫；当输送物料的悬浮性越大和机槽越大时，可以采用相对复杂的刮板形式（O 形、H 形）。

B. 链条输送装置的常见故障

链条输送装置在运行过程中常见的故障主要有卡料、链条跑偏、断链、浮链等。

（1）卡料是通常发生在链轮头轮轮槽处。卡料后，链轮头轮与链条不能正常啮合，严重时将链条完全抬起，输送机不能正常运行。原因是链条上的残留物未能得到及时清除，链轮头轮轮槽被卡紧，可在输送机头部卸料口处适当增设一套卸料板和清扫板，并设置一块伸入链轮轮槽的刮料刀。

（2）链条跑偏的产生多见于较长的输送设备，往往是由于安装不良。其主要原因有：机槽两侧与对称中心面的对称度偏差过大，头轮、尾轮及导轨、托轮不对中，各轮轴不平行，尾轮调节行程不一致等。

（3）断链是指链条断裂。其产生的原因一般有设计工作张力不够，制造质量问题，链条上的开口销磨损导致连接销轴脱落而断链，输送物料中混入铁件等大块硬物卡住过载，机壳的连接法兰、导轨处出现较大错位等。其中，有些可能是由于设备安装不慎引起的，有些则可能是由于振动、撞击引起的。

（4）浮链是指当输送易于产生浮链的物料时，刮板可倾斜 70°焊接在链条上，使运动阻力产生向下压的垂直分力。

3）辊道输送装置

辊道输送装置也是一种常见的输送装置，由一系列以一定间距排列的辊子组成，主要用于输送件货或者托盘货物。为了保证货物和托盘的底部有沿输送方向的连续输送面，货物底部必须与四根辊子相接触，即辊子的间距应该小于货物支承面的四分之一。

辊道的输送方式主要有人力驱动、重力驱动和电机驱动三种。人力驱动辊道输送装置是没有任何动力、水平放置的辊道输送装置。货物在辊道上完全由人力来推动。由于辊子的摩擦力比较小，货物可以靠人力推动的惯性向前移动。重力驱动的辊道输送装置一般具有一定的坡度，使货物能够依靠自身的重力从一处自然移动到另一处。人力驱动和重力驱动的辊道输送装置的优点是结构简单、布置灵活，不需要动力驱动；缺点是货物的移动速度难以控制，可能会发生碰撞，可能会产生破损。在需要以稳定的速度运输货物的场合，可以使用电机驱动辊道输送装置。电机驱动辊道输送装置主要有以下一些驱动方案。

第一种方案是每个辊子都配备一个电机和一个减速机，单独驱动。由于每个辊子自成系统，更换与维修比较方便，但系统比较复杂，成本和维护费用较高。第二种方案是在每个辊子轴上安装两个链轮，由电机、减速机和链轮驱动第一个辊子，然后由第一个辊子通过链条传送到其他辊子。第三种方案是用一根链条通过张紧轮驱动所有的辊子，当货物尺寸较长、辊子间距较大时，这种方案比较容易实现。第四种方案是用一根纵向的通轴，通过扭成八字形的传动带驱动所有的辊子，如果货物较轻，对驱动力的要求不高，这种方案结构简单，比较容易实现。

4）螺旋输送装置

螺旋输送装置是无挠性牵引件的输送机械，借助原地旋转的螺旋叶片将物料向前方推动进行运输，主要用来运送粉粒状散货，如水泥、谷物、面粉、煤炭、黄沙、化肥等。螺旋输送装置的主要优点是结构简单，没有空返分支，横断面尺寸小，可以多点装货或卸货，工作可靠，易于维修，造价低廉，输送密封性好，没有粉尘；缺点是生产率低，运输过程中螺旋输送装置搅拌物料的阻力大，螺旋装置和料槽容易损坏，物料可能破碎，螺旋输送装置对超载比较敏感，容易产生堵塞。因此螺旋输送装置适用于输送摩擦性较小的物料，不宜输送黏性大、易结块及大块的物料。

螺旋输送装置可以沿水平、倾斜或垂直方向输送货物，分为水平螺旋输送装置和垂直螺旋输送装置两种。

水平螺旋输送装置可以在水平方向或倾角不超过 20°的条件下使用，输送长度一般在 70m 以内，螺旋直径在 150~600mm，螺旋转速一般为 20~190r/min，每小时可以输送 4~140 吨货物。水平螺旋输送装置是由封闭料槽、螺旋、驱动装置和轴承等构成的。它的工作原理是：螺旋在料槽内旋转时，料槽内的物料受到本身重力和与料槽间的摩擦力的影响，不会随螺旋一起移动，而是沿着料槽轴线的方向移动。

垂直螺旋输送装置的基本结构与水平螺旋输送装置类似，它采用实体螺旋和圆形料槽，利用一段短的水平螺旋输送装置进行供料，垂直螺旋与水平螺旋分别有单独的驱动装置。与水平螺旋输送装置不同，垂直螺旋输送装置的工作原理比较复杂，需要根据料槽填充率的不同来确定螺旋旋转的临界速度。垂直螺旋输送装置的运动阻力和功率消耗比水平螺旋输送装置大，在各种连续输送装置中，它的功率消耗仅低于气力气动输送机。

5）悬挂输送装置

悬挂挂钩是典型的悬挂式的物料承载装置。它将物料悬挂在钩子等装置上，利用车间结构搬运货物。悬挂输送装置的作用：①防止物料在运输过程中被触碰或损坏，如用于喷漆产品的输送；②节省空间，避免与地面的设备或人员相冲突，从而使生产物流系统更加合理高效。

普通悬挂输送装置是最简单的架空输送承载装置。它是一条由工字钢型材组成的架空单轨线路。承载滑架上有一对滚轮，承受货物的重量沿轨道滚动，挂钩等吊具挂在滑架上，滑架由链条牵引。由于架空线路一般为空间曲线，要求牵引链条在水平和垂直两个方向上都要有很好的挠性，一般采用可拆链。悬挂输送装置的上、下料作业是在运行过程中完成的。通过线路的升降可以实现自动上料。

使用电动小车或电动葫芦的单轨输送系统是一种新的悬挂输送技术。这种输送装置不需要牵引链条，线路的更改或扩张比较容易实现，而且可以根据实际需要增加或减少在线路上运行的电动小车或电动葫芦的数量，解决了传统悬挂输送系统存在的即使输送一件物料也需要整个系统的链条都不停运行的问题。

6）斗式提升装置

斗式提升装置是在垂直或接近垂直方向上连续提升粉粒物料的输送机械。它的牵引件绕过上部和底部的滚筒或链轮，牵引构件上每隔一段距离装一料斗，由上部滚轮或链轮驱动，形成具有上升的有载分支和下降的无载分支的无端闭合环路。物料从有载分支的下部供入，由料斗把物料提升至上部卸料口卸出。

斗式提升装置的优点是结构简单，占地面积小，可以在全封闭的罩壳内工作，减少粉尘的污染；缺点是对过载比较敏感，斗和链容易磨损，被输送的物料受到一定的限制，只适用于粉粒状和中小块状的散货的垂直提升。斗式提升装置按牵引件不同可以分为胶带牵引的带斗提升装置和链条牵引的链斗提升装置。

斗式提升装置主要由牵引构件、料斗、驱动装置、张紧装置、上下滚筒（或链轮）、机架与罩壳组成。其中主要的提升装置是料斗。料斗主要有三种形式：深斗、浅斗和导槽斗（三角斗）。根据斗式提升装置的运转速度和载运物料特性不同，可以采用不同的料斗形式。深斗的斗口与后壁夹角大，每个料斗可以装载较多的物料，但较难卸空，适用于运输干燥的松散物料。浅斗的斗口与后壁的夹角小，每个料斗的装载量小，但容易卸空，适合运输潮湿的和黏性的物料，导槽斗是具有导向侧边的三角形料斗，当料斗绕过上滚筒卸料时，前一个料斗的两个导向侧边和前壁形成后一个料斗的卸载导槽，适用于运送沉重的块状物料和怕碰碎的物料。

2. 驱动装置

驱动装置的主要功能是驱动承载装置的运动，一般输送装备的驱动装置主要由电动机和滚筒驱动装置组成。

1）电动机

输送机械设备要求电动机具有启动扭矩大、启动电流小、能够适应满载启动的要求，同时希望体积和重量不能太大。一般使用封闭式三相异步式笼电机。目前新型 Y 系列全封闭自扇冷式笼型三相异步电动机使用比较广泛，已经全面替代了传统的 J02J03 型电机。对于长距离生产率高的输送设备可能采用多滚筒驱动，大功率电动机可以采用绕线式电动机，便于调控，使长距离传输设备平稳启动。

Y 系列三相异步电动机根据其外壳的防护等级不同，又可分为 IP23（防护式）和 IP44（封闭式）两个基本系列。IP23（防护式）系列电动机能防止手指触及机壳内带电导体或转动部分，防止直径大于 12mm 的小型固体异物进入，并防止沿垂直线成 60°或小于

60°的淋水滴入电动机，因此运行更安全更可靠。该系列三相异步电动机的额定电压为 380V，额定频率为 50Hz，功率范围为 5.5~132kW，共有 14 个功率等级、6 个机座号和 45 个规格。电动机的同步转速有 3000r/min，1500r/min，1000r/min，750r/min 及 600r/min，绕组采用 B 级绝缘材料，电动机均为 A 形接法，其冷却方式为 IC01。

IP44（封闭式）系列电动机是一般用途的全封闭自扇冷式笼型三相异步电动机，适用于拖动无性能要求的各种机械设备。其额定电压为 380V，额定频率为 50Hz，功率范围为 0.55~160kW，共有 22 个功率等级。电动机的同步转速有 3000 r/min，1500 r/min，1000 r/min，750 r/min 及 600 r/min，其冷却方式为 IC0141。

Y 系列三相异步电动机的优点如下。

（1）工作效率高。其效率加权平均值比 J02 系列高出 0.413%。

（2）启动性能较好。其堵转转矩比 J02 系列电动机的平均值高 33%，启动最小转矩均保证在 0.8 倍的额定转矩以上，并且大部分还达到或超过 1 倍的额定转矩。因此，其启动性能非常优良，带负载启动也十分顺利。

（3）噪声低、振动小。Y 系列电动机规定有声功率噪声标准按噪声限值分为 1 级和 2 级，以供用户选用，采用电机专用轴承，运转噪声大为降低。其噪声低于 J02 系列实际水平 5~10dB，振动也比 J02 系列电动机有较大幅度的减小。

（4）防护性能较好。Y 系列电动机的结构设计已满足了对外界固体物和溅水的防护要求，这样就能有效防止异物对电动机和人体的危害。

（5）运行可靠且使用寿命长。Y 系列电动机的绕组均采用 B 级绝缘材料。当海拔不超过 1000m，冷却空气的温度不超过 40℃时，电动机定子绕组的温升限度（电阻法）不超过 80℃。因而，除极少数规格电动机外一般均有 150℃以上的温升限度。较大的温升限度则能延长电动机的使用寿命，并提高电动机运行的可靠性。

（6）Y 系列电动机比 J02 系列的体积平均缩小 15%，重量平均减轻 12%。

2）滚筒驱动装置

滚筒驱动装置是挠性牵引件的输送设备常见的驱动装置。它借助滚筒表面和输送带之间的摩擦力使输送带运转。通常使用电动机作为原动力，经减速器和联轴节带动滚筒，再驱动输送带。短距离和小功率输送机构采用单滚筒驱动，长距离输送设备则采用多滚筒驱动。滚筒的选用一般根据其表面和曲率半径来进行选择，滚筒表面分为光面和胶面两种，后者表面摩擦系数较大。如果环境湿度小且功率不大，可以采用光面滚筒，反之则可以采用胶面滚筒，以防打滑。

当挠性牵引件（主要是输送带）绕过滚筒时，因为发生弯曲容易引起疲劳损坏，所以驱动滚筒的直径不能太小，一般要求滚筒直径应大于输送带衬层数的 100~125 倍。其中机械接头输送带取低值，硫化接头输送带取高值。移动式输送装置要求结构紧凑，驱动滚筒直径也不能小于衬层数的 80 倍。另外，滚筒的直径应该按标准选用（如 400mm、500 mm、630 mm、800 mm、1000 mm、1250 mm、1400mm 等）。

还有一种电动滚筒，是将电动机和传动装置放置在滚筒内，使结构更为紧凑、重量轻，便于布置和操作。缺点是电动机散热条件不好，检修不便。它适用于要求设备结构紧凑的场合，以及环境潮湿、有腐蚀性的场合。电动滚筒的主要形式有风冷式、油冷式、油浸式等，一般功率在 55kW 以下。

3. 制动装置和张紧装置

制动装置和张紧装置主要应用在带式输送装置上。一般的输送设备都可以凭借系统自身的摩擦力来实现制动，只有倾斜布置的带式或链板输送装置，为了防止承载装置在货物自重的作用下发生反向运动，引起物料倒流，需要在驱动装置处设置制动装置。

1）制动装置

一般常用的制动装置有滚柱式逆止器、带式逆止器、电磁瓦块制动器等。

（1）滚柱式逆止器。当输送设备正常工作时，逆止器的星轮按正常方向旋转，滚柱处于星轮与外壳间隙的最宽处，因此它不妨碍星轮的正常运转。一旦输送机有反转的趋势，滚柱即嵌入星轮与其固定的外壳之间间隙的窄处，从而星轮和输送机被制动。这种制动器的制动平稳可靠，最大制动力矩可以达到 48500N•m，使用比较广泛。

（2）带式逆止器是由驱动滚筒和逆止带构成的制动装置。当输送装置正常运行时，输送带拖动逆止带离开滚筒，如果反转，输送带就将逆止带嵌入输送带和滚筒之间起制动作用。这种逆止器结构简单，造价低廉。其缺点是：①逆止过程不马上实现，而是要倒转一小段行程才能实现；②只有在输送机的倾斜角度小于或等于 18°时才能可靠制动。因此对于功率较大、逆止要求高的输送设备不是很适用。

（3）电磁瓦块制动器的原理是利用电磁铁将制动瓦块压紧制动轮，利用瓦块和制动轮之间的摩擦力来实现制动。这种制动器的优点是制动和开启迅速，尺寸小、重量轻，更换瓦块、电磁铁方便，并易于调整瓦块和制动轮之间的间隙；缺点是制动时冲击力较大，开启时所需的电磁铁吸引力大，电磁铁的尺寸和电能消耗也因此较大，而且在发热高温状态下可能失灵。液压瓦块制动器将推动瓦块的动力部件用液压机构来代替，避免了电磁瓦块制动器的缺点，减小了制动器的尺寸，降低了功耗，增加了可靠性。

2）张紧装置

张紧装置的作用是使输送带保持必要的初张力，以免在驱动滚筒上打滑，并保证两托辊间输送带的垂度在规定的范围内。张紧装置的主要形式有螺旋式、小车重锤式、垂直重锤式等。

螺旋式张紧装置属于手动张紧装置，它利用人力旋转螺杆，使带有螺母的滑架及安装在上面的张紧滚筒沿输送机方向纵向移动，以调节输送带张力，这种装置结构比较简单，但又有很多缺点：①不能自动调整输送带的张力，因为输送带具有弹性，使用一段时间后会变松，就需要定期检查，不断调整；②张紧力的大小比较难掌握，不容易测量并恒定。螺旋式张紧装置一般用于结构简单、输送距离小的输送机上。

小车重锤式张紧装置和垂直重锤式张紧装置都是利用重力的作用，通过滑轮将重力传导到滚筒上，以实现拉紧输送带的目的。这种张紧方式的优点是能自动张紧，并保持恒定的张力；缺点是外形尺寸大，维修麻烦。

针对大功率、长距离的输送设备张紧力动态可调的要求，目前开发出一种新型的液压张紧装置，它是根据皮带输送机运行的特点、受力模型分析及大量试验数据开发的新型产品，保证了皮带启动和运行中皮带对张紧力和缓冲的要求。在启动阶段，它满足胶带输送机的动态防滑要求，在等速阶段降低张紧力以维持胶带机正常运行要求，同时有张紧力实时监控功能。

链式输送设备也需要对链条进行张紧，由于链条具有较大的重量，一般都是利用链条的自重来实现张紧，对于张紧要求比较高的链式输送设备，可以安装弹性张紧轮来实现张紧。

4. 装卸料装置

装卸料装置主要用于对散粒物料的装卸，对于成件物品可以用导板装卸或直接将物料安放到输送装置上。一般来说，散货的装载装置主要有装载槽或漏斗。对于未筛分的干燥散货，宜采用槽底带装载漏斗，粉状和小粒状物料经过小孔后在带面上形成一层保护层，从而避免大块状物料对输送带的直接冲击。

装载槽或漏斗的主要作用是对输送机的均匀装载，防止物料在装载过程中洒漏在输送机外面，并尽量减少物料对输送带的冲击和磨损。这就要求装载装置应使物料进入输送机的方向与输送带的运动方向相一致。同时，物料在下滑到输送带上时，应具有尽可能小的法向分速度和尽量接近于带速的切向分速度。为此，要使装料槽的后壁具有适当的倾斜度，通常应该比物料对槽壁的摩擦角大 5°~10°。料槽的宽度一般取带宽的 2/3。要注意使物料装载经常保持在中心线上，因偏心载荷会引起输送带跑偏，易使输送带的边缘受到损伤。

一般的输送机可以在端部卸料，直接从滚筒处抛卸，也可以在中间卸料，使用卸载挡板或卸载小车来卸料。

卸载挡板为平直挡板或 V 形挡板，适用于水平输送区段，可以用来卸件货，也可以在一侧或两侧卸散货。卸载挡板的结构十分简单，但对输送带磨损比较厉害，还会大大增加输送机的负载。因此，对于输送距离长、输送块度大、磨损性大的场合不宜采用。

卸料小车由车架、两个滚筒和两个跨在带式输送机两侧的导向槽组成。它装设在水平输送区段，可以沿导轨在输送机纵向方向移动。移动过程中，物料被小车上的滚筒抛出，经导向槽从一侧或两侧卸下。卸料小车比较适合于生产率高、输送距离长的带式输送机在中途卸载散货。

6.5　自动化包装和流通加工设备

流通加工是指物品从生产地到使用地的过程中，根据需要施加包装、分割、计量、分拣、刷标志、拴标签、组装等简单作业的简称。流通加工设备是指在流通加工活动中所使用的各种机械设备和工具。自动化流通加工设备的加工对象是进入流通过程的商品，是通过改变或完善流通对象的原有形态来实现生产与消费的“桥梁和纽带”。使用流通加工设备可以提高原材料利用率，提高加工效率及设备利用率，充分发挥各种输送手段的最高效率，从而提高物流运作的总效益。

6.5.1 自动化包装设备

包装是指为在流通过程中保护产品、方便储运、促进销售，按一定技术方法而采用的容器、材料及辅助材料等的总体名称，也是指为了达到上述目的而采用容器、材料、辅助材料的过程中施加一定技术方法等的操作活动。

1. 自动化包装设备的作用

在社会再生产过程中，产品包装处于生产过程的末尾和物流过程的开头，既是生产的终点又是物流的开始，包装设备是使产品包装实现机械化、自动化的根本保证。包装设备在物流运作中所起的作用主要有以下几点。

（1）大幅度地提高生产效率。机械包装要比手工包装速度快得多。例如，啤酒灌装机的生产率可高达 36 万瓶/小时，这是手工灌装无法比拟的；糖果包装机每分钟可包糖数百块甚至上千块，是手工包糖速度的数十倍。

（2）改善劳动条件，降低劳动强度。手工包装的劳动强度大，当包装体积大、质量重的产品时，既耗费体力又不安全；包装轻小产品，动作频率高且单一；包装液体产品，易造成产品外溅；包装粉状产品，往往造成粉尘飞扬。因此广泛地采用包装机械设备代替手工包装，不仅可以大大改善工人的劳动条件和环境，避免有毒产品、有刺激性、放射性产品危害工人身体健康，还能使包装工人从繁重的劳动中解放出来。

（3）节约原材料，降低产品成本。在包装液体产品或粉状产品时，由于液体飞溅、粉尘飞扬，不但污染了环境，而且浪费了原材料。采用机械包装能防止产品的散失，不仅保护了环境，还节约了原材料。

（4）保证产品卫生，提高包装质量。有些产品的卫生要求很严格，如食品、药品等，采用机械包装，可以避免人手直接接触食品和药品。而且由于包装速度快，食品和药品在空气中停留时间缩短，减少了污染，有利于产品清洁，保证了产品卫生质量。机械包装易于实现包装的规格化、标准化。

（5）降低包装成本，节约储运费用。对于松散产品，如烟叶、丝、麻、棉花等产品，采用压缩包装机压缩包装，可大大缩小体积，降低包装成本，节省仓容，减少保管费用，有利于运输。

（6）延长保质期，方便产品流通。采用真空、无菌等包装机进行产品包装，可以延长食品和饮料的保质期，使产品的流通范围更加广泛。

（7）减少包装场地面积，节约基建投资。采用手工包装，由于包装工人多，工序不紧凑，包装作业占地面积大，基建投资多。采用机械包装，产品和包装材料的供给比较集中，各包装工序安排紧凑，因而减少了包装占地面积，可以节约基建投资。

2. 包装设备的主要特点和基本结构

包装设备的主要特点有以下几个方面。

（1）包装设备一般设计成自动包装机，形成连续自动进行的包装。

（2）包装设备应在标准卫生条件下工作，不能有任何污染产品的现象。

（3）电动机的功率一般都比较小，一般采用无级变速装置，以调节生产能力。实际工作中的包装机械以机械传动为主要形式。

包装设备的基本结构主要包括进给机构、计量装置、传动机构、输送装置、动力部件、控制系统、机身与操作系统。进给机构负责被包装产品的进给和包装材料或容器的进给。计量装置是用来在物料供送前或供送过程中计量供给的。传动机构直接驱动各执行机构运动。输送装置将待包装物品和已包装好的产品从一个工位运送到另一个工位，或从外部结构上把自动线上的各台单机联系，以至于最后把包装成品输送入库。动力部件有电动机、液压泵、压缩机以及作原动力的气缸、液压缸等，以电动机最为普遍。控制系统按被控制对象的状态不同，分为流动自动化控制和机械自动化控制。其中，流动自动化控制主要是以连续进行变化的液体或粉状物等为对象，对其温度、流量、压力、料位等参数进行长期的连续定量控制；机械自动化控制主要以固体作为控制对象，对它们的位置、尺寸、形状等因素进行定性的间断性控制。

3. 包装设备的种类

包装设备的种类很多，其分类方法也是多种多样的。按包装操作方法不同，包装设备可分为充填、捆包、裹包、泡罩、缠绕、封合、加标、清洗和灭菌等设备；按包装产品不同，包装设备可分为食品、药品、日用工业品、化工产品等包装设备；按包装容器不同，包装设备可分为装箱、装盒、装袋、装瓶、装罐、装桶等设备；按包装层次不同，包装设备可分为单层包、多层包机械；按包装大小，包装设备可分为小包、中包、大包等设备；按特种包装，包装设备可分为收缩、拉伸、热成型、充气、真空、现场发泡等设备；按被包装物形态不同，包装设备可分为固体包装设备和液体包装设备；按传送方式不同，包装设备可分为单位包装机、间歇运动多工位包装机、单头连续运动多工位包装机、多头连续运动多工位包装机等；此外还有干燥机、上蜡机、包装组合机、上塞机、旋盖机等。下面介绍几种常见的包装设备。

1）充填设备

充填设备是指将待包装的物料按所需的精确量（质量、容量、数量）充填到包装容器内的机械，充填液体的机械称灌装机。计量充填设备一般由物料供送装置、计量装置、下料装置等组成。它可以作为一种单机单独使用，也可以与各种包装机组成机组联合工作。计量充填设备是包装设备的重要组成部分，其关键内容是高速度、高精度与高可靠性的统一，其性能的好坏直接影响包装质量。

实际生产中，由于产品的性质、状态以及要求的计量精确度和充填方式等因素不尽相同，因而对于不同的物料，采用的计量充填方式也不尽相同。于是也就出现了各式各样的计量充填设备。根据计量充填设备所采用的计量原理不同，可分为容积式充填机、称重式充填机、计数式充填机三种类型。

（1）容积式充填机把精确容积的物料装进每一个容器，而不考虑物料密度或质量，常用于那些比重相对不变的物料，或用于那些体积要求比质量要求更重要的物料。根据物料容积计量的方式不同，容积式充填机可分为固定式量杯充填机、可调容量式充填机、气流式充填机、柱塞式充填机、螺杆式充填机、计量泵式充填机、插管式充填机、料位式充填机、定时充填机等。特点是结构简单、计量速度快、造价低，但计量精度较低。因此适用于价格比较便宜的物品的包装作业。

（2）称重式充填机是将产品按预定质量充填到包装容器内的机器。由于容积式充填机计量精度不高，对一些流动性差、比重变化较大或易结块物料的包装，往往效果就显得更差。因此，人们对计量精度要求较高的各类物料的包装，就采用称重式充填机。它由供料机构、称量机构、开斗机构构成。由供料机构将待称物料供到称量机构中，当达到所需要的重量时停止供料，再由开斗机构开斗放料充填，从而完成称重充填工作。

（3）计数式充填机。计数定量的方法分为两大类：一类是被包装物品具有一定规则的整齐排列，计数机构常见的有长度、容积、堆积等几种计数形式；另一类是从混乱的被包装物品的集合体中直接取出一定个数，常用的有转盘、转鼓、推板等形式，主要用于颗粒状、块状物品的计数。

2）灌装设备

灌装设备的主要作用是将定量的液体物料充填入包装容器内。该类型机不仅可以使黏度较低的物料依靠自重以一定速度流动，如饮料、乳品、酒类、植物油和调味品，也可以使某些黏稠物料依靠压力以一定速度流动，如酱类、牙膏、洗发膏、药膏等。这种物料的包装容器常用玻璃瓶、金属罐、塑料瓶、塑料袋、复合纸盒、复合纸袋等。

灌装设备按照灌装产品的工艺可分为常压灌装机、真空灌装机、加压灌装机等。灌装机械通常与封口机、贴标志机等组合使用。灌装机的计量方法有定位法、定量法和定时法三种，它们均有相应的控制装置。如在进料上方安置与储槽相连的计量装置，借助装置内沿液体方向安装的孔板来测量。

灌装机的结构主要由包装容器的供送装置、灌装物料的供送装置、灌装阀三部分组成。包装容器的供送装置的作用主要是将容器间隔地送至灌装工位，待灌装后，再将瓶子送出灌装机。灌装物料的供送装置的作用主要是将物料提供给灌装阀，再灌装入包装容器。

常压灌装机是在常压下利用物料的重力向处于低位的灌装阀流送，物料装在处于高位的储液箱中，这种供料装置主要用于低黏度、流动性好的物料，如牛奶、墨水、酱油、醋等；对于中等黏度、流动性差的物料，如果酱、牙膏、洗发膏等，在重力作用下难以自流，就必须施加机械压力使其流动，利用活塞或柱塞的往复运动来压送液料。真空灌装机须先将包装容器（如瓶子）抽真空，然后进行灌装。

灌装机的供瓶部分是将瓶子间隔地送至灌装工位，待灌装后切断供料装置。

灌装阀的作用是根据灌装工艺要求切断或连通液室、气室和待灌容器之间液料流通的通道。显然，灌装阀是灌装机进行灌装的关键部件。不同的灌装方式采用不同的灌装阀，相应的有常压灌装阀、压力灌装阀、真空灌装阀、等压灌装阀等。

3）封口设备

封口设备是指在包装容器内盛装产品后对容器进行封口的机器。不同的包装容器有不同的封口方式，如塑料袋多采用接触式加热加压封口或非接触式的超声波熔焊封口；麻袋、布袋、编织袋多采用缝合的方式封口；瓶类容器多采用压盖或旋盖封口；罐类容器多采用卷边式封口；箱类容器多采用钉封或胶带粘封。

按照封口方式的不同，封口机可分为以下几种类型。

（1）热压式封口机。采用加热加压的方式封闭包装容器的机器，常用的加热元件有加热板、加热环、加热辊等。该类型封口机主要用于各种塑料袋的封口。

（2）熔焊式封口机。通过加热使包装容器封口处熔化而将包装容器封闭的机器，常用的加热方式有超声波、电磁感应和热辐射等。该类型封口机主要用于封合较厚的包装材料。

（3）缝合式封口机。使用缝线缝合包装容器的机器，多用于麻袋、布袋、复合编织袋等的封口。

（4）卷边式封口机。用滚轮将金属盖与包装容器开口处相互卷曲勾合以封闭包装容器的机器。卷边式封口机又称封罐机，是罐头食品生产过程中的重要机械设备之一。

（5）滚压式封口机。用滚轮滚压金属盖使之变形以封闭包装容器的机器。它生产的罐头密封可靠，能保存较长时间，但开启较困难。

（6）旋合式封口机。通过旋转封口器材以封闭包装容器的机器。封口器材通常是带有螺纹的瓶盖或带有向内卷曲的盖爪的罐盖，以旋拧的方式旋紧在带有螺纹的瓶口或罐品上。

（7）结扎式封口机。使用线绳等结扎材料封闭包装容器的机器，主要用于小包装件的集束封口，如糖果、面包等食品袋袋口的结扎。

4）裹包设备

用挠性包装材料进行全部或局部裹包产品的包装设备统称为裹包设备。裹包设备的共同特点是用薄型挠性包装材料将一个或多个具有一定刚度固态的物品进行裹包。有些粉体和散粒体物品经过浅盘、盒等预包装后，可按块状物品进行包装。块状物品形状各异，有方形、圆柱形、球形等，可以是单件物品，也可以是若干件物品的集合。用于裹包的挠性材料有多种，常用的有纸、玻璃纸、单层塑料薄膜及复合材料等。新型透明裹包材料（玻璃纸等）的出现，使许多新型裹包机及相关机械得到了发展，这些新型机械具有高速、高效，对包装物品尺寸的变化有较大的适应性等特点。

裹包设备种类繁多，功能结构各异，按包装成品的形态可分为全裹包机和半裹包机。按裹包方式则可分为折叠式裹包机、接缝式裹包机、覆盖式裹包机、缠绕式裹包机、拉伸式裹包机、贴体式裹包机、收缩式裹包机等。目前主要是按裹包方式来分类，各类裹包机的特点如下。

（1）折叠式裹包机是用挠性包装材料裹包产品，将末端伸出的包装材料按一定的工艺方式进行折叠封闭。通常为对长方体物品的裹包，包装后外观规整，视觉效果好。

（2）接缝式裹包机是用挠性包装材料裹包产品，将末端伸出的裹包材料按同面黏结的方式进行加热加压封闭、分切。接缝式裹包机通常是不间断地连续动作，工作效率较高。

（3）覆盖式裹包机则用两张挠性包装材料覆盖在产品的两个相对面上，采用热封或黏合的方法进行封口。

（4）缠绕式裹包机用成卷的挠性包装材料对产品进行多圈缠绕裹包。

（5）拉伸式裹包机使用拉伸薄膜，在一定张力下对产品进行裹包，常用于把集积在托盘上的产品连同托盘或浅盘一起裹包。

（6）贴体式裹包机将产品置于底板上，用覆盖产品的塑料薄膜在加热和抽真空作用下紧贴产品，并与底板封合，使包装物品有较强的立体感。

（7）收缩式裹包机用热收缩薄膜对产品进行裹包封闭，然后再进行加热，使薄膜收缩后裹紧产品，收缩式裹包机可再分为烘道式、烘箱式、柜式、枪式等多种。

5）捆扎设备

捆扎设备是利用带状或绳状捆扎材料将一个或多个包件紧扎在一起的机器，属于外包装设备。利用机器捆扎替代传统的手工捆扎，不仅可以加固包件、减小体积、便于装卸保管、确保运输安全，还可以大大降低捆扎劳动强度，提高工效，因此是实现包装设备化、自动化必不可少的设备。

捆扎设备可按捆扎材料、自动化程度、传动形式、包件类型、接头接合形式和接合位置的不同来进行分类。按捆扎材料，捆扎设备可分为塑料带捆扎机、钢带捆扎机、聚酯带捆扎机、纸带捆扎机和塑料绳捆扎机；按自动化程度，捆扎设备可分为全自动捆扎机、自动捆扎机、半自动捆扎机和手提式捆扎工具；按包件类型，捆扎设备可分为普通式捆扎机、压力式捆扎机、水产式捆扎机、建材式捆扎机、环状物捆扎机；按接头接合形式，捆扎设备可分为热熔搭接式捆扎机、高频振荡式捆扎机、超声波式捆扎机、热钉式捆扎机、打结式捆扎机和摩擦焊接黏式捆扎机；按接合位置，捆扎设备可分为底封式捆扎机、侧封式捆扎机、顶封式捆扎机、轨道开闭式捆扎机和水平轨道式捆扎机。

常用的机械式自动捆扎机有普通型捆扎机、低台型自动捆扎机、侧封型自动捆扎机、双轨型自动捆扎机、压力型捆扎机、顶封型自动捆扎机、水平轨道型自动捆扎机等。常见的机械式半自动捆扎机有高台型半自动捆扎机、中台型半自动捆扎机、低台型半自动捆扎机、台式型半自动捆扎机、侧封型半自动捆扎机等。

目前我国生产的捆扎机基本上采用塑料带作为捆扎材料，利用热熔搭接的方法使紧贴包件表面的塑料带两端加压黏合，从而达到捆紧包件的目的。捆扎机分为机械传动和液压传动两大类，带端黏合位置一般为底封式或侧封式，分别有全自动、自动、半自动捆扎机。

由于包装件的大小、形状及捆扎要求不一样，捆扎机类型较多，但各种类型捆扎机的结构基本相似，主要由导轨与机架、送带机构、紧带机构、封接装置、控制系统组成。

机架一般用角钢焊接而成，外面用钢板覆面。导轨位于机架上部，由一条导槽和一些可以开启的叶片组成。带子的端部沿导槽滑动送进，因此，导槽内壁应光洁圆滑，以利于带子顺利滑动。导槽为活动式封闭结构，有让带子脱出的叶片，送带时可引导带子环绕物品一圈，退带时叶片被拉出的带子推开，随后再复位。

送带机构包括带盘、预送轮、储带箱、送带轮等。它将带子自带盘中引送到导轨导槽内，一般分两步进行。首先把带子由带盘送到储带箱，称为预送带，然后再送到工作部位，称为送带，二者交替进行。

收带由送带轮反转快速完成，由离合器控制使送带轮反转，使带子自导槽中拉出捆在包装件上，并产生一定的收紧力，紧带则把带子进一步抽紧，使其紧捆住包装件。紧带机构一般包括紧带器和紧带调节器两部分。

带子抽紧后，须将其接头固定。对于塑料带，一般利用热熔搭接方式进行封接。

基本型捆扎机的控制系统多用机械式，即由分配轴发出指令，由凸轮控制各执行机构，按工作循环要求依次进行动作。这种控制系统的动作可靠，结构较简单，应用广泛。

6.5.2　自动化流通加工设备

1. 剪板机

剪板机在流通领域可用于板料或卷料的剪裁，其工作过程主要是板料在剪板机的上、下刀刃作用下受剪产生分离变形。一般剪切时下剪刀固定不动，上剪刀向下运动。

A. 剪板机的分类

剪板机属于直线剪切类型，按其工艺用途可分为多用途剪板机和专用剪板机；按其传动方式可分为机械传动式和液压传动式；按其上刀片相对下刀片的位置可分为平刃剪板机和斜刃剪板机；按其刀架运动方式可分为直线式和摆动式。普通剪板机一般由机身、传动系统、刀架、压料器、前挡料架、后挡料架、托料装置、刀片间隙调整装置、灯光对线装置、润滑装置、电气控制装置等部件组成。

典型剪板机有摆式剪板机、多用途剪板机、多条板料滚剪机、圆盘剪切机、振动剪切机等。

摆式剪板机又可分为直剪式和直、斜两用式。直、斜两用式主要用于剪切 30°焊接坡口断面。摆式剪板机的刀架在剪切时围绕一固定点做摆动运动，剪切断面的表面粗糙度数值较小，尺寸精度高，而且切口与板料平面垂直。摆式结构主要用于板厚大于 6mm、板宽不大于 4mm 的剪板机。

多用途剪板机有板料折弯剪切机和板材型材剪切机。板料折弯剪切机在同一台剪切机上可以完成两种工艺，剪切机下部进行板料剪切，上部进行折弯；也有的剪切机前部进行板料剪切，后部进行板料折弯。板材型材剪切机在剪板机刀架上，一边装有剪切板材的刀片，另一边装有剪切型材的刀片。

为了将宽卷料剪成窄卷料，或者将板料同时剪裁成几条条料，可以利用多条板料滚剪机下料。滚剪机在两个平行布置的刀轴上，按条料的宽度安装若干个圆盘形刀片，由电动机通过 V 带及齿轮传动装置驱动圆盘刀轴转动，刀轴带动圆盘形刀片转动，把宽板料或卷料剪成若干所需宽度的条料或卷料。一般在滚剪机前后分别配置展卷机和卷绕机，将其卷料展开、滚剪之后再绕成卷料放在支架上。多条板料滚剪机的剪切材料宽度由圆盘形刀片的宽度垫圈决定，因此滚剪的材料宽度精度较高。

圆盘剪切机是利用两把圆盘状剪刀，按其两剪刀轴线相互位置不同及与板料的夹角不同分为直滚剪、圆盘剪和斜滚剪。直滚剪主要用于将板料裁成条料，或由板边向内剪裁成圆形坯料；圆盘剪主要用于剪裁条料、圆形坯料和环形坯料。

振动剪切机又称冲型剪切机，它的工作原理是通过曲柄连杆机构带动刀杆作高速往复运动，行程次数由每分钟数百次到数千次不等。振动剪切机是一种万能板料加工设备，它在进行剪切下料时，先在板料上画线，然后刀杆上的上冲头能沿着画线或样板对被加工的板料进行逐步剪切。此外，振动剪切机还能进行冲孔、落料、冲口、冲槽、压肋、折弯和锁口等工序，用途相当广泛，适用于短金件的中小批量初单件生产，被加工的板料厚度一般小于 1mm。振动剪切机具有体积小、质量轻、容易制造、工艺适应性广、工具简单等优点，但是生产率较低，剪切和工作时要人工操作，振动和噪声大，加工精度不高。

B. 剪板机的参数

剪板机的参数主要有剪切厚度、剪切板料宽度、剪切角度、喉口深度、行程次数等。

剪切厚度主要受剪板机构件强度的限制，最终取决于剪切力。影响剪切力的因素很多，如刃口间隙、刃口锋利程度、剪切角大小、剪切速度、剪切温度、剪切面的宽度等，而最主要的还是被剪材料的强度。目前国内外剪板机的最大剪切厚度多为 32mm 以下，过大之后，从设备的利用率和经济性来看都是不可取的。

剪切板料宽度是指沿着剪板机剪刃方向，一次剪切完成板料的最大尺寸，它参照钢板宽度和使用厂家的要求制订（可剪板宽小于剪刃长度），这种剪切方式称为横切方式。纵切方式为多次接触剪切，只要条料宽度小于剪板机的凹口——喉口，剪切尺寸就不受限制。随着工业的发展，要求剪切板料宽度不断增大，目前剪切板料宽度为 6000mm 的剪板机已经比较普遍，国外最大剪切板料宽度已达 10000mm。

为了减少剪切板料的弯曲和扭曲，一般都采用较小的剪切角度，这样剪切力可能增大些，对剪板机受力部件的强度、刚度也会带来一些影响，但提高了剪切质量。

采用纵切方式对剪板机的喉口深度有要求，目前剪板机趋向于较小的喉口深度，这样可提高机架的刚度、降低整机质量。

行程次数直接关系到生产效率，随着生产的发展及各种上下料装置的出现，剪板机要有较高的行程次数。对于机械传动的小型剪板机，一般每分钟达到 50 次左右。

2. 混凝土搅拌设备

水泥厂一般需要使用混凝土搅拌设备来运输散装混凝土。通常混凝土工厂的成套设备主要有“一站三车”。“一站”即混凝土搅拌站，由其完成对原材料的预处理、供给、计量及对混合料的搅拌等。“三车”即指混凝土搅拌输送车，由其完成混凝土自搅拌站至施工区的水平输送；混凝土输送泵或泵车，由其完成混凝土自施工区至浇注地点的水平和垂直输送；散装水泥输送车，将散装水泥自水泥厂送至搅拌站的水泥筒仓。

另外，混凝土浇筑时，为消除混凝土内部的空隙和气泡，使混凝土密实表面平整，常用混凝土振动器将混凝土振实；在进行隧道、巷道等地下构筑物施工时，常用混凝土喷射机将混凝土喷射于隧道面形成支护层。由此，混凝土机械泛指集中搅拌、分散运输、浇注的混凝土机械。

混凝土搅拌站是用来集中搅拌混凝土的联合装置。由于它的机械化、自动化程度很高，所以生产率也很高，并能保证混凝土的质量和节省水泥，故常用于混凝土工程量大、施工周期长、施工地点集中的大中型水利电力工程、桥梁工程、建筑施工等。随着市政建设的发展，由于采用集中搅拌、提供商品混凝土的搅拌站具有很大的优越性而得到迅速发展，并为推广混凝土泵送、施工实现搅拌、输送、浇注机械联合作业创造条件。混凝土搅拌站主要由物料供给系统、称量系统、控制系统和搅拌主机四大部分组成。

混凝土搅拌站所生产的混凝土需要输送到施工现场，并且在输送过程中，混凝土拌和物不得发生分层离析与初凝。混凝土搅拌输送车是适应这一要求的专用机械。随着商品混凝土生产的发展，混凝土搅拌输送车日益增多。混凝土搅拌输送车的特点是在运送混合料量大、运距较远的情况下，能保证混凝土的质量均匀，不会发生离析、泌水的现象，适合市政、公路、机场、水利工程、大型建筑物基础及特殊混凝土工程机械化施工中使用，是商品混凝土生产中不可缺少的一种配套机械。

根据搅拌站至施工现场距离和材料供应条件的不同，混凝土搅拌输送车可以分为下列几种输送方式。

（1）新鲜混凝土输送。对已完成搅拌的混凝土进行输送，运距在 10km 以内较适合。在输送途中，拌筒以 1~3r/min 的转速做低速转动，对混凝土进行搅动，以防止混凝土离析分层。运输车到达施工现场后，搅拌筒反转卸出混凝土。

（2）半干料搅拌输送。对尚未配足水的混凝土加足水量、边搅拌边输送。

（3）干料搅拌输送。若运距在 10km 以上，通常是将已经称量好的砂、石和水泥等干配合料装入运输车的拌筒内，待运送到施工现场前 1~20min 时，开动搅拌筒并加水搅拌。到达施工现场后，便完成搅拌，可反转卸料。

混凝土输送泵车是在拖式混凝土输送泵基础上发展起来的一种专用机械设备，它将混凝土的输送和浇注工序合二为一，节约了劳动和时间，同时完成水平和垂直运输，省去了起重设备。混凝土输送泵车由载重汽车底盘、柱塞泵、液压折叠臂架、承料斗和输料管等组成。混凝土输送泵车的布料装置类似一台全液压式的动臂挖掘机。在其臂架上安装着混凝土输送管道，因此，混凝土输送管即可随臂架折叠、变幅和回转，在一定范围内变换浇注位置；小范围的混凝土摊铺，可直接人工摆动出口处橡胶管来完成。

6.6　物流自动化装备应用案例

基于 WMS 和 RF 系统一体化的自动化生产物流系统构建
——以华为公司为例

本节以华为公司为例，分析了基于 WMS 和 RF 系统一体化的自动化生产物流系统构成。

自动化生产物流系统是基于信息化、自动化原理，搭载 WMS、RF 系统、自动控制系统等组成的信息系统，是通过自动化的物流设施和设备进行高效的物流活动的系统。该系统主要包括两部分：信息系统和物流设施设备。信息系统主要包括 WMS、自动控制系统，通常需要与公司内部的 ERP 系统（企业资源计划系统）、MRP 系统（物料需求计划系统）等高度融合以实现信息共享，管理者通过企业的信息系统将生产计划信息发送至 WMS，通过自动生产物流系统来安排企业内部生产物流活动，并将物流信息实时反馈到企业内部管理系统。物流设施设备主要包括 RF 设备、自动货架、叉车等，在信息系统与自动控制系统的统一协调下，高效准确地完成从入库、检验到盘存、出库等一系列物流活动。

WMS 是通过与企业内部信息的融合，实现对生产系统内部的入库、出库业务、物料调拨等活动的管理，实现综合批次管理、物料对应、库存盘点、质检管理、虚仓管理和即时库存管理等功能信息化、自动化的信息管理系统。WMS 主要功能有两个：货位管理和质量追溯。货位管理是指通过数据收集器等物流设备来查询货物在货架中的具体位置，实现物料的全方位监控，并能实时了解货架上各种货物的种类、数量、位置等信息，以及货架上的剩余容量，来更好地安排进出库等物流活动。质量追溯是指对货位管理的各项物流活动中信息收集器获得的信息进行汇总和处理，其中包括物料的各种属性，并能实时对物料所在的节点位置进行跟踪；此外还能根据物料的属性向上反向追溯质量问题来源，通过这套严格的质量追溯流程不断巩固生产质量体系，从整个生产流程上来提高生产质量水平。

RF 系统，即无线射频技术系统，是指将专用的条码贴在目标物上，通过专用的条码读取器能实时地读取条码的光信号，并进行分析，得到关于目标物的种类、数量、空间位置等信息，从而达到对目标物的监控、检测、跟踪的目的。在物流系统中，RF 技术根据 WMS 和自动控制系统的物流指令，读取各种物料的位置信息，分析库存信息的数据，并在高货架中利用自动分拣设备进行物料的调拨，完成各项生产活动所需的物流准备活动。

在入库作业中，贴码的物料托盘或者料箱通过分拣设备时，阅读器便会读取条码上的信息，并进行条码分析，然后输送机和堆垛机会将分类的物料按照其种类及用途送至货架中的指定位置进行储存。在出库作业中，通过 RF 系统的阅读器能实时地通过标签发射出来的光信号获得物料在高货架中的准确位置，再利用分设备对物料进行调取，并采用先进先出的方法，提高原料利用率。

在 WMS 的统一管控下，需要 RF 系统来提高生产物流的作业效率和信息化水平。RF 系统通过对物料进行条码管理，能够在高货架中实现简便的操作，具有读取方便、操作简单的优点，在大型制造业中非常适用，能极大地提高物料出入库、调拨、库存信息查询等功能，并能提高库存利用效率。RF 系统是鉴于信息管理系统和物流操作系统中的一种集信息管理技术和物流操作的物料管理技术，其成本较低，操作简单、可适用性强的特点逐渐进入企业的物流管理系统中。

华为作为国内一家通信设备和通信方案解决供应商，一直秉承严格的客户服务要求，致力于及时准确地为客户提供服务。通信市场存在着需求波动大、交货期短、计划性差的特点，这对通信企业的物流系统及其服务能力要求很高。华为面对全球的采购物流中，通常采购周期长达两个月，而产成品的交货期只有两周，中间有一个半月的时间差，因此在华为的原材料仓库中有一定的安全库存。在 2002 年自动化生产物流系统投入使用之前，华为的原材料主要采用平面码放存储、人工拣选和搬运等比较传统的方式，不仅占地面积非常大，而且物流效率低，差错率和货物损失难以避免、无法满足公司不断提高的生产物流服务要求，阻碍了公司对客户服务水平的提高。

华为在通信大发展的背景下紧抓发展机遇、不断改进其物流系统，以提高自身在通信市场中的竞争力。传统的生产物流系统效率低下，无法满足快速运转生产线的要求，为了改变这种情况，华为建立新型的高效的自动化生产物流系统迫在眉睫。西门子德马赛克提供的方案带来的卓越的可靠性能、优异的资本价值、最低的周期成本得到了华为的青睐。

德马赛克为华为打造的物流中心实现了仓储和分拣无人化作业，其中包含 2 万个托盘和 4 万多个料箱的高架库，高效智能化的操作设备保证了物料的先进先出和准确的存储期限控制，库存数据正确率为 100%。同时 WMS 与 Oracle ERP 系统的集成，实现实时数据交换，保证物流信息的实时可视化，WMS、RF 系统与企业内部的 ERP 管理系统高度融合，对企业的生产输入输出进行实时的信息化、自动化管理，实现生产物流的智能化、自动化流程管理。该系统正是结合 WMS 和 RF 系统的生产物流自动化系统，该项目证明了华为当初的选择是非常正确的，也确实给华为带来了非常不错的效益。

该自动化生产物流系统上线后，一直运行正常，大大超出了华为的预期，系统的正常运行极大地改善了企业内部的生产物流现状，其主要成果表现在以下几个方面。

（1）改善了物料管理，通过采用 WMS 与 RF 技术及条形码技术，做到了生产物料 100%的先进先出管理，物料的存储期限得到有效管理；此外在物料入库中加入自动化的物料甄选环节，使得不合格的物料不能进入库房，提高了生产物流的准确性；其次，WMS 与 Oracle ERP 系统的完美融合，可以实现实时的库存报表，便于对库存的实时监控。

（2）采用自动化物流设备实现物料的自动存取、输送与分拣，大幅提高了作业效率，自动化物流设施的使用，减少了大量的人力投入，减少了人为操作的生产物流活动，使得物流活动的准确率达到了 99.6%。

（3）为华为节省了仓库占地面积。该系统投入使用前，物料一般采取平地码放的方式，十分浪费库存空间。该系统采用立体式、自动化仓库，对物料采用先进先出的方式，比原来节省了一半以上的库存空间。

这些细节上的改变正不断提高着华为的物流服务水平，以其准确及时的物流系统为全球客户提供通信设备和通信服务解决方案，高效的自动化生产物流系统也降低了企业的生产成本，正不断提高着华为的客户服务水平，在竞争激烈的通信市场，华为能以较高的服务水平和较低的生产成本提供通信服务，在无形之中提高了华为在通信市场的竞争力。

基于 WMS 和 RF 系统的自动化生产物流系统取得了巨大的成功，该系统在制造业生产中具有强大的应用前景。相关企业可以根据自身业务结构和发展特点，重新审视自身的生产物流系统，结合企业自身的信息系统，引进或者升级当前的物流基础设施设备，以生产流程和生产订单为导向，调整企业的生产物流模式，以自动化设施设备逐步取代传统的手工操作模式，提高作业效率和准确率，并利用信息技术加强对物料在生产系统内部的管控跟踪流程，减少人为操作的额外错误率，只有从内而外的高效准确的生产物流系统才能提高企业生产活动的效率，降低企业生产成本，指明企业发展的新方向。

思考题：

1. WMS 可以很好地应用到企业的生产物流系统中，请分析 WMS 是如何对各种物流活动、物流设施、物流信息进行实时的管理的。

2. 华为采用自动化物流设备实现物料的自动存取、输送与分拣，大幅提高了作业效率，请分析该公司都采用了哪些自动化物流设备，这些设备是如何实现该功能的。

3. 请分析 WMS 是如何与 RF 系统实现配合的。

第7章

物流自动化系统构建及应用

物流自动化系统是随着计算机科学和自动化技术的发展而产生的。在其产生和发展的过程中，物流管理也从人工方式迅速向自动化管理演变，其主要标志是自动物流设备及物流计算机管理与控制系统的出现。正如党的二十大报告所述，要加快发展物联网，建设高效顺畅的流通体系，降低物流成本。目前物流系统已经成为最典型的现代机械电子相结合的系统，由半自动化、自动化以及具有一定智能的物流设备和计算机物流管理、控制系统组成。智能程度较高的物流设备具有一定的自主性，能更好地识别路径和环境，本身带有一定的数据处理功能。

物流自动化系统是具有现代自动化学科显著特点的大型复杂系统，可以看成是现代物流装备、计算机及其网络系统、信息识别和信息管理系统、智能控制系统的有机集成，是在一定的时间和空间里，由所需输送的物料和相关的设备、输送工具、仓储设施、人员及通信联系等若干相互制约的动态要素构成的具有特定功能的有机整体。它广泛应用于机械、电子、商业、化工、交通、食品、烟草等各行各业，能够实现物料运输、识别、分拣、堆码、仓储、检索、发售等各个环节的全过程自动化作业。

7.1 物流自动化分拣系统

自动化分拣系统（automated sorting system）是第二次世界大战后在美国、日本的物流中心广泛采用的一种自动化分拣系统，目前已经成为发达国家大中型物流中心不可缺少的一部分。

一般的物流中心每天要接收成百上千家供应商或货主通过各种运输工具送来的成千上万种商品，需在最短的时间内将这些商品卸下，按商品品种、货主、储位或发送地点进行快速准确的分类，并将这些商品运送到指定地点（如指定的货架、加工区域、出货站台等）。当供应商或货主通知物流中心按配送指示发货时，自动化分拣系统要在最短的时间内从庞大的高层货架存储系统中准确找到要出库的商品所在位置，并按所需数量出库，将从不同储位上取出的数量各异的商品按配送地点的不同运送到各自的理货区域或配送站台集中，以便装车配送。这些工作都需自动化分拣系统来不折不扣地完成。

自动分拣从货物进入分拣系统送到指定的分配位置为止，都是按照人们的指令靠自动装置来完成的。这种装置由接收分拣指示信息的控制装置、计算机网络、搬运装置（负责把到达分拣位置的货物搬运到别处的装置）、分类装置（负责在分拣位置把货物进行分送的装置）、缓冲站（在分拣位置临时存放货物的储存装置）等构成。所以，除了用终端的键盘、鼠标或其他方式向控制装置输入分拣指示信息的作业，几乎全部作业均采用自动控制，因此要求分拣处理能力要大，分拣分类数量也较大。

7.1.1 自动化分拣系统的主要特点

1. 连续、大批量地分拣货物

由于采用大生产中使用的流水线自动作业方式，自动化分拣系统应不受气候、时间、人的体力等的限制，可以连续运行。同时由于自动化分拣系统单位时间分拣件数多，因此自动化分拣系统的分拣能力是人工分拣系统无法相比的。自动化分拣系统可以连续运行 10 个小时以上，每小时可分拣 7000 件包装商品。如改用人工则每小时只能分拣 150 件左右，而且分拣人员也不能在这种劳动强度下连续工作 8 小时。

2. 分拣误差率极低

自动化分拣系统的分拣误差率主要取决于所输入分拣信息的准确性程度，这又取决于分拣信息的输入机制，如果采用人工键盘或语音识别方式输入，则误差率在 3%以上，如果采用条形码扫描输入，除非条形码的印刷本身有差错，否则不会出错；因此，目前自动化分拣系统主要采用条形码技术来识别货物。

3. 分拣作业基本实现无人化

国外建立自动化分拣系统的目的之一就是减少人员的使用，减轻员工的劳动强度，提高人员的使用效率，因此自动化分拣系统能最大限度地减少人员的使用，最终做到无人化。分拣作业本身并不需要使用人员，人员的使用仅局限于：送货车辆抵达自动分拣线的进货端时，由人工接货；由人工控制分拣系统的运行；分拣线末端由人工将分拣出来的货物进行集载、装车；自动化分拣系统的运营、管理与维护。

第二次世界大战以后，自动化分拣系统逐渐开始在西方发达国家投入使用，成为发达国家先进的物流中心、配送中心或流通中心所必备的设施条件之一，但其要求使用者必须具备一定的技术经济素质，因此，在发达国家，物流中心、配送中心或流通中心不用自动化分拣系统的情况也很普遍。在引进和建设自动化分拣系统时一定要考虑投资和商品外包装两个主要方面的问题。

（1）自动化分拣系统的一次性投资很大。自动化分拣系统本身需要建设短则 40~50m、长则 150~200m 的机械传输线，还有配套的机电一体化控制系统、计算机网络及通信系统等。这一系统不仅占地面积大，动辄 2 万 m^2 以上，而且一般自动化分拣系统都建在自动主体仓库中，这样就要建 3~4 层楼高的立体仓库，库内还需要配备各种自动化的搬运设施，这丝毫不亚于建立一个现代化工厂所需要的硬件投资。这种巨额的先期投入要花 10~20 年才能收回，还要求有可靠的货源作保证，所以这种系统大多由大型生产企业或大型专业物流公司投资。

（2）对商品外包装要求高。自动分拣机只适于分拣底部平坦且具有刚性的包装规则的商品。袋装商品，包装底部柔软且凹凸不平，包装容易变形、易破损、超长、超薄、超重、超高、不能倾覆的商品都不能使用普通的自动分拣机进行分拣。因此为了使大部分商品都能用机械进行自动分拣，必须采取两条措施：一是推行标准化包装，使大部分商品的包装符合国家标准；二是根据所分拣的大部分商品的统一的包装特性定制特定的分拣机，但是要让所有商品的供应商都执行国家的包装标准是很困难的，而且定制特定的分拣机又会使硬件成本上升，越是特别的其通用性就越差。所以公司一定要根据经营商品的包装情况来确定是否建或建什么样的自动化分拣系统。

7.1.2　自动化分拣系统的关键要素

（1）多个转向点和多个分拣装置的动力输送线用以输送货物，并将货物从主输送线分拣到对应支线的指定位置。

（2）包装上的分拣标识或信息，如条形码等。

（3）分拣信息辨识、读取装置，如条形码扫描仪等。

（4）控制系统，在小规模系统中可使用可编程逻辑控制器（programmable logic controller，PLC），在大型系统中，接收主控计算机指令，并用来控制相应的分拣装置。

（5）数据信息，给计算机提供分拣控制决策信息。

在配送作业的各环节中，分拣作业是非常重要的一环，是整个配送作业系统的核心。在配送搬运成本中，分拣作业的成本约占 90%，分拣时间占整个配送中心作业时间的 30%~40%。因此，合理规划、设计分拣系统，对提高配送中心乃至整个物流仓储系统的作业效率和质量、提高运行速度、扩大系统运行能力、降低系统硬件及运作成本具有决定性的影响。日本一位物流专家认为，在用户需求表现为多品种、小批量的时代，物流技术的三大关键自动化系统是自动化仓库、AGV 和自动分拣机。自动化仓库是基本成熟的产品，AGV 是发展中的产品，自动分拣机是接近于成熟的产品。

7.1.3　物流自动化分拣系统的分类

自动化分拣系统主要分为堆块式分拣系统、交叉带式分拣系统、斜导轮式分拣机、轨道台车式分拣机、摇臂式分拣机、垂直式拣选系统等。各种自动化分拣系统的差别仅在于所用的分类装置可针对不同种类的货物酌情选用。

（1）堆块式分拣系统是一种特殊的板式输送机，其板面由金属板或管子组成，链板上装有独特形状的滑块在链板间左右滑动进行商品分拣和推块。当分拣货物到达指定道口时，控制器发出指令使导向滑块有序地向道口方向滑动，把货物推入指定的分岔道口。由于导向滑块可以朝两侧滑动，所以可在输送机两侧设置分拣道口，以节约场地。它的特点是：可适应不同大小、重量、形状的各类商品；分拣时轻柔、准确，适宜多种形状、体积和质量在 1~90kg 的货物；可向左、右两侧分拣，占地空间小；分拣时所需商品间隙小，分拣能力高达 18000 个/小时；机身长，最长达 110m，出口多。堆块式分拣系统的分拣准确率为 99.9%，是当代最新型的高速分拣装置。

（2）交叉带式分拣系统由主驱动带式输送机和载有小型带式输送机的台车（简称小车）连接在一起，当小车移动到所规定的分拣位置时，转动皮带完成将商品分拣送出的任务。因为主驱动带式输送机与小车上的带式输送机呈交叉状，故称交叉带式分拣机。它具有分拣出口多、可左右两侧分拣等特点，适用于分拣各类小件商品，如食品、化妆品、衣物等。大型交叉带式分拣系统一般应用于机场行李分拣和安检系统。分拣能力一般达 6000~7700 个/小时。

（3）斜导轮式分拣机的主要工作原理是：由转动着的斜导轮在平行排列的主窄幅皮带间隙中浮上、下降，达到商品的分拣目的。它的主要优点是对商品冲击力小，分拣轻柔；分拣快速准确；适应各类商品，如硬纸箱、塑料箱等平底面商品；分拣出口数量多。

（4）轨道台车式分拣机将被分拣的物品放置在沿轨道运行的小车托盘上，当到达分拣口时，台车托盘倾斜 30°，物品被分拣到指定的目的地。它的优点是可三维立体布局，适应工程作业需要；可靠耐用，易维修保养；适用于大批量产品的分拣，如报纸捆、米袋等。

（5）摇臂式分拣机的结构比较简单，被分拣的物品放置在钢带式或链板式输送机上，在主道上安装一根摇臂，对货物的流向进行控制，以实现货物的分拣。当货物到达分拣口时，摇臂转动，物品沿摇臂杆斜面滑到指定的目的地，在摇臂上安装的齿形皮带可使分流速度更快、更准确。它的主要优点是价格低廉，其效率可达每小时 2500 件。

（6）垂直式拣选系统又称折板式垂直连续升降输送系统，是不同楼层间平面输送系统的连接装置。根据用途和结构的不同有不同的设置，有从某楼层分拣输送至另一楼层，从某楼层分拣输送至不同的楼层，从某楼层分拣输送至某楼层的不同出口方向等几种。

7.1.4 物流自动化分拣系统的构成

自动化分拣系统由物流机械化系统、信息系统和管理组织系统三部分组成。物流机械化系统和信息系统决定了分拣作业的结构框架，管理组织系统控制系统的运作模式。

物流机械化系统一般由控制装置、分类装置、输送装置及分拣道口组成。控制装置的作用是识别、接收和处理分拣信号，根据分拣信号的要求指示分类装置，按商品品种、按商品送达地点或按货主的类别对商品进行自动分类。这些分拣需求可以通过不同方式，如通过条形码扫描、色码扫描、键盘输入、重量检测、语音识别、高度检测和形状识别等方式，输入到分拣控制系统中，根据对这些分拣信号判断，来决定某一种商品该进入哪一个分拣道口。

分类装置的种类很多，一般有推出式、浮出式、倾斜式和分支式几种。不同的装置对分拣货物的包装材料、包装重量、包装物底面的平滑程度等有不完全相同的要求。

输送装置主要由传送带或输送机组成，其主要作用是使待分拣商品通过控制装置、分类装置。在输送装置的两侧，一般要连接若干分拣道口，使分好类的商品滑下主输送机（或主传送带）以便进行后续作业。

分拣道口是已分拣商品脱离主输送机（或主传送带）进入集货区域的通道，一般由钢带、皮带、滚筒等组成滑道，使商品从主输送装置滑向集货站台，在那里由工作人员将该道口的所有商品集中后或入库储存，或组配装车，进而施行配送作业。

7.2　物流自动化搬运系统

本节主要介绍物流自动化搬运系统中的 AGV。

AGV 是以电池为动力，装有非接触导向装置、独立寻址系统的无人驾驶自动运输车，是现代物流系统的关键设备。AGV 是一种集声、光、电、计算机为一体的简易移动机器人，可以按照监控系统下达的指令，根据预先设计的程序，依照车载传感器确定的位置信息，沿着规定的行驶路线和停靠位置自动驾驶。根据美国物流协会的定义，AGV 是指装备有电磁式或光学式自动导引装置，能够沿规定的导引路径行驶，并具有小车编程与停车选择装置、安全保护以及移载功能的运输小车。

AGVS 由管理计算机、数据传递子系统、若干辆沿导引路径行驶的 AGV、地面子系统等组成，用于及时有效地分派 AGV 到某位置完成指定动作，而且具有监控管理的系统。

第一台 AGV 是由 Barrett 电子公司于 20 世纪 50 年代初在美国开发成功的。第一个系统在 1954 年被安装在南加州哥伦比亚城 Mecury 汽车货物运输公司，是一种牵引式小车系统。小车跟随一条钢丝索导引的路径行驶，并带有一个以真空管技术为基础的控制器。20 世纪六七十年代，由于美国劳工对 AGV 的抵制，AGV 在美国的发展受阻。与此同时，AGV 在欧洲却得到顺利发展，这得益于欧洲劳工不抵制 AGV 以及欧洲对托盘的尺寸和结构进行了标准化，统一尺寸的托盘促进了 AGV 的发展。1973 年，瑞典 Volvo 公司在 Kalmar 轿车厂的装配线上大量采用 AGV，进行计算机控制装配作业，扩大了 AGV 的使用范围。随机装置一些部件可增加许多功能，如附加工作台、移载装置、物流信息接收和转换以及控制部件等。20 世纪 70 年代，欧洲装备了大约 520 个 AGVS，4800 多台 AGV。到 1985 年，约 450 家工厂将已经生产的约 1700 台 AGV 投入使用。在欧洲，AGV 的工业应用重点为汽车工业。AGV 于 1965 年引入日本，大部分为无人牵引车。在以后的 10 年中，日本开展了以该类小车为中心的改造工作。1975~1985 年，出现了能够进行前后手动移载式的 AGV 和能够自动装载和卸载的自动移载式 AGV。据统计，到 1994 年，日本累计生产 AGVS 6485 个，AGV 约 18570 台，平均每个系统约有 3 台 AGV。随着电子和控制技术的发展，AGV 的技术也在不断进步，且朝着性能更优越、价格更低廉、自由度更高、超大型化和微型化方向发展。

AGVS 在重工业、制造业和流通领域都有广泛的应用。AGV 在冲压生产线中可以自动运载模具，冲压机必须配备一套滚动支承架，而 AGV 必须配备一套强有力机构，足以把模具推走或拉上；重型 AGV 也用来运载成卷带钢到坯料加工冲压机，坯料加工冲压机将带钢剪切成长方坯件，AGV 又将坯件输送到冲压生产线或存储区；重型 AGV 上可安装 6 轴机器人，用以喷漆飞机骨架等。

AGV 在制造业中主要用于物料分发、装配和加工制造三个方面。就 AGV 的数量和重要性而言，装配作业是 AGV 的主要用户。汽车工业为 AGV 的使用大户，大多数 AGV 被用于汽车装配线上。随着电子工业的发展趋向多品种、多型号的中批量生产，电子工业也大量引入了 AGV，利用其柔性可编程输送系统，可以满足其发展需要。

AGV 在流通领域也有着相当广泛的应用，如食品、服饰用品和其他供应品在医院的运载，邮件、电文和包裹在邮局中的运载。

7.2.1 AGV 的分类

根据用途和产品结构的不同，AGV 逐步发展成各种型号，并且新型的 AGV 也不断问世，国际上对其无统一的分类。

1. 按物料搬运的作业流程要求分类

1）牵引式 AGV

牵引式 AGV 使用最早，包括牵引车和挂车。牵引车只起拖动作用，货物则放在挂车上。大多采用 3 个挂车，拖动能力为挂车载重 2~20 吨，个别可达 50 吨以上，驱动电机功率一般为 0.75~10kW，蓄电池容量为 300~1000A·h，拖动行驶速度为 60~100m/min，转弯和坡度行驶时要适当降低。牵引式 AGV 可用于中等运量或大批运量，运送距离在 50~150m 或更远。目前牵引式 AGV 多用于纺织工业、造纸工业、塑胶工业、一般机械制造业，提供车间内和车间外的运输。

2）托盘式 AGV

托盘式 AGV，车体工作台上主要运载托盘。托盘与车体移载装置不同，有辊道、链条、升降架和手动形式。适用于整个物料搬运系统处于地面高度时，从地面上一点送到另一点。托盘式 AGV 的任务只限于取货、卸货，完成即返回待机点，运载重量为 1.5~2.0 吨，驱动电机功率小于 0.7kW，蓄电池容量为 210~400A·h，行驶速度在直线行驶时为 60m/min，弯路行驶时为 30m/min，反向与缓行行驶时为 15m/min，车上可载 1~2 个托盘。这类车被广泛应用。

3）单元载荷式 AGV

单元载荷式 AGV 根据载荷大小和用途分成不同形式。根据生产作业中物料和搬运方式的特点，采用以单元化载荷的运载车比较多，适应性也强。一般用于总运输距离比较短、行驶速度快的情况，有效载荷可达 0.5~5 吨，行驶速度为 30~80m/min。其适合大面积、大重量物品的搬运，且自成体系，还可以变更导向线路，迂回穿行到达任意地点。当用于搬运小型物品时，由于其最小转弯半径小，通常为 1.5~2.0m，可运行于活动面积窄小的地段。

4）叉车式 AGV

叉车式 AGV 根据载荷装卸叉子方向、升降高低程度可分成各种形式。叉车式 AGV 不需复杂的移载装置，能与其他运输仓储设备相衔接，一般可处理 2~3 吨物品，能将物品提升到 3~4m 高处，若货架高于 4m，则可采用桅架框形结构或伸缩式结构、电气或液压驱动。若采用侧叉式 AGV，还可使转弯半径减小。叉子部件应根据物品形状，采用不同的形式，如对大型纸板、圆桶形物品则采用夹板、特种结构或采用双叉结构。叉车式 AGV 需装设检验器，以防止碰撞。同时为了保持 AGV 有载行驶的稳定性，速度不能太快，且搬运过程速度要慢。有时由于叉车伸出太长，需活动面积和行走通道较大。

5）轻便式 AGV

考虑到轻型载荷和用途的日益广泛，各种形式的轻便式 AGV 应运而生。这是一种轻小简单、使用非常广泛的 AGV。它的体形不大、结构相对简化、自重很轻、价格低廉。由于采用计算机控制，组成的 AGVS 具有相当大的柔性，主要用于医院、办公室、精密轻量部件加工等行业。

6）专用式 AGV

专用式 AGV 根据其用途可分为装配用 AGV、特重型物品用 AGV、特长型物品用 AGV、冷库使用的叉车式 AGV、处理放射性物品的专用搬运用 AGV、超洁净室使用的 AGV、胶片生产暗房或无光通道使用的 AGV 等。

7）悬挂式 AGV

日本某些公司把沿悬挂导向电缆行走的搬用车也归入 AGV，多用于半导体、电子产品洁净室，载重在 50~700kg。这种 AGV 轻型的较多，承重多为单轨。

2. 按自主程度分类

1）智能型 AGV

每台小车的控制系统中通过编程存有全部的运行线路和线路区段控制的信息，小车只需知道目的地和到达目的地后所需完成的任务，就可以自动选择最优线路完成指定的运输。这种方式下，AGVS 中使用的主控计算机可以比较简单。主控计算机与各 AGV 车载计算机之间通过通信装置进行连续的信息交换，主控计算机可以实时监控所有 AGV 的工作状态和运行位置。

2）普通型 AGV

每台小车的控制系统一般比较简单，其所有功能、路线规划和区段控制都由主控计算机进行。此类系统的主控计算机必须有很强的处理能力。小车每隔一段距离通过地面通信站与主控计算机交换信息，因此小车在通信站之间的误动作无法及时通知主控计算机。当主控计算机出现故障时，小车只能停止工作。

AGV 运行的路径可以是简单的一条环形线，也可以是复杂的网络。沿着运行路径可能设有指定的装卸载站。尽管有些 AGV 使用了光学路径跟踪系统，但典型的还是采用电磁路径跟踪系统。

在电磁路径跟踪系统中，一条导引线埋在地下用来传送射频信号。AGV 采用两部天线，这样导引线可以交叉设置。接收信号的强度的改变作为确定转向电机的控制信号，以便车辆可以精确地跟踪导引线。当要把 AGV 从一条导引线转换到另一条导引线时（如在交叉处），就要用到两种不同的频率，指令 AGV 从一个频率转换到另一个频率就可改变路径。很明显，AGV 中融入了很高水平的模拟和数字电子技术。另外，车辆路线安排和分派系统不但要采用可编程控制器，而且要采用计算机甚至是大型机来控制。

电磁路径跟踪系统也可能支持主控计算机和各台 AGV 之间的通信联系。在许多 AGVS 中，主控计算机可能既负责 AGV 的派遣和线路安排，又要避免它们之间的碰撞。避免碰撞的常见方式就是分区屏蔽，即 AGV 行进的路径被划分成多个区域，不允许车辆进入已经被其他 AGV 占据的区域。这种避免碰撞的方式包含了上位计算机定向控制技术。光学路径跟踪系统利用发出的光源，去跟踪用特殊的化学品涂在地上的条纹反射的光线。用类似的方式，在地面上也可以涂画代码，用以指引 AGV 的装、卸货和停车位置。

简单的实现方式也要求 AGV 的所有动作都要提前编程（例如，停下来寻找货物、停下来卸货或者继续行进到下一站等）。AGV 如果不由上位机控制，那么就必须要有不同于分区屏蔽的其他方式来避免碰撞。在 AGV 上安装位置传感器也可以容许几辆车在同一回路轨道上运行而不碰撞。

AGV 的技术发展是非常快的，出现了"智能"AGV，它可以不需要电磁路径或者光学路径，有足够的车载计算处理能力，以便实现路线控制和车辆分派等功能。目前在 AGV 领域进行中的许多工作都离不开体积小、功能强大且价格便宜的微型计算机。

7.2.2 AGV 的构成

AGV 的基本构成包括车体、能源储存装置、转向和驱动系统、安全系统、控制与通信系统、导引系统。

1. 车体

车体包括底盘、车轮、车架、壳体和控制室等，是装配 AGV 其他零部件的主要支撑装置，是运动中的主要部件之一。车架常用钢构件焊接而成，有时为了减轻重量，也采用铝合金。无论框式结构还是其他结构，运行中的 AGV 都可能会同人或者其他物体相碰撞，除了操作上的需要，车身的外表不得有尖角和其他突起等危险部分。车体底盘建在大块钢板上，以便降低车体重心，增强稳定性。

2. 能源储存装置

AGV 的能源储存装置为蓄电池。选用蓄电池需考虑其功率、功率重量比、体积、充电时间和维护的难易性。AGV 常采用 24V 或 48V 直流工业蓄电池，一般应保证 8 小时以上的工作需要，对两班制工作环境供电能力要求能达到 17 小时以上。

蓄电池充电通常采用随机充电、全周期充电或两者结合方式。

（1）随机充电。采用可任意充电的汽车免修蓄电池，在 AGV 的各停泊位置无时间限制地随时充电。

（2）全周期充电。操作时要求 AGV 退出服务并进入指定的充电区，且只有当蓄电池电荷降至指定范围内才可充电。较常用的充电操作有人工充电和自动充电。

①人工充电。当 AGV 电力不足时，经地面控制中心指挥，AGV 行驶到指定充电区，由专职人员手动完成 AGV 与充电器间的连接，然后实施充电。充电结束，人工剥离 AGV

与充电器间的电路连接。人工充电操作时，充电连接方式为人工接插式，接插件一半在车上，另一半在地面，通过电缆软连接，由人工插通或剥离。人工充电操作安全可靠、简单易行，但自动化程度不高，占用一定人力资源。

②自动充电。AGV 需要补充电力时，自动向地面控制中心报告请求充电，由控制中心指挥驶向指定充电区，车载充电连接器与地面充电系统自动连接并实施充电。充电结束后，AGV 自动脱离充电系统。自动充电操作的充电连接方式通常采用上置式、侧置式或下置式。自动充电操作方式实现了充电过程的自动化，但充电系统较复杂。

3. 转向和驱动系统

AGV 的转向和驱动系统常采用共用方式，采用电气方法实现前进、后退、自动导向和转弯分岔。一般由驱动轮、从动轮和转向机构组成，形式有 3 轮、4 轮、6 轮及多轮等。3 轮结构一般采用前轮转向和驱动。4 轮或 6 轮一般采用双轮驱动、差速转向或独立转向。为了提高定位精度，驱动及转向电机都采用直流伺服电机。此外，在 AGV 的转向和驱动系统中往往还装有制动装置。

1）按实现转向的原理分类

按实现转向的原理可归纳为铰轴转向式和差速转向式。

（1）铰轴转向式。方向轮装在转向铰轴上，转向电机通过减速器和机械连杆机构控制铰轴，从而控制方向轮的取向。驱动轮兼作转向轮，导向伺服电机根据导向信号，借助转向机构调整驱动轮的转角，完成自动导向及转向分岔。这种方案结构简单、成本低，适用于需要较多车数而准停精度要求不很严格的场合。

（2）差速转向式。在 AGV 的左、右轮上分别装上两个独立的驱动电机，通过控制这两个驱动轮的速度比来实现车体的转向。这种方案结构简单、定位精度高、转弯半径小，一般可设计成 4 轮或 6 轮的形式。

2）按 AGV 的轮系结构分类

从 AGV 的轮系结构来划分，可分为普通轮系转向式和全方位轮系转向式。

（1）普通轮系。普通轮系结构简单、成本低、技术成熟。常用的普通轮系有：3 轮底盘，单前轮兼作驱动和转向轮；3 轮底盘，后两轮作差速驱动兼转向轮；4 轮或 6 轮底盘，中间两轮作差速驱动兼转向轮。

（2）全方位轮系。采用全方位移动机构的底盘或全方位驱动等结构的全方位轮系，能够在保持基体方位不变的前提下，沿平面上任意方向移动。应用最为广泛的全方位移动机构有：全轮偏转式全方位移动机构（全方位轮）和麦卡那姆轮（Mecanum wheels）。

①全方位轮是在普通 4 轮的基础上增加一套偏转装置，使车轮可以全方位旋转。该轮系结构简单、可靠，还可模拟普通 4 轮机构的运行状态。

②麦卡那姆轮是在车轮的轮毂外缘按一定倾斜方向均匀分布多个被动辊子。当车轮旋转时，被动辊子的轴线跟麦卡那姆轮轮毂的轴线成一定角度，一般是 45°，被动辊子围绕自己的轴线旋转，同时又随着轮毂转动。由于每个车轮均有这个特点，经适当组合就可以实现车体的全方位移动和原地转向运动。该轮系是移动机器人中常用的全方位移动机构，操纵灵活、反应迅速、技术成熟，但车轮的设计和加工较复杂。

4. 安全系统

现代化的生产环境中，人与各种机械设备处于同一环境，为了防止设备运行中出错对人员及其环境产生影响，常对 AGV 采取多级硬件、软件的安全措施。当前的安全保护装置主要应用障碍物接触式保护装置和障碍物非接触式保护装置。

1）障碍物接触式保护装置

一般设在 AGV 车身运行方向的前后方，其材质具有弹性和柔软性，宽度应大于或等于车身宽度。当 AGV 与物体接触时，障碍物接触式保护装置发生变形，从而触动相关限位装置，强行使其断电停车。接触式保护装置通常为保险杠或安全挡圈。安全挡圈有的是用两层软金属构成一对电触点，有的是装有微动开关，而保险杠上常贴有应变片，当保险杠或安全挡圈碰到障碍物时，AGV 停车。其安全保护装置属于终端保护屏蔽。

2）障碍物非接触式保护装置

通常为多极的接近监测装置。如在一定距离范围内，可使 AGV 降速行驶；在更近的距离范围内，可使 AGV 停车。解除障碍物后，AGV 自动恢复正常行驶状态。该类装置包括激光式、超声波式、红外线式等。根据所接收反射回来的激光、超声波和红外线，可测出障碍物与 AGV 间的距离，当此距离小于某一特定值时即通过警告灯、蜂鸣器或特种音调器发出警报，并将 AGV 的速度降低或停止运行。

此外，也有 AGVS 采用区段控制。地面控制器将导引路径分为若干区段。某一区段在某一时刻只允许一辆 AGV 进入，以避免 AGV 之间的碰撞。为了通知 AGV 的运动状态和提醒人们注意，AGV 需装备多种警报装置。

（1）自动运转显示灯。AGV 自动运行时，显示灯亮，AGV 处于非运行状态时，显示灯灭。

（2）运行警报器。AGV 在运行和移载过程中，根据不同的环境，警报器装置产生相应的警报信息。

（3）前进警报器。AGV 由停止状态进入运行状态时，在前进之前发出警报。

（4）后退警报器。AGV 处于后退运行状态时，发出警报。

（5）异常警报器。AGV 发生异常时，警示灯亮，警报器发出声音通报异常情况。

（6）左转、右转显示灯。识别 AGV 的左、右转方向。

（7）急停装置。位于车身易于识别的位置，通常在 AGV 四角设有急停开关，任何时间按下开关，AGV 立即停止运行。

（8）状态监视装置。监视 AGV 的运行状态。

5. 控制与通信系统

工作过程中，AGV 通过通信系统从基地主控计算机接收指令并报告自己的状态，主控计算机向 AGV 下达任务，同时收集 AGV 发回的信息以监视 AGV 的工作状况。通过车载计算机可完成以下监控：手动控制、安全装置启动、蓄电池状态、转向极限、制动器解脱、行走灯光、驱动和转向电机控制与充电接触器等。AGV 配备的车载计算机，在硬件上一般用 PLC 控制器或单片机实现，它是 AGV 行驶和进行作业的直接控制中枢，主要完成的功能为：接收主控计算机下达的命令、任务；向主控计算机报告 AGV 自身状态，如位置、运行速度、方向、故障状态等；根据所接收的任务和运行路线自动运行到目的装卸站，在此过程中自动完成运行路线的选择、运行速度的选择、自动卸载货物、运行方向上 AGV 的避让、安全报警等。

某些 AGV 具有编程能力，允许其按自由或固定路径完成任务。当 AGV 需要和系统中其他装置接口时，还需配有物料自动装卸与定位机构，其定位精度由主控计算机控制。

一般 AGV 通过与基地主控计算机无线电通信，或通过线路上埋设的导线进行感应通信，也可通过红外激光，从而实现 AGV 之间的避碰调度、工作状态检测、任务的调度。固定路径 AGV 多采用埋在地槽里的通信电缆或固定位置的红外线装置进行通信，自由路径 AGV 多采用无线电通信。由于无线电通信在工业环境中使用会存在干扰，故采用超高频（300~3000Hz）或更高的频率进行通信，这样噪声的干扰将减小。加大无线电系统的功率，既可提高信噪比，也可减小干扰。此外，改进无线电软件，如信息压缩、采用信息帧结构形式或通过信息检验、通信协议以及通信管理等均可提高无线电通信的可靠性。

通信系统有两种方式：连续式和分散式。

（1）连续式。允许 AGV 在任何时候和相对地面控制器的任何位置使用射频方法，或使用在导引路径内埋设的导线进行感应通信，如采用无线电、红外激光的通信方法。目前红外激光在线实时双向数据通信可达 120m 的距离。如果激光功率不足可每隔 15~20m 接力一次。

（2）分散式。在预定的地点，如 AGV 停泊站，在特定的 AGV 与地面控制器之间提供通信。这种通信一般通过感应或光学的方法来实现。分散式通信的缺点在于 AGV 在两通信点之间发生故障，将无法与地面控制站取得联系。目前大多数 AGV 采用分散式通信方式，主要原因是价格较便宜且很少会发生两通信点间的故障问题。

6. 导引系统

AGV 的关键部分是导引与控制。AGV 依靠导引可以沿一定路线自动行驶。不同类型的 AGVS 采用的导引技术各不相同，了解各种导引技术的工作原理和特点，对于 AGVS 的设计和选用都十分重要。

7.3　物流自动化仓库系统

自动化仓库系统是物流仓储系统的一种重要形式，是使用高层立体货架储存物资，运用计算机系统进行控制管理，利用自动控制堆垛机及运输车进行存取作业的仓库，能够在不直接进行人工处理的情况下自动地存储和取出物料。自动化仓库能自动、严密、准确、迅速地对物料进行搬运、存储和拣取，广泛应用于机械、家电、汽车、烟草、邮电、医药、食品、商业等行业。

自动化仓库系统涉及物流规划、仓储管理、系统设计、土建、结构、机械、无线电、光学、检测、信息识别、电力、电子、传动、控制、自动化、计算机、通信及视频图像处理等多种技术，是多学科交叉的典型的物流自动化系统。

7.3.1 自动化仓库系统的优点

与普通仓库系统相比，自动化仓库系统主要具有以下优点。

（1）使用高层货架存储货物。存储区可以大幅度地向高空发展，充分利用仓库地面和空间，因此节省了库存占地面积，提高了空间利用率。同时也可以提高货物的管理质量，防止货物的自然老化、变质、生锈、发霉、损坏和丢失等。

（2）自动存取货物。自动化仓库一般使用机械和自动化设备实施自动存取，提高了劳动生产率，降低了劳动强度。采用自动化技术后，还能较好地适应黑暗、低温、污染、有毒、易爆等特殊场合的物料存储需要。

（3）采用计算机控制，对各种信息进行存储和管理，能减少货物处理和信息处理过程中的差错。同时借助计算机管理还能有效地利用仓库储存能力，便于清点和盘库，合理减少库存，加快储备资金周转，节约流动资金，从而提高仓库的管理水平。

（4）自动化仓库系统的信息系统可以与企业的生产信息系统进行联网，实现企业信息管理的自动化，促进企业的科学管理，提高操作人员素质和管理人员的水平，也便于企业领导随时掌握库存情况，根据生产及市场及时对企业规划作出调整，提高了生产的应变能力和决策能力，减少了浪费，保证了均衡生产。

7.3.2 自动化仓库系统的功能

自动化仓库系统主要具有储存和保管、调节供应、调节货物运输能力和流通加工等功能。

（1）储存和保管功能，是自动化仓库系统最基本的功能。仓库储存物品时，需要根据储存物品的特性配备相应的设备，以保证储存物品的完好性。如储存需防挥发、防潮、防尘、恒温等物品时，就必须在仓库中配备相应的设备，如通风设备、空调等。在仓库作业中，为防止搬运和堆放时碰坏、压坏物品，则要求搬运机具和操作方法进行不断改进和完善，使仓库真正起到储存和保管的作用。

（2）调节供应功能。创造物资的时间效用是物流的两大基本职能之一，这一职能是由物流系统中的仓库来完成的。由于产品生产和消费存在着不均衡性，又是连续的，这就需要仓库在生产和消费之间起调节作用，从而避免生产与消费的脱节。

（3）调节货物运输能力功能。各种运输工具的运输能力存在着差异，各种运输之间的衔接是较困难的，这种运输能力的差异需要通过仓库进行调节和衔接。

（4）流通加工功能。现代仓库已经由保管型仓库向流通型仓库转变，即仓库由储存、保管货物的中心向流通、销售的中心转变。仓库不仅具备储存、保管货物的设备，还增加了分货、配套、包装、流通加工、情报处理等功能。这些功能既扩大了仓库的经营范围，提高了物资的综合利用率，又方便了消费，提高了服务质量。

7.3.3 自动化仓库的发展阶段

自从 1963 年美国将计算机技术应用于立体仓库，建成了世界上第一座自动化仓库以来，自动化仓库的发展可分为五个阶段：人工仓储阶段、机械化仓储阶段、自动化仓储阶段、集成自动化仓储阶段和智能自动化仓储阶段。

1. 人工仓储阶段

仓库中物资的输送、存储、管理和控制主要靠人工实现，其优点是实时性和直观性。人工仓储技术在初期设备投资的经济指标方面也具有优越性。

2. 机械化仓储阶段

仓库中的物料可以通过各种各样的传送带、工业输送车、机械手、吊车、堆垛机和升降机来移动和搬运，用货架托盘和可移动货架存储物料，通过人工操作机械存取设备，用限位开关、螺旋机械制动和机械监视器等控制设备来操纵货物的运行。机械化满足了人们对速度、精度、重量、重复存取和搬运等的要求。

3. 自动化仓储阶段

自动化技术对仓储技术的发展起到了重要的促进作用。20 世纪 50 年代末到 60 年代，人们相继研制和采用了 AGV、自动货架、自动存取机器人、自动识别和自动分拣等系统。20 世纪 70 年代和 80 年代，旋转体式货架、移动式货架、巷道式堆垛机和其他搬运设备都加入了自动控制的行列。随着对仓库管理要求的实时、协调和一体化，计算机技术和信息技术已经在仓储中得到了普遍应用。

4. 集成自动化仓储阶段

在集成自动化仓库中，自动存取系统、输送系统、自动识别系统等不再是各自独立的系统，而是通过计算机技术和信息技术等进行有效的集成，从而构成一个有机的整体。集成自动化仓库技术作为计算机集成制造系统中物资存储的中心受到人们的重视。我国的自动化仓库技术已实现了与其他信息决策系统的集成，目前正在致力于智能控制和模糊控制的研究工作。

5. 智能自动化仓储阶段

人工智能技术的发展使得自动化技术向智能自动化方向发展，目前智能自动化仓储技术还处于初级发展阶段，在不久的将来仓储技术的智能化必将具有广阔的应用前景。

国外自动化仓库是第二次世界大战后开始建立的，20 世纪 60 年代得到广泛使用，自动化程度不断加大。20 世纪 80 年代初世界自动化仓库的拥有量已超过 4000 座，日本、美国、西欧等国家最多。美国是研究和应用自动化仓库技术较早的国家之一。1950 年，美国杜邦公司制造了手动控制堆垛机用于仓库内堆垛作业。1959 年，美国国际纸业公司在阿拉巴马州仓库中采用司机操作巷道式堆垛起重机，克服了桥式堆垛起重机的缺点。1963 年，美国将计算机技术应用于自动化仓库的控制管理，建成了世界上第一座自动化仓库。

日本在 20 世纪 60 年代中期，为了适应物流业的发展，减少开支，于 1965 年建成国内第一座自动化仓库。1969 年以后，日本开始大规模建设自动化仓库，并向欧洲、美国等地区派出了许多考察团，对自动化仓库进行了深入的研究，结合日本的实际情况探索出自己发展的方向。他们逐渐认识到：自动化仓库对于国土狭窄的日本是发展物流业的必由之路。于是在 1974 年前后，日本出现了建设自动化仓库的热潮，一年之内建起了三四百座自动化仓库。

除美国和日本外，德国、瑞士、意大利、英国、法国、瑞典、俄罗斯、波兰等国家在自动化仓库的研究和应用方面均有较大的发展。

20 世纪 70 年代后，发达国家大力推广商品物流自动化、高速化、信息化，发展城市商品集中配送中心，建立大型自动化仓库。控制技术由最初的手动控制发展到自动控制和计算机控制。巷道堆垛作业双循环次数由最初的 15~20 次/小时，提高到 50~70 次/小时，仓库的利用率高达 96%~98%。仓库的规模由最初的几百个、几千个货位发展到几万个、十几万个货位。技术上采用条形码识别系统，巷道堆垛操作台上的显示屏取代了传统的提货单。移动式机械手或机器人自动拣货系统，可把订单所列的多种货物拣到大集装箱中。AGV 的使用，使得巷道堆垛机垂直和水平方向同时运动，让工作效率提高了 20 倍。大型自动化立体仓库每小时可完成 500~800 次出入库作业。

我国在自动化仓库的研究和应用方面起步较早。1963 年，北京起重运输机械设计研究院设计了第一台 1.25 吨桥式堆垛机，并由大连起重机厂完成试制。1974 年，郑州纺织机械厂建成了我国第一座立体仓库，这座仓库是利用原有锯齿形厂房改建而成的，用于存放模具。1977 年，北京起重运输机械设计研究院等单位研究制造出北京汽车制造厂自动化仓库，这座自动化仓库属于整体式结构，采用计算机进行控制和数据处理。从此以后，自动化仓库在我国得到迅速发展。

7.3.4 自动化仓库系统的发展趋势

进入 21 世纪以来，自动化仓库系统出现了一些新的发展趋势。

（1）大型自动化仓库系统已经不再是发展方向。美国 Hallmark 公司安装的多达 120 个巷道的系统已经达到了顶峰，甚至 10~20 个巷道的系统也经常不是首选。为了适应工业发展的新形势，出现了规模更小、反应速度更快、用途更广的自动化仓库系统。它结合先进的控制技术，应用到分段输送和按预定线路输送方面，保持了高度的柔性和高生产率，满足了工业库存搬运的需要。

随着科学技术的发展，世界主要工业国家都将着眼点放在开发性能可靠的新产品和采用高技术上，国内外在建设物流系统及自动化仓库方面也更加注重实用性和安全性。

（2）货架普遍采用装配式结构、高层化，有利于批量生产、降低生产成本、提高精度，便于现场安装和调试。

（3）在堆垛机方面，不断推出具有新的外形和更高性能的设备，进一步提高电子和控制技术的应用。在使堆垛机具有更高定位精度的同时，提高搜索能力和运行速度。

（4）产品生产专业化、规模化，有利于产品质量的提高和成本的降低。

（5）普遍采用扫描技术，提高信息的传输速度和准确性。采用 RFID 技术，数据的采集、处理和交换能够在搬运工具和中央计算机之间快速进行，使物品的存取和发送信息做到快速、实时、可靠和准确。

（6）计算机管理网络化。除自动化仓库自身的账目和货位管理外，还注重与物流配送系统、柔性制造系统等综合集成，通过完善的网络系统实现信息的共享，以提高系统的运行效率。

人工智能技术和多媒体技术的应用。随着计算机技术的不断发展，人工智能技术，特别是专家系统在工业中的应用日益增多。日本对一些搬运工具，如堆垛机等已经逐步采用智能系统。多媒体技术也在自动化仓库中得到广泛应用，普遍应用于人员培训、操作指南、远程现场监视、异地故障分析和诊断及防火防盗等方面。

7.3.5　自动化仓库系统的分类

自动化仓库主要有以下几种分类方法。

1. 按照建筑形式分类

自动化仓库可分为整体式和分离式两种。整体式是指货架除了储存货物外，还可以作为建筑物的支撑结构，即库房与货架形成一体化结构。分离式是指储存货物的货架独立存在于建筑物内部。分离式仓库可以将货架拆除，仓库建筑改作他用。整体式仓库结构重量轻、整体性好，对抗震特别有利，但存在技术要求高、投资大和建设周期长等问题，只适用于大型企业和流通中心。与整体式仓库相比，分离式仓库具有以下优点。

（1）因分离式仓库与建筑无关，所以利用车间内部部分空间就可建设与生产工艺密切连接的仓库，也可把现有建筑改造成为仓库。当现有建筑地面耐压为 3 吨/m^2、不平度为 30~50mm 时，地面无须处理即可建设分离式仓库，而整体式仓库地基和地面的处理较为复杂，费用占总费用的 5%~15%。

（2）整体式仓库的建设周期一般需 1.5~2 年，分离式仓库的建设周期则较短。

（3）分离式仓库的货架、巷道式堆垛起重机和自动化控制等机械设备易标准化、系列化，可实现批量化生产，用以降低成本。

国外小型分离式仓库的发展要比大型整体式仓库的发展更为迅速，其数量约占总量的 80%。对于大型整体式仓库来说，随着生产力和科学技术的发展，仓库技术进一步向系统化、自动化、无人化方向，仓库管理向计算机化、网络化方向发展。大型整体式仓库的使用者不但追求仓库的经济效益，而且希望其为进一步提高企业的综合经济效益作出重要贡献。

2. 按照仓库高度分类

自动化仓库可以分为高层（12m 以上）、中层（5~12m）和低层（5m 以下）立体仓库。

3. 按照货架的构造形式分类

自动化仓库可以分为单元货格式货架仓库、贯通式货架仓库、水平旋转式货架仓库和垂直旋转式货架仓库。

（1）单元货格式货架仓库，是使用最广、适用性较强的一种仓库形式。其特点是货架沿仓库的宽度方向分成若干排，每两排货架为一组，其间有一条巷道供堆垛机或其他起重机作业。每排货架沿仓库纵长方向分为数列，沿高度方向又分若干层，从而形成大量货格，用以储存货物。在多数情况下，每个货格存放一个货物单元（一个托盘或者一个货箱），但也有一个货格内存放两三个货物单元的，以便充分利用货格空间，减少货架投资。

（2）贯通式货架仓库。在单元货格式货架仓库中，巷道占用了 1/3 左右的面积。为了提高仓库的利用率，在某些情况下可以取消位于各排货架之间的巷道，将个体货架合并在一起，使每一层、同一列的货物互相贯通，形成能依次存放多货物单元的通道。在通道的一端，由一台入库起重机将货物单元装入通道，在另一端由出库起重机取货。根据货物单元在通道内移动方式的不同，贯通式货架仓库又可以分为重力式货架仓库和梭式小车货架仓库。重力式货架仓库中的货物在通道中的移动是依靠货物自身的重力来实现的，梭式小车货架仓库则由梭式小车在存货通道内往返穿梭来搬运货物。

（3）水平旋转式货架仓库中，货架本身可以在水平面内沿环形路线来回运行。每组货架由数十个货柜组成，用一台链式输送机将这些货柜串联起来。每个货柜下方有支撑滚轮，上部有导向滚轮。输送机运转时，货柜便相应地运动。需要提取货物时，操作人员只需在操作台上发出出库指令，相应的一组货架便开始运转，当有该货物的货柜来到拣选口时，货架便停止运转，操作人员就可以从货柜中拣选货物。水平旋转式货架仓库适用于小件物品的拣选作业，能够充分利用建筑空间，对土建没有特殊要求。

（4）垂直旋转式货架仓库与水平旋转式货架仓库相似，只是把水平面内的旋转改为垂直面内的旋转。这种仓库的货架本身就是一台垂直提升机，提升机的两分支上都悬挂有货格，提升机根据操作台指令可以正转或者反转，使需要提取的货物降落到最下面的取货位置上。垂直旋转式货架仓库特别适用于存放长的卷状货物，如地毯、胶片卷等，也可用于小件物品。

4. 按照仓库的作业方式分类

自动化仓库可以分为单元货架式仓库、移动货架式仓库和拣选货架式仓库。

（1）单元货架式仓库是一种最常见的结构，货物先放在托盘或集装箱内，再装入单元货架式仓库货架的货格中。

（2）移动货架式仓库中的货架可以在轨道上行驶，由控制装置控制货架的合拢和分离。作业时货架分开，在巷道中进行作业，不作业时货架合拢，只留一条作业巷道，从而节省仓库面积，提高空间的利用率。

（3）拣选货架式仓库的分拣机构是仓库的核心组成部分，它有巷道内分拣和巷道外分拣两种方式。两种方式又分为人工分拣和自动分拣。

5. 按照自动化仓库的作用不同分类

自动化仓库可以分为生产性仓库和流通性仓库两种。

（1）生产性仓库是指工厂内部为了协调工序和工序、车间和车间、外购件和自制件物流的不平衡而建立的仓库，它能保持各生产工序间进行有节奏的生产。

（2）流通性仓库是一种服务性仓库，是企业为了调节生产厂家和用户间的供需平衡而建立的仓库。这种仓库进出货物比较频繁，吞吐量较大，一般都需要和销售部门有直接联系。

6. 按照自动化仓库与生产连接的紧密程度分类

自动化仓库可以分为独立型仓库、半紧密型仓库和紧密型仓库。

（1）独立型仓库也称离线仓库，是指从操作流程和经济性等方面来说都相对独立的自动化仓库。独立型仓库一般规模都较大，存储量大，仓库系统有计算机管理、监控、调度和控制系统。

（2）半紧密型仓库是指其操作流程、仓库的管理、货物的出入和经济性与其他生产系统等有一定关系，而又未与其他生产系统直接相联的自动化仓库。

（3）紧密型仓库又称为在线仓库，是那些与工厂内其他部门或者生产系统直接相联的立体仓库，两者之间的关系比较紧密。

7.3.6　自动化仓库系统的构成

自动化仓库系统一般由货物储存系统、货物存取系统、货物输送系统、控制和管理系统四个部分组成。

1. 货物储存系统

货物储存系统是自动化仓库的基础，主要由立体货架的货格（托盘或者货箱）组成。立体货架机械结构可以分为分离式、整体式和柜式三种。按货架高度可以分为高层货架（15m以上）、中层货架（5~15m）和低层货架（5m以下）。按照货架形式可以分为单元货架、重力货架、活动货架和拣选货架等。货架按照排、列、层组合构成立体仓库的储存系统。

国外自动化仓库利用自动识别技术推进货物存放的科学化和规范化已经日益普遍。货架的货格分别贴有各种条形码标签，标有条形码的货物可以分别放在贴有条形码标签的货格中。通过扫描器的扫描，可以提高货物的存放速度和精度。因此，这些自动化仓库的组织管理水平也较高。

2. 货物存取系统

自动化仓库内的货物如何存取，不仅关系到货物的周转效率，也关系到自动化仓库的建筑结构的设计方案。存取装置要具有高空存储作业的性能，操作要安全、准确，既能自动化作业，又能实现遥控作业。货物存取装置主要有吊车、叉车和堆垛机。其中，堆垛机在现代自动化仓库中应用最为广泛，使用初期以桥式堆垛机为主，这种堆垛机通过在大梁上悬挂一个门架，利用门架的上下和旋转运动来搬运货物。随着自动化仓库技术的发展，桥式堆垛机逐渐被巷道堆垛机替代。随着应用领域的不断扩展，堆垛机的技术性能得到不断提高，结构也更趋先进。如国外自动化仓库中使用的三向伸展堆垛机，既能从地面提取货物，又能从货架上提取货物，还能在 1~2m 的巷道中运行，搬运不同形式的托盘和包装件。

近年来，国外的自动化仓库开始应用货物存取系统，这种存取系统是以单个的装卸机械为主，配以先进的识别装置和控制装置等，组成一个专用的货物存取单元。如专门存取微型货物的微型存取系统，专门存取小件货物的小型存取系统等。

3. 货物输送系统

自动化仓库采用什么样的输送装置，需要根据货物的类型、装运条件和仓库的结构等因素来决定。自动化仓库中的货物输送装置主要有传送带、各种流动小车以及 AGV 等，短距离的传送还可以采用机器人。

AGV 是自动化仓库中的一种比较先进的货物输送装置，是装有电磁或者光学导引装置的运输车辆，能够沿着规定的导引路线行驶，将货物送到规定的地方。20 世纪 60 年代初，美国在自动化仓库中首先使用 AGV，经过多年的研究和推广应用，AGV 的结构、技术性能和应用水平均有了较大的提高。目前的 AGV 不仅可以将货物自动传送到规定地点，还能自动识别、自动寻找最佳路径、自动精确定位以及自动排除输送过程中的障碍。

机器人作为自动化仓库的输送工具已经比较普遍。国外自动化仓库中的机器人，其抓取质量大部分都在 10~60kg，一般的提升速度都在 0.6~1.5m/s，水平移动速度则在 0.6~2m/s，回转速度多在 0.3~0.5m/s，定位精度在 0.6~3mm，操作半径多在 0.5~2m。这类机器人基本上是靠铁轨制导或者引线制导实现定向移动。它们的应用既减轻了手工搬运的劳动量，又提高了自动化仓库的输送效率。

随着自动化仓库技术的发展，输送装置不断向自动输送系统发展。这种自动输送系统是以各种搬运车辆或者机器人为主，与统计计量装置和自动识别装置以及完善的控制系统组合而成。自动输送系统不仅能独立地完成各种输送任务，还能够根据不同情况或者输入的信息对输送路径和速度做出最佳选择，并能对货物自动堆码和捆包。

4. 控制和管理系统

根据自动化仓库的不同情况可采用不同的控制方式。有的仓库只采取对存取堆垛机、出入库输送机的单台 PLC 控制，机与机之间无联系；有的仓库只对各单台机械进行联网控制。还有的仓库采用分布式控制，即由管理计算机、中央控制计算机、直接控制堆垛机、出入库输送机等现场设备的 PLC 组成控制系统。

管理计算机是自动化仓库的管理中心，承担着出入库管理、盘库管理、查询、打印及显示、仓库经济技术指标计算分析等功能，包括在线管理和离线管理。

中央控制计算机是自动化仓库的控制中心。它沟通并协调管理计算机、堆垛机、出入库输送机等设备之间的联系，控制和监视整个自动化仓库的运行，并根据管理计算机或者自动键盘的命令组织流程，以及监视现场设备运行情况和现场设备状态、监视货物流向和收发货显示，与管理计算机、堆垛机和现场设备通信联系。还具有对设备进行故障检测及查询显示等功能。

直接控制是 PLC 操作的单机自动控制器，直接应用于堆垛机和出入库输送机的控制系统，实现堆垛机入库取货并送到指定的货位，或者完成从指定的货位取出货物放置到出库货台的功能。

典型的自动存取操作过程是：巷道堆垛机在系统前拣取一件货物，把它运送到一个空的储位，将货物存放在该储位，然后空车返回到输入/输出点。这种操作称为单指令作业。单指令作业连续两次访问输入/输出点完成一次货物的存放或提取操作。更高效的作业是复指令作业。复指令作业的过程是：巷道堆垛机在输入/输出点拣取货物，将货物运送到一个空储位（常为最靠近输入/输出点的空位），将货物存放在该储位，然后空车移动到需要取货的位置，取出货物并将它运送到输入/输出点存放。值得一提的是，复指令作业是在对输入/输出点的两次连续访问的过程中完成一存一取的两项操作。

巷道堆垛机的特点是能在水平方向和垂直方向上同时移动，因此，移动到货架上任何地方的时间是从开始点到该处的水平移动时间和垂直移动时间中的最大值。巷道堆垛机的水平移动速度能达到 200m/min，而垂直移动速度能达到 50m/min。

典型的集装单元自动化仓库的配置是：集装单元以单深存储，每个窄长通道（即巷道，1~2m 宽）配有一台巷道堆垛机。输入/输出点可位于系统末端货架的最低处。

定义自动存储、提取系统（AS/RS）的参数常常是非典型的。储藏深度、分配给一个通道的巷道堆垛机数量和输入/输出点数量都可能发生变化。当系统储存货物种类相对较少、吞吐量需求为中高水平、存储在货架上的货物数量较多时，采用多进深存储货架更好。

根据不同的要求和操作条件，对集装单元有不同的设计和结构。

（1）通道宽一个单元的双深储存方式。在这种系统里，同一最小存货单位的货物一般存储在同一位置，一种改进型的巷道堆垛机能在货架上存取两个集装单元的深度。

（2）通道宽两个单元的双深储存方式。在这种系统里，巷道堆垛机一次能运载两个单元的货物，并同时存放在双深的货格里。

（3）通道宽一个单元的深巷存储方式。在这种系统里，专用巷道堆垛机会在通道的任一边的深巷里储存货物。每个巷道能存放 10 个单元的货物。在出货边，专用取货机将货物从货架中取出。这里的货架可能是重力流动式或动力驱动的。

（4）货架移进模块系统。在这种系统里，货架移进模块通过货架内的特殊轨道进入货架系统，模块内放置货物。

（5）双梭系统。在这种系统里，巷道堆垛机装有两个梭台，一趟能够搬运两个集装单元。

（6）同一通道使用多台巷道堆垛机。虽然很罕见，但这种系统的吞吐量和存储密度都很高。

（7）在不同的巷道之间采用输送车来转运巷道堆垛机。当存储需求与吞吐量需求高度相关的时候就要采用输送车。这时，吞吐量不够，不值得为每条巷道配备一台巷道堆垛机，然而存储巷道的数量必须足够，以满足存储需求。

（8）输入/输出点的数量和位置的变化。吞吐量和设施设计方面的需要可能在除货架左下角之外再设置多个输入/输出点。采用多输入/输出点后，进、出库货物可分开作业，并提供额外的吞吐能力。这些输入/输出点的位置除了货架末端外，也可以设在货架中间。

7.4 物流自动化系统应用案例

上海洋山港自动化码头系统——中国智慧港口灯塔工程

近年来，上海港的门户地位日益凸显，集装箱业务规模不断提升。为更好地服务区域经济发展和新一轮开放，顺应世界集装箱码头技术的发展方向，以提升码头综合竞争力为目标，把洋山深水港四期打造成一座高科技新型码头的设想成为各方共识。洋山深水港四期码头共建设 7 个集装箱泊位，集装箱码头岸线总长 2350m，码头最终建成后，整个岸线将拥有 26 台岸桥、130 辆 AGV 和 120 台轨道吊。

1. 系统总体介绍

自动化系统是整个自动码头的“中国芯”。振华重工与业主方上港集团分别自主研制了 ECS（equipment control system，设备调度与控制系统）和 TOS（terminal operating system，码头操作系统），组成了洋山深水港四期自动化码头的“心脏”与“大脑”。

ECS 用来实现自动化码头装卸设备的调度控制及设备间的协调工作，主要根据 TOS 的指令来完成对装卸设备的作业控制、流程优化、安全保护、监控管理和智能调度，取代了传统码头的司机及相关设备终端，智能化地指挥自动化设备安全准时高效地把集装箱搬运到任务目的位置。TOS 覆盖自动化码头全部业务环节，衔接上海港的各大数据信息平台（包括业务受理平台、集卡预约平台、数据分析平台、统一调度平台等）；提供智能的生产计划模块、实时作业调度系统及自动监控调整的过程控制系统。结合洋山深水港四期码头装卸设备的特点，创新研发了指令调度架构平台，通过设备调度模块与协同过程控制系统，高效率地组织码头现场生产。TOS 最大的优势在于可以实现岸桥边装边卸作业。

2. 自动化岸桥系统

岸桥是码头前沿生产装卸的主力军，洋山深水港四期码头采用的是带中转平台的自动化双小车岸桥。中转平台是主小车与门架小车交互衔接的区域，在这里安装机械臂和传送装置后，可以对集装箱锁钮进行全自动拆装。主小车作业时仅在船侧进行取放箱时需要人工介入，其余时段均可自动运行。先进的船型扫描系统（ship profile scanning system，SPSS）可以通过安装在主小车上的激光摄像头对整个船型进行实时扫描并建立轮廓地图，以便在自动作业过程中获得智能减速和防撞保护功能。门架小车为全自动作业，且具有极佳的准确性和稳定性。通过实时状态在线监测岸桥运行状况，确保设备的可靠性。

洋山深水港四期使用的岸桥是双小车岸桥，双小车岸桥将岸桥作业分解为两个工序，分别由两个小车来完成。两个工序间设置集装箱中转平台，即前小车负责船上舱位与中转平台间的起吊搬运，门架后小车负责中转平台与水平运输车辆间的起吊搬运。岸桥司机主要负责处理船上集装箱的作业，同时处理门架小车异常的任务，如自动集装箱对位不准，集装箱放到 AGV 上放偏的情况。这时远程操作管理系统（remote operation control system，ROCS）也会把门架的任务按策略分配到操作台上，并把对应的画面、音频切换过来，供司机使用。

岸桥一对多远程操作是针对岸桥数量多、操作台占用空间和成本大、对船作业工况多变而设计的。用户可以根据环境的功能需求部署系统和相关岸桥的设备信息，而不是根据设备硬件条件来部署系统。比如，几台远程操作台可以服务当前作业船和作业岸桥，有新的任务产生则会分配给空闲的操作台让岸桥司机作业，最大限度地利用岸桥司机的资源，提高作业效率。

3. 自动化轨道吊系统

针对运量结构和装卸特点，洋山深水港四期的自动化堆场装卸设备采用无悬臂、单悬臂、双悬臂三种轨道吊。无悬臂轨道吊可在箱区两端与水平运输设备进行交互，悬臂轨道吊还可直接和位于自身悬臂下的水平运输设备进行交互。海侧无悬臂轨道吊采用了双箱作业工艺，陆侧无悬臂轨道吊和外集卡的交互全部采用自动化作业的方式。

1）海侧双箱装卸

为提高作业效率，海侧轨道吊配备了双箱吊具，可以一次自动抓取两个集装箱，系统采用机器视觉和激光传感器技术，实现吊具姿态、集装箱姿态以及双箱间隙的精确检测。起重机借助吊具位置检测系统，可实现起重机与目标车辆的自动对位，在 AGV 交互区以及堆场自动抓放双箱，大幅度提升自动化效率。

2）陆侧集卡自动化

在轨道吊大车移动过程中，采用激光器对陆侧集卡交换区内的作业集卡进行动态扫描，通过快速分析车辆激光点云数据，区分出带箱集卡和空车集卡，对空车集卡的车身、集卡车身的集装箱进行精确定位，计算出自动抓、放箱作业所需的大小车位置、吊具旋转角度等关键数据，从而实现轨道吊对集卡进行自动抓、放箱作业。

4. AGVS

AGV 是船舶装卸作业的重要运输载体，集装箱通过它从岸桥转运到堆场的海侧支架或悬臂式轨道吊下方，或从堆场转运到岸桥下。洋山深水港四期的锂电池驱动 AGV 采用了当今最前沿的技术，除了无人驾驶、自动导航、路径优化、主动避障，还支持自我故障诊断、自我电量监控等功能。通过无线通信设备、车辆管理系统和地面上敷设的 6 万多个磁钉引导，AGV 可以在繁忙的码头现场平稳、安全、自如地穿梭，并通过精确的定位到达指定停车位置。独特的液压顶升机构，让 AGV 与轨道吊之间无须被动等待，解决了水平运输与堆场作业间的“解耦”问题，有效提高了设备利用率。大容量锂电池的使用让 AGV 在满电后可以持续运行 8h；换电和充电同样实现了自动化，通过电池换电站内的换电机器人，只需 6min 即可为 1 台 AGV 完成 1 次电池更换。

1）大规模 AGV 车队管理

洋山深水港四期最终规划 130 台以上 AGV 同时运行。设备控制系统采用高效算法进行大规模的路径规划和交通控制，保证 AGV 安全稳定高效地运行。路径规划时充分考虑路径长度、路径畅通度、转弯次数、能量消耗等指标，结合转弯、斜行等动作所需时间耗费以及禁行区绕行等因素，选择符合计划约束（时间耗费/负载均衡）的路径为最优路径。交通控制采用汇编级别的高效算法，实时监控 AGV 运行过程中的各种不确定性带来的意外状况，通过避免死锁、解死锁等交通控制方案应对出现的意外状况。除此之外，还实现了 AGV 路径动态优化、动态避障、岸桥小循环路径等功能，使大规模 AGV 可以同时在场内安全、高效率进行作业。

2）4G-LTE 无线通信

洋山深水港四期项目首次引入了蜂窝通信技术作为水平运输系统的无线通信 4G-LTE（long term evolution，长程演进），很好地解决了单位面积内大量车辆的聚集、遮挡及同频干扰等问题，在无线网络数据安全性上也有了质的提升。对无线网络覆盖采取双网双覆盖的冗余设计。在解决网络冗余覆盖的同时，也解决了单个网络基站间漫游边界上性能不稳定的问题。

洋山深水港四期自动化码头智能系统和装备关键技术的应用，实现了我国大型自动化集装箱码头生产管理系统的自主化和港口装备技术的升级迭代，为我国港口转型升级发展提供了技术保障，为促进智慧港口、平安港口和绿色港口的建设提供了重要支撑。

思考题：

1. AVG 在上海洋山深水港自动化码头系统承担着什么工作？其作用是什么？

2. 自动化岸桥系统是如何实现对岸桥安全与状态的诊断与评估的？如何监测系统的效率？

3. 上海洋山深水港自动化码头系统包含着 AVG 自动换电系统，请问该系统是如何实施换电的？

第 8 章

新一代物流信息化与自动化应用案例

8.1 人类命运共同体：共享物流、众包物流案例分析

人类只有一个地球，一个世界。习近平就任总书记后首次会见外国人士就表示，国际社会日益成为一个你中有我、我中有你的“命运共同体”，面对世界经济的复杂形势和全球性问题，任何国家都不可能独善其身。“命运共同体”是中国政府反复强调的关于人类社会的新理念。

当今世界面临着百年未有之大变局，政治多极化、经济全球化、文化多样化和社会信息化潮流不可逆转，各国间的联系和依存日益加深，但也面临诸多共同挑战。粮食安全、资源短缺、气候变化、网络攻击、人口爆炸、环境污染、疾病流行、跨国犯罪等全球非传统安全问题层出不穷，对国际秩序和人类生存都构成了严峻挑战。不论人们身处何国、信仰如何、是否愿意，实际上已经处在一个命运共同体中。与此同时，一种以应对人类共同挑战为目的的全球价值观已开始形成，并逐步获得国际共识。经济全球化促使人们对传统的国家利益观进行反思。瞬间万里、天涯咫尺的全球化传导机制把人类居住的星球变成了“地球村”，各国利益的高度交融使不同国家成为一个共同利益链条上的一环。任何一环出现问题，都可能导致全球利益链中断。在这样的背景下，人们对共同利益也有了新的认识。既然人类已经处在“地球村”中，那么各国公民同时也就是地球公民，全球的利益同时也就是自己的利益，一个国家采取有利于全球利益的举措，也就同时服务了自身利益。

近年来，共享经济一度成为我国最具活力的经济模式。资源共享的新模式不仅能够盘活闲置资源，也能有效解决资源错配、效率低下、环境污染等各类问题。当共享经济的思路延伸至物流行业时，共享物流与众包物流也随之兴起。与此同时，共享物流与众包物流的发展也能解决物流行业专业性需求与劳动力密集之间的冲突。

1. 共享物流

Uber 及 Airbnb 作为实践共享经济的代表，在近年来获得快速发展，也使共享经济成为业内人士频繁讨论的话题。除了出行领域及房屋租赁行业，共享经济的影响范围还在进一步扩大，包括多个领域在内的诸多用户群体。

我国的物流行业在共享经济的影响下，也进一步开拓了市场空间，很多创业企业也试图利用共享经济模式在物流行业开辟一片天地，这方面具有代表性的有物流外包、物流信息服务平台等。相信在今后的发展过程中，随着共享经济在该领域的广泛应用，会有更多专业的物流平台诞生并迅速崛起。

物流，顾名思义就是货物流通，它早在汉唐时期就出现了，丝绸之路就是最好的证明。我国真正引入“物流”这一概念则较晚。物流对我国经济社会的发展起到了重要的推动作用，这一点是不容否认的。

物流最初的发端要追溯到“物物交换”时代，物流服务的价值主要体现在时间、空间两个层面上。怎样理解物流的空间价值及时间价值呢？

首先，分析空间价值。将南方的水果运输到北方市场进行销售，这就是空间价值的体现，即依靠空间转换提高产品的价值；其次是时间价值，如把夏季出产的农产品入库存储，等到冬季再进行销售。从中能够总结出物流环节的关键组成部分，即产品运输与仓储。这也是物流的主导服务项目。

如上所述，将南方的水果运送至北方市场，当这种水果处于收获季节时，其运输量会迅速上升；但当收获季节结束时，其运输需求也降至零。同样，夏季出产的粮食在当季需进行大规模的存储，但随着时间的推移，粮食不断出售，其存储量也逐渐下降，最后仓库中可能出现清空现象，直到第二年粮食成熟季节。

影响物流波动的因素有很多，除了前面提到的季节性波动，还有企业产能、节假日、重大事件及大规模推广等因素。虽然经营者试图通过供应链的完善来减少物流的波动，并采取有效措施为物流争取时间，但仍然会产生物流波动。

通过分析不难看出，无论哪个行业，其物流峰值都远远高出均值数据。总体而言，仓储过程的峰值系数在 1.5 左右，运输过程的峰值系数则普遍在 5.0 左右。峰值与均值之间存在如此大的差距，经营者应该采取怎样的应对措施呢？

通常情况下，企业本身的物流资源储备足以维持其大多数情况下的正常运转。当物流需求较大时，管理者会给员工安排更多的工作任务，要求其通过加班来完成；也有部分企业采用外包模式，与第三方达成合作关系，实现物流资源的整合利用，由此诞生了物流共享经济。

物流业天然具有共享因子，物流资源的共享现象也早已存在于市场竞争中。物联网、大数据、云计算等信息技术能够极大地提升共享物流的效率，引导共享物流升级。共享物流的本质是进行物流资源的合理分配与剩余价值的有效利用。

信息技术引发的共享物流革命为物流资源共享带来了更多的想象空间。菜鸟网络、京东、顺丰速运相继推出的云仓资源共享模式，是共享物流在新时代的典型表现。

在云仓资源共享模式下，物流企业通过建立云系统，实现仓库设施网络的互联互通，同时开放云仓资源以实现仓储资源共享。

菜鸟云仓：菜鸟网络的定位是物流大数据平台，一直致力于组建全球最大的物流云仓共享平台，构建物流仓储设施网络为全国及全球用户提供服务。

京东云仓：随着京东物流的拆分及开放，京东物流逐渐开放云仓共享服务，依托完善的物流管理系统、跨界供应链金融，为用户提供共享仓储服务，并根据用户数据定制金融服务。

共享物流是物流行业发展的新趋势，可以有效解决行业现存的诸多难题。发展共享物流的前提是要明确企业的信息协同和标准统一。

信息协同。共享经济并非一种新型的经济模式，它之所以能在新时代异军突起，正是基于高效的信息协同。借助互联网、物联网等基础网络，在信息的有效传递中资源与需求才能得到快速配对。尤其是物联网的发展，让物流平台可以对物流全流程实时掌控。

标准统一。标准化一直是物流行业的研究重点。从仓库、车辆到托盘、包装盒等，各类物流资源存在着型号不统一、品种繁多等诸多问题。不仅影响了物流效率的提升，也给共享物流的实施带来了困难。最近几年，物流行业的标准化才逐步形成。基于信息的及时传递与协调统一，共享物流成为可能。在关于共享物流的探索中，共享主要体现为四大主要物流资源的共享。

（1）基础设施。基础设施的共享是物流行业资源共享的传统模式，能够有效引导共享物流的创新发展。通过公路、铁路、水路等不同运输方式之间的有效衔接，充分利用物流基础设施。

（2）运输设备。目前，物流共享发展最为迅速的模块就是运输设备的共享。运输设备的共享主要是指闲置的车辆、车厢空间以及司机的空闲时间等方面的共享，如货拉拉、运满满等平台，正是通过激活闲置的运输设备资源，避免运力闲置或空载浪费。

（3）仓储资源。我国涌现的云仓共享模式正是仓储资源共享的典型代表。仓储资源的共享不仅是仓储设备和空间资源的共享，也包括用户数据——每个仓库出入库数据的共享，直接展现了当地市场的需求情况。这能够帮助企业有效预测市场需求，从而提升仓储配送的反应速度。

（4）技术装备。物流行业技术含量的不断提升也推动了技术装备的发展。各类新兴的技术装备能够有效提升物流效率。目前，我国技术装备共享的主要模式为托盘共用、叉车租赁。在未来发展中，技术装备的共享不仅能够提升装备利用率，也能促进物流金融和绿色物流的发展。

2. 众包物流

与共享物流共同发展起来的就是众包物流。事实上，众包物流是共享物流的一种特殊表现形式。相比于共享物流对物流专业资源的共享，众包物流则是激活闲置的社会力量，"让人人成为快递员"。本质上，众包物流是一种基于互联网平台的开放式配送模式，借助成熟的移动互联网平台，将原本由专业配送员完成的工作外包给非特定群体。在自愿、有偿的合作模式下，兼职配送员。只需有一部智能手机和一个交通工具，即可在空闲时间"抢单"，自由地赚取一份兼职收入。

在众包物流的发展中，涌现了众多代表性企业，众包物流在发展之初，效率和质量方面都存在不足，甚至会发生快件丢失等恶性事件。

众包物流想要在物流革新中占据一席之地，就必须尽快解决质量与技术问题，并在安全机制尚不完善的当下，从平台自身做起，设计出有效保障用户利益的约束机制。

人人快送创始人谢勤提出将“人性+技术+商业”串联在一起的设计思路。在这一思路下，人人快送平台投入大量精力建立平台自有的信用体系：建立注册审核、诚信值、接单冻结资金、专人直送、全程保险投保、取货拍照上传、全程轨迹追踪、货损先行赔付条款的八大安全模块。

最终，系统将根据自由人的综合表现给出诚信值，自由人的行为是否规范将影响其诚信值，诚信值也会直接影响其接单频次和权限，以此做到全程监管，保障用户的人身和财产安全。

人人快送的信用体系是保护平台用户利益的有效尝试。要充分解决现存的诸多问题，众包物流企业仍需从以下几个方面努力。

（1）完善物流人员管理系统。社会闲散劳动力构成了众包物流的主要配送力量，但其服务水平和自身素养存在差异。因此，众包物流要不断完善物流人员管理系统，以实名制、诚信值等手段对物流人员进行有效约束与管理。

（2）加强物流人员培训力度。良好的物流服务来自高素质的配送人员，因此，众包物流要不断加强物流人员培训力度，逐步提升物流人员的职业素质和服务水平。只有如此，众包物流才能够得到客户的认可，而不会被看作“乌合之众”。

（3）建议出台相关法律法规。从法律法规的角度来看，我国相关管理部门也需要推动并配合相关法律的完善。完善的法律法规不仅能够帮助企业管理物流人员，也能维护市场秩序的稳定，切实保障各方利益。在这样的良性竞争体系下，众包物流体系才能不断发展壮大。

目前，众包物流的发展确实还存在一些桎梏，如人工成本、补贴成本等。但长远来看，众包物流不仅能够满足用户的多样化需求，也能充分调动社会闲散劳动力，并为客户提供便捷、优质的物流服务，发展前景不可估量。目前，物流龙头企业利用智能技术手段，不断推出更优质、更精准的众包物流服务，实现物流高效配送，赢得客户的信任。

思考题：

1. 众包物流中安全与服务质量如何控制？
2. 共享物流目前存在的困难是什么？
3. 实行共享物流的优势有哪些？

8.2 “一带一路”倡议：跨境电商+外贸物流案例分析

“一带一路”是“丝绸之路经济带”和“21 世纪海上丝绸之路”的简称，2013 年 9 月和 10 月由中国国家主席习近平分别提出建设“新丝绸之路经济带”和“21 世纪海上丝绸之路”的合作倡议。依靠中国与有关国家既有的双多边机制，借助既有的、行之有效的区域合作平台，“一带一路”旨在借用古代丝绸之路的历史符号，高举和平发展的旗帜，积极发展与共建国家的经济合作伙伴关系，共同打造政治互信、经济融合、文化包容的利益共同体、命运共同体和责任共同体。“一带一路”是中国与共建国家分享优质产能，共商项目投资、共建基础设施、共享合作成果，内容包括道路联通、贸易畅通、货币流通、政策沟通、人心相通等“五通”，肩负着三大使命：探寻经济增长之道、实现全球化再平衡和开创地区新型合作。

近年来，跨境电商在中国市场发展势头尤为迅猛，在蜜芽、天猫国际、京东全球购等诸多跨境电商平台的推动下，大量的国内消费者购买到了来自全球各个地区的优质产品。跨境电商同样有 B2B、B2C 及 C2C（consumer to consumer，个人对个人）等模式之分，目前市场中较为主流的模式是 B2B 及 B2C。

由于跨国进出口贸易需要涉及国际结算、国际运输、物流保险及进出口通关等诸多环节，而且也存在着较高的风险性及安全性问题，因此跨境电商与普通的境内电商存在较大的差异。对于诸多国内企业而言，跨境电商无疑为它们提供了更为广阔的发展空间，例如，能够发掘海外市场的消费需求，针对跨境电商的某一环节提供增值服务等。

整体来看，移动互联网向各个领域的不断渗透及经济全球化的不断深入，使得跨境电商为诸多国内企业的发展提供了无限的可能。我国跨境电商市场规模十分庞大，而且近年来保持高速增长，与此同时，跨境电商物流需求也在短时间内迎来爆发式增长，从而对现有物流企业的全球配送能力提出了巨大的挑战。

跨境电商的快速崛起为物流产业提供了巨大的想象空间，但在目前国内的物流企业中，鲜有能够为跨境电商消费者提供个性化及标准化的物流配送服务的第三方服务商。此外，由于涉及各个国家进出口贸易政策及市场环境的差异，跨境电商行业从业者尚未找到一种应用范围广、成本低、效率高的跨境电商物流运作模式。

作为物流产业的一个新风口，跨境电商物流以其较高的增长速度及广阔的发展前景，受到追捧。但对物流从业者而言，跨境电商物流还是一个较新的领域，存在着诸多亟须解决的行业痛点。

跨境电商在欧美等发达国家起步较早，以 eBay、亚马逊为代表的电商平台积极实施的全球化战略有力地推动了跨境电商走向成熟，这些国家的物流基础设施建设也相对比较完善，从而为跨境电商平台的发展提供了强有力的支撑。在这种优良的电商环境中，发达国家的跨境电商物流产业发展速度与成熟度等都具备较大的领先优势。

跨境电商在我国起步相对较晚，但受益于我国电商的蓬勃发展，孕育出了阿里巴巴这种跨境电商行业巨头，尽管在阿里巴巴的电商版图中跨境业务所占的比重仍相对较小。近年来，我国政府为扶持跨境电商这一新兴产业的发展，在海关、税收、仓储、检验检疫等诸多方面出台了相应的政策。但与发达国家相比，我国在跨境电商扶持政策方面仍存在较大的不足，这使得国内跨境电商平台及物流企业的发展受到了一定程度的限制。

我国的跨境电商存在着巨大的市场需求，从很多国内出国旅游爱好者在海外疯狂扫货的行为中就能略窥一二。但我国具备跨境电商物流配送能力的企业相对较少，大部分的跨境物流配送都要依赖国际快递公司。庞大的市场需求，仅靠少量的国际快递公司还远远不够，在节假日等跨境购物订单爆发期，爆仓、快件损坏及丢失等问题频发，从而极大地限制了跨境电商产业的进一步发展。

我国的物流基础配套设施相对落后，物流企业数量多、规模小，未能形成具备较强影响力的产业集群，而且在行业标准的制定上也走得举步维艰。由于跨境电商物流环节较为复杂、耗费的时间相对较长，为了尽可能地缩短运送时长，必然要通过完整的基础设施打造出高效、可靠的物流配送体系。

消费升级拉动进口跨境电商，中国产品走向海外推动出口跨境电商，中国跨境电商在外贸中的渗透率持续提升。电商渠道正在持续替代传统的多层级分销渠道，进出口贸易也在经历电商持续渗透的过程。由于跨境电商相对传统外贸具备信息、价格等优势，消费升级推动国内消费者持续通过跨境电商对海外高端知名品牌商品的购买，以及高性价比的中国产品借助跨境电商逐步走向全球，国内跨境电商在外贸中的渗透率持续提升，其中 B2C 跨境电商渗透率提升速度更快。

国家陆续出台多条政策，为跨境电商健康发展保驾护航。面对日益增长的跨境电商市场，国家频繁出台多项政策、规定，支持进出口跨境电商发展。例如，2012 年 8 月政府首次批准郑州、杭州、重庆、上海、宁波 5 个跨境电商试点城市，到 2015 年 6 月政府首次批准杭州作为首个跨境电子商务综合试验区，再到 2020 年 6 月政府首次批准北京、天津等 10 个城市纳入跨境电子商务企业对企业出口监管试点范围。截至 2020 年，中国已经形成了 15 个跨境电商试点城市、59 个跨境电商综合试验区、87 个跨境电商零售进口试点城市和 22 个跨境电商企业对企业出口监管试点城市。

除了跨境电商政策试点地域的持续扩大，政府也在推进跨境电商监管内容的扩大。截止到 2020 年，海关总署已经增列了 1210（跨境电商保税仓进口零售）、9610（跨境电商 B2C 出口）、9710（跨境电商 B2B 出口）、9810（跨境电商 B2B 出口海外仓）等适用于跨境电商进出口监控代码，规范跨境电商进出口行为、给予清关的便利性，助力行业健康发展。

跨境电商兴起将带动相关产业链上行。跨境电商的快速发展将带来相关产业链的发展机遇：①跨境电商平台，如京东国际、天猫国际等；②跨境电商品牌，如 SHEIN、执御、有棵树等；③跨境电商物流、商流物流相辅相成，跨境电商的正常运营离不开配套的物流设施及服务；④跨境支付；⑤其他服务，如 IT、营销等。

相比国内快递物流，跨境电商物流流程复杂性大大提升：①操作及分拨环节多，包裹遗失和破损概率高；②涉及清关环节，清关烦琐，对税务业务、外语沟通能力要求高；③整个操作链条涉及多个环节外包给物流商，无法做到完全自主可控；④流程环节数量较多，信息化难度大；⑤距离长、中转环节多，时效慢（跨境电商物流平均时效在 13 天左右）；⑥跨境电商正向物流复杂度高，逆向物流难度更高，跨境电商退货处理烦琐、困难，较差的退货体验导致目前跨境电商退货率较低。因此物流是目前跨境电商发展的重要痛点之一。

跨境电商的快速发展也驱动跨境电商物流市场持续增长。以国家邮政局披露的国际及港澳台快递件量为例（国际快递仅是跨境电商物流模式中的一种），2011~2019 年国际及地区件量从 1.1 亿件增至 14.4 亿件，期间 CAGR（compound annual growth rate，复合年均增长率）为 35%。

中国跨境出口电商发展领先全球，使得中国跨境电商物流行业市场规模也要明显高于其他国家。由于中国制造的产品性价比在全球极具竞争力，并且中国产品的生产制造供应链稳定性要好于其他国家，因此中国跨境出口电商的发展要领先于其他国家，中国跨境出口电商物流需求也在全球占主导位置。2019 年 8 月~2020 年 7 月全球总的跨境电商包裹中（跨境电商物流中的一种模式），中国发出的包裹占比 60%，遥遥领先于其他所有国家。同时在中国发出的包裹中，中国发往美国的包裹最多，占比超 1/3，发往英国和法国的包裹占比分别排名第二和第三。

2021 年 5 月 18 日，第七届 ISEA（International Shipping&Shipper Enterprise Alliance，国际航贸物流平台）航贸物流展示洽谈会暨“畅物流·稳外贸”高峰研讨会举行。天津外贸货主企业、知名航运公司、货代物流企业以及供应链服务企业的嘉宾代表共聚一堂，探讨如何在全新的市场环境下，建立合作共赢关系，共同稳定供应链物流服务。

思考题：

1. 我国跨境电商物流运作模式有哪些?
2. 跨境电商如何选择适合自己企业的物流模式?
3. 我国跨境出口电商物流目前面临哪些困难?

8.3 互联网+物流：物流 O2O、供应链金融、智慧物流案例分析

随着全球经济的快速发展，物流成为一个新兴的综合性服务产业。物流产业规模庞大、涉及领域广，融合了运输业、仓储业、货代业和信息业等，在服务商流、保障生产和方便生活等方面起着重要的作用。

近年来，物流产业得到了高度重视和飞速发展，所有的物资资料、生产核心高端产品都需要物流业来支撑。物流体系的不断完善，行业运行的日益成熟和规范使得其产业地位逐步上升。但随着国内外物流量的逐年增长，市场需求的不断增加，物流业存在的问题逐渐显露出来，物流成本居高不下，信息化和自动化程度低等，都影响和制约着物流业的发展。当下互联网特别是移动互联网发展迅猛，随着“互联网+”政策的出台，各行各业迎来了一个发展的新契机。以“互联网+”为驱动，鼓励产业创新、促进跨界融合是我国经济和社会发展的新方向。

互联网+物流时代已经到来，加快物流的信息化步伐，用互联网思维和现代化技术改变传统的运作模式，是未来物流业发展的必经之路。现代信息技术的发展，为物流信息化提供了坚实的基础，没有物流的信息化，关于物流现代化的任何设想都不可能实现。“马货邦”一个专业的物流信息服务平台，运用现代信息和传感等技术（对采集到的信息建模并输出用户决策模板），基于物联网大数据的智慧物流将是现代物流的发展方向。通过对大数据的深度挖掘，对物流路线制订、运力调配进行优化，从而进一步实现降低成本、提升效率、即时服务等目标。通过应用物联网技术和完善的配送网络，构建面向生产企业、流通企业和消费者的社会化共同配送体系；将自动化、可视化、可控化、智能化、系统化、网络化、电子化的发展成果运用到物流系统。在物联网大数据主导的新经济时代，物流行业将在各产业的创新驱动和价值链重构上占据更为核心的位置。

在以电商为代表的诸多产业的驱动下，中国自2012年以来就在全球物流市场规模排行榜中独占鳌头。无人机、智能机器人、云仓储等新技术不断涌现，在推动我国物流产业信息化建设的同时，更是让整个物流产业在转型“智慧物流”的路上走得越来越远。

但是我国的物流产业信息化仍处于起步阶段，配送效率低下，供需不平衡，空载率过高，数据资源被垄断等问题十分突出。虽然阿里巴巴、京东等电商巨头都在通过增加仓储面积、自建物流网络、发展云服务解决方案等方式来缓解订单量高速增长所造成的配送压力，但至今仍未取得实质性突破。

移动互联网时代消费需求的碎片化及多元化，使如今的物流运营模式的弊端不断爆发出来，物流行业的转型升级已经成为企业界要解决的一大关键问题。智慧物流为这一问题的解决提供了有效方案。

2016 年，“互联网 + ”计划得到进一步实施。在大环境的推动下，不少传统企业开始寻求转型，对以往的商业模式、管理结构、推广模式、创新思维和生产组织体系进行调整。

很多传统企业开始涉足电商领域，一些公司通过联手互联网企业推动自身发展，还有部分公司开展互联网金融等相关业务的运营，或者尝试采用线上线下相结合的模式，开通微信公众平台，进行线上推广，抑或将产品研发与后续的推广、销售等环节串联起来，形成完整的闭环系统。

在长期的发展过程中，国内传统物流企业承担着资源分配、促进总体战略实施的重要任务，使生产方与需求方之间实现资源对接，加速了社会经济的进步，其推动作用在计划经济时期尤为突出。后来，我国实施了改革开放政策，确立了社会主义市场经济体制，宏观经济环境发生了变化，而传统物流企业的组织体系及管理方式等仍然停留在传统模式中，与社会经济发展的主流趋势脱节，企业陷入困境，需要进行改革与升级。

电商与物流行业的加速融合是未来物流行业发展的一个重要趋势，两者的融合也具有两种不同的方向：一种是从电商向物流端的融合，另一种是从物流向电商端的融合。这两种融合方向不包括像京东、阿里巴巴这样的电商企业，也不包括顺丰这种物流企业。

垂直电商领域也在加快与物流的快速融合。比如，阿里巴巴的菜鸟物流在2015年5月年会上进行了相关的布局，而在布局的过程中始终围绕三个重要的核心：支付平台、电商平台以及以菜鸟为核心的物流平台。很多垂直电商在发展过程中会逐渐形成一种与物流相匹配的模式。

同时，物流公司也在提出能够与电商实现融合的解决方案，如上海众美联，将众多大型的餐饮公司集中起来，形成统一的采购端，并直接实现与供应链的对接，成功实现对接之后，有利于冷链物流的形成。由于供需之间的衔接过于分散，因此众美联的供产模式发展迅速，而冷链物流的发展也将会在物流领域成为一种重要的形态，未来这一领域将有可能诞生实力强大的公司。

物流的渗透也发生了重要的变化，关于最后一百米和五百米的解决方案，物流公司是将东西直接送达消费者的家门口，然而在实现这一解决方案的过程中遇到的最大难题就是社区问题，而社区做得越好，物流公司实现到达门的目标也就越难。

此外，还有很多专门做物流的公司，包括专门做社区服务端的公司。过去的社区服务网络实际上就是物流整体一体化的重要组成部分。

在发展的过程中，由于物流重组和细化的趋势，物流已经逐渐与现代服务业发展的两个重要的特征相符。其中一个特征就是将某一个单一服务资源逐渐拉长、拉细，从而发展出一种新的产业。资源的快速组合，推动资源产生更多的效益，因此未来金融在资源重组中将发挥更重要的作用。

物流拥有更丰富的资源，而且在实现与其他产业资源结合的过程中，物流的端口更接近其他产业资源的端口。未来如果能够充分发挥金融解决模式的作用，可能释放出更大的能量，从而为物流行业提供更多的发展机会。

物流公司对 O2O 的发展具有重要的支撑作用，一般情况下，物流公司会先做好线下工作，然后再与线上结合。未来，随着技术的不断提升以及物流解决方案的不断完善，可能 M2M（machine to machine，机器对机器）会得到更快的发展，因为 M2M 会直接将东西快递到消费者的家门口，为消费者提供了更多的便利和用户体验，因此未来在消费品领域，M2M 会逐渐超越 O2O，成为一种主要的发展模式。

如果将物流看作其他行业的后台，IT 就是支持物流行业的重要后台。随着物流行业的逐渐前台化，IT 解决方案也开始逐渐成为一种前台式的解决方案。不管是在信息以及数据的汇集，或实现产业链的快速高效衔接方面，IT 解决方案都成为一个非常重要的模块。

过去，IT 解决方案在物流行业中并不重要，现在它却具有举足轻重的地位，原因在于在过去的 ERP 系统是建立在 PC 端信息的基础之上的一个管理系统，现在是建立在 IT 解决方案的基础上的。现在一个在线的信息管理系统不仅是一个获得数据的端口，也是一个线上实现精准营销的端口。IT 并不仅仅用于后台管理，在打通前后台之后，就会形成一个拥有一定用户基数的 APP（application，应用程序）。

在智慧物流概念中，“智慧”一词的意义在于，通过新一代信息技术实现装备及设备的高度智能化，深刻变革整个物流行业的运营及管理模式，在大幅度降低成本的同时，实现资源利用效率最大化。

在宏观战略维度上，想要发展智慧物流必须具备全球视野及公共视野。全球视野的逻辑在于，智慧物流是智慧地球、智慧国家及智慧城市的组成部分。在移动互联网时代，整个世界连接成为一个密切的整体，所有的资源、技术、信息可以在世界范围内自由流通。所以，要想建设智慧物流必须要站在公众视野的维度之上。

公众视野则是强调智慧物流将服务于社会大众，它的目的不是让相关企业追求价值最大化，而是让公众能够享受到经济发展及科技进步给生活及工作带来的便利。因此，智慧物流的实现绝不是依靠一家企业的资源及能量，它需要政府、相关企业及社会组织联合起来，扫清限制物流资源高效流通的各种障碍。

目前，智慧物流还不具备落地基础。对于这种高度自动化及智能化的智能物流，技术在其中扮演着十分关键的角色。以全球定位技术、智能交通系统、RFID 为代表的高科技技术，将为智能物流的实现提供强有力的支撑。

思考题：

1. 智慧物流相比于传统物流有哪些特征？
2. 传统物流企业如何构建 O2O 体系？
3. 供应链金融的发展面临哪些困境？

参 考 文 献

贝毅君. 2013. RFID 技术在物联网中的应用[M]. 北京：人民邮电出版社.
蔡淑琴. 2002. 物流信息系统[M]. 北京：中国物资出版社.
蔡淑琴. 2004. 管理信息系统[M]. 北京：科学出版社.
崔炳谋. 2005. 物流信息技术与应用[M]. 北京：清华大学出版社.
范录宏，皮亦鸣，李晋. 2021. 北斗卫星导航原理与系统[M]. 北京：电子工业出版社.
冯耕中. 2003. 物流管理信息系统及其实例[M]. 西安：西安交通大学出版社.
韩万江，姜立新. 2004. 软件开发项目管理[M]. 北京：机械工业出版社.
何国军，李杰，宋忠友，等. 2017. 电力调度自动化系统运维管理技术[M]. 重庆：重庆大学出版社.
何吉涛，秦廷奎，朱王奇，等. 2013. 供应链管理[M]. 北京：人民邮电出版社.
侯安才，张强华，郑静，等. 2013. 物流信息技术实用教程[M]. 北京：人民邮电出版社.
侯春生，夏宁. 2010. RFID 技术在中国农产品质量安全溯源体系中的应用研究[J]. 中国农学通报，26（3）：296-298.
黄梯云，李一军. 2014. 管理信息系统[M]. 5 版. 北京：高等教育出版社.
黄玉兰. 2013. 物联网射频识别（RFID）技术与应用[M]. 北京：人民邮电出版社.
黄玉兰. 2016. 物联网：射频识别（RFID）核心技术详解[M]. 3 版. 北京：人民邮电出版社.
霍红. 2017. 物流企业管理[M]. 北京：人民邮电出版社.
卡普兰. 2012. GPS 原理与应用[M]. 2 版. 寇艳红，译. 北京：电子工业出版社.
孔令中. 2006. 现代物流设备设计与选用[M]. 北京：化学工业出版社.
李枫林. 2006. 企业业务流程管理[M]. 武汉：武汉大学出版社.
李军，郭耀煌. 2001. 物流配送车辆优化调度理论与方法[M]. 北京：中国物资出版社.
李鹏飞. 2014. 物流信息系统[M]. 北京：人民邮电出版社.
刘凯. 2004. 现代物流技术基础[M]. 北京：北京交通大学出版社.
刘澜，甘灵. 2015. 铁路运输自动化理论与技术[M]. 2 版. 成都：西南交通大学出版社.
刘廷新. 2003. 物流设施与设备[M]. 北京：高等教育出版社.
刘仲英. 2012. 管理信息系统[M]. 2 版. 北京：高等教育出版社.
毛海军. 2017. 物流系统规划与设计[M]. 2 版. 南京：东南大学出版社.
孟初阳. 2005. 物流机械与装备[M]. 北京：人民交通出版社.
倪志伟. 2006. 现代物流技术[M]. 北京：中国物资出版社.
牛鱼龙. 2005. EDI 知识与应用[M]. 深圳：海天出版社.
欧阳文霞. 2005. 物流信息系统[M]. 北京：机械工业出版社.
申文青. 2013. 现代企业管理[M]. 2 版. 重庆：重庆大学出版社.
时良平，戴国斌. 2011. 邮政及物流设备设计[M]. 北京：人民邮电出版社.
宋华. 2015. 中国供应链：前沿与趋势[M]. 北京：中国人民大学出版社.
唐文登，谭颖. 2015. 物流成本管理[M]. 重庆：重庆大学出版社.
田永中，徐永进，黎明，等. 2010. 地理信息系统基础与实验教程[M]. 北京：科学出版社.
王博. 2018. 卫星导航定位系统原理与应用[M]. 北京：科学出版社.
王大平. 2005. 物流设备应用与管理[M]. 杭州：浙江大学出版社.
王长琼. 2004. 物流系统工程[M]. 北京：中国物资出版社.
王道平，丁琨. 2017. 物流信息技术与应用[M]. 北京：科学出版社.
王静. 2016. 现代物流管理与战略：理论、方法、模式[M]. 西安：陕西人民出版社.
王世文. 2006. 物流管理信息系统[M]. 北京：电子工业出版社.

魏国辰. 2002. 物流机械设备的运用与管理[M]. 北京：中国物资出版社.
魏修建. 2017. 电子商务物流[M]. 3 版. 北京：人民邮电出版社.
魏修建. 2015. 电子商务物流管理[M]. 3 版. 重庆：重庆大学出版社.
夏火松. 2004. 数据仓库与数据挖掘技术[M]. 北京：科学出版社.
夏丽华. 2005. 物流管理信息系统[M]. 广州：华南理工大学出版社.
徐绍铨，张华海，杨志强. 2008. GPS 测量原理及应用[M]. 武汉：武汉大学出版社.
徐旭. 2017. 物流学概论[M]. 南京：南京大学出版社.
许应楠，凌守兴. 2015. 电子商务与现代物流[M]. 北京：人民邮电出版社.
薛华成，2003. 管理信息系统[M]. 4 版. 北京：清华大学出版社.
燕鹏飞. 2017. 智能物流：链接“互联网+”时代亿万商业梦想[M]. 北京：人民邮电出版社.
姚建明. 2013. 第四方物流整合供应链资源研究[M]. 北京：中国人民大学出版社.
姚建明. 2014. 战略供应链管理[M]. 北京：中国人民大学出版社.
游楼弼，冯爱新，薛伟，等. 2017. 组合机床及自动化加工装备设计与实践[M]. 南京：东南大学出版社.
于宝琴，陈晓，鲁馨蔓，等. 2017. 现代物流技术与应用[M]. 重庆：重庆大学出版社.
张亮. 2015. 物流学[M]. 北京：人民邮电出版社.
张相斌，林萍，张冲. 2015. 供应链管理：设计、运作与改进[M]. 北京：人民邮电出版社.
周慧，黄朝阳. 2017. 仓储与配送管理[M]. 南京：南京大学出版社.
朱长征. 2020. 物流信息技术[M]. 2 版. 北京：清华大学出版社.
朱光福，曾玉英. 2015. 企业物流管理[M]. 2 版. 重庆：重庆大学出版社.